# EUSES RADIO
Radio Raurach – vom Werden und Verschwinden eines Baselbieter Lokalradios

Robert Bösiger
Jürg Schneider
(Hrsg.)

# IMPRESSUM

Dieses Buch erscheint als Band 92 der Reihe
*Quellen und Forschungen zur Geschichte und Landeskunde
des Kantons Basel-Landschaft*

*Kommission Quellen und Forschungen:*
Dr. Stephan Schneider, Präsident, Wenslingen;
Dr. Mireille Othenin-Girard, Zürich; Peter Plattner, Verlag, Ormalingen;
Dr. Karl Martin Tanner, Seltisberg; lic. phil. Anja Huovinen, Basel;
lic. phil. Philippe Hofmann, Allschwil; lic. phil. Christoph Ràcz, Muttenz

*Lektorat:* lic. phil. Lukas Ott, Liestal
*Korrektur:* Iris Spinnler, Tecknau
*Gestaltung, Satz:* Petra Geissmann, Pratteln
*Herstellung:* Druckerei Schaub Medien AG, Liestal und Sissach
*Buchbinderei:* Grollimund AG, Reinach

Diese Publikation wurde mit Mitteln von Swisslos ermöglicht.

© 2013 Verlag des Kantons Basel-Landschaft, Liestal

ISBN 978-3-85673-285-1

# INHALT

| | | |
|---|---|---|
| *Maya Graf* | Zum Geleit | 6 |
| *Robert Bösiger* | Vorwort | 8 |
| | ON AIR | 10 |

| | **TEASER** | **12** |
|---|---|---|
| *Robert Bösiger* | Eidgenössisch konzessionierte Radiopiraten | 14 |
| *Dominik Wunderlin* | Raurachische Kelten leben weiter in Kultur und Kommerz | 22 |
| *Robert Bösiger* | Glück und Gelingen – wie Raurach zu seiner Konzession kam | 24 |
| *Marcel W. Buess* | Mediale Chancen für die Bürgerlichen und die Wirtschaft | 29 |
| *Esther Maag* | Radio Ergolz – die idealistische Alternative | 36 |
| *Jürg Schneider* | Steckbrief der anderen Gesuche in der Region Basel | 39 |
| *Marcel W. Buess* | Förderverein als politische Speerspitze | 43 |
| *Robert Bösiger* | Der kurze Traum vom «Volksradio» | 47 |
| *Willy Surbeck* | EINSPRUCH: «Wir können das selber» | 55 |
| *Rainer Luginbühl* | Vom Einschalt- zum Begleitmedium | 56 |
| *Robert Bösiger* | Däumchendrehen für die Beschwerdekommission | 61 |
| *Franz C. Widmer* | Verleger sind Verteidiger | 63 |
| *Mathis Lüdin* | EINSPRUCH: Es war einmal Radio Raurach | 68 |
| | ON AIR | 70 |

Die Bezeichnungen der Buchteile stammen aus der Radiowelt. Ein **TEASER** führt auf bevorstehende Programminhalte und Sendungen hin. Das **INTERVIEW** ist ein Gespräch. Als **PRIME TIME** bezeichnet man beim Radio die Zeit, in der die meisten Hörer das gesendete Programm verfolgen. Ein **BACKSELLER** ist der Zusammenschnitt einer ausgestrahlten Sendung im Radio.

**ON AIR:** Aussagen von ehemaligen Mitarbeiterinnen und Mitarbeitern von Radio Raurach und den Nachfolgestationen Radio Edelweiss, Radio Basel 1, Radio Basel und Radio Energy, gemacht im Rahmen einer Online-Umfrage.

**EINSPRUCH:** Gastbeiträge zu vorangegangenen Themen und Beiträgen. Sie sollen eine etwas andere Sicht zeigen, vielleicht sogar widersprechen.

# INHALT

## INTERVIEW 72

| | | |
|---|---|---|
| Robert Bösiger | «Als wir kamen, haben wir Basel zur Hauptstadt der Welt erklärt» Interview mit Radiopionier Christian Heeb | 74 |
| Roger Thiriet | Christian Heeb – der Streiter | 96 |
| | ON AIR | 98 |

## PRIMETIME 100

| | | |
|---|---|---|
| Daniel Schindler | Stetes Senden am finanziellen Abgrund | 102 |
| Christian Stärkle | Der berühmte seidene Faden | 112 |
| Robert Bösiger | Der kommerzielle Misserfolg war schon in der Konzeption begründet | 124 |
| Matthias Hagemann | EINSPRUCH: Wirtschaftliche Leidensgeschichte | 130 |
| Peter Küng | Ein neuer Chefredaktor sucht die Wende | 132 |
| André Moesch | Kampf und Krampf | 135 |
| Jascha Schneider | Ein Opfer restriktiver Rahmenbedingungen? | 142 |
| Philipp Loser/Michael Rockenbach | Das Radio und sein Kanton | 146 |
| Barbara Umiker | EINSPRUCH: Anfang und Untergang | 154 |
| Christian Mensch | Das Landradio und die Stadtzeitung | 156 |
| Lukas Ott | Das Radio und die Politik | 161 |

# INHALT

| | | |
|---|---|---|
| *Rolf Wirz* | Von Ruedi Rymann zu Van Halen | 168 |
| *Jürg Schneider* | Vom Gelterkinder Quartierfunk auf St. Chrischona | 172 |
| | ON AIR | 184 |

## **BACKSELLER** 186

| | | |
|---|---|---|
| *Roger Thiriet* | Pendler zwischen Stadt- und Fischmärt | 188 |
| *Andi Jacomet* | Radio Raurach als Forschungsobjekt | 191 |
| *Claude Janiak* | Sind Radiokonzessionen nur Handelsware? | 199 |
| *Bernadette Leus* | Da haben wir den Logo-Salat! | 202 |
| *Jürg Schneider / Robert Bösiger* | Impressionen und Schmonzettchen | 206 |
| *Jürg Schneider / Robert Bösiger* | Chronik | 212 |
| | ON AIR | 226 |
| *Angelika Van der Wolk* | Kunst, Gestaltung, Fotografie | 228 |
| *Robert Bösiger / Jürg Schneider* | Autoren und Personen-Glossar | 230 |
| | Von Print zu Online | 236 |
| | Bildnachweis | 237 |
| | Danke | 238 |
| | Sponsoren | 239 |

*Zum Geleit*

# «Radio Raurach sändet us Sissach»

*Von Maya Graf*

Als Radio Raurach auf Sendung ging, war ich als «Aide infirmière» in meinem Welschlandjahr im «Hopital de Saint Loup» in La Sarraz (VD) und verpasste deshalb das Grossereignis im Baselbiet. Doch zuhause sass mein «kleiner» Bruder Roger, gerade mal 13 Jahre alt, fasziniert vor dem Familienradio in der Stube. Und wie bei so vielen anderen schlug sein Herz fortan 101.7 Megahertz. Er verpasste keinen Samstagabend mit dem Raurach-Rätsel und war bald auch freiwilliger Helfer. Mit seinem Cousin durfte er im Tonstudio während den Sendungen die neuste Musik auf seine Kassetten überspielen und registrieren – man stelle sich das heute vor …

Radio Raurach war aber nicht nur ein Radio für alle, sondern auch von allen gemacht. Das war das einmalig Faszinierende, aber auch das unlösbar Schwierige für die Radiomachenden in den Anfangsjahren. Eigene Sendungen produzieren bedeutete bei Radio Raurach, dass Frauen und Männer, ob jung oder alt, auch ihre eigene Musik vorstellten. Einfach drauflos, handgestrickt und idealistisch.

Einmal ging dies ziemlich schief, als zwei Sissacher Punks in ihrer Sendung plötzlich gegen den Unterstützer und Förderer des Radios, FDP-Nationalrat Karl Flubacher, politisch «austeilten». Dumm nur, dass dieser just in diesem Moment im Auto sass und «seinen» Sender hörte, worauf er schnurstracks ins Radiostudio fuhr und der Punksendung ein für alle Mal ein Ende setzte.

Unsere Jugendgruppe von damals, das Jugendlokal Sissach, benahm sich offenbar etwas gesitteter. Wir durften in einer Sendung unseren Plan für einen offenen Jugendtreffpunkt in Sissach vorstellen, für unsere Disco im alten Feuerwehrmagazin werben und unsere Rockmusik auflegen. Ich war damals mit im Studio dabei, und die Moderation machte mir so viel Spass, dass ich mich kurz darauf auf eine freie Stelle bewarb. Barbara Ebnöther, die uns jeweils am Morgen mit ihrer unverkennbaren Stimme « Guete Morge – do ischs Radio Raurach us Sissach» weckte, war bereits legendär und mein Vorbild.

Doch als ich mich beim damaligen Radiochef Robert Bösiger vorstellen konnte, liefen im Radio Raurach Werbeslogans für Atomstrom eines Stromkonzerns. Es war der Höhepunkt in der Abstimmung um die Volksinitiative für eine Zukunft ohne Atomkraft-

Nationalratspräsidentin
2012/13

werke, und die Region hatte zuvor endgültig das AKW Kaiseraugst begraben. Ich, als damals junge, politisch hoch motivierte Frau und Anti-AKW-Aktivistin, war absolut empört. Ich stampfte entrüstet in die Redaktion und zog meine Bewerbung wieder zurück. In einem solch bürgerlichen Radio wollte ich nie und nimmer arbeiten! Ich erinnere mich heute noch mit einem Schmunzeln, wie mich Robert Bösiger damals verdutzt angeschaut hat. Wer weiss, vielleicht ahnte er bereits, was sich just in jenem kleinen Akt entschieden hatte: Dass ich nicht eine Medien-, sondern eine politische Laufbahn einschlagen würde.

Meiner Liebe zum Baselbieter Radio Raurach konnte dies aber nichts anhaben. Wer hier lebte, blieb dem Radio Raurach treu und verfolgte auch mit zunehmender Sorge die finanziellen und personellen Schwierigkeiten des Senders. Die Anfangsjahre waren eine echte, wunderbare Pionierzeit, die auch in eine politisch äusserst bewegte Zeit fiel. In den 1980er-Jahren war vieles im Aufbruch, viel Idealismus vorhanden und vieles möglich. «Radio Raurach sändet us Sissach» steht für mich auch heute noch für diese wichtige Zeit.

**Maya Graf 1985**

*Vorwort*

# Das Baselbieter Radio lebt weiter –

*Von Robert Bösiger*

Frühjahr 2012. Um einen Beitrag fürs Buch «Der Baselbieter Königsmacher»[1] schreiben zu können, muss ich vier Bananenkisten vom Estrich herunterholen. Sie enthalten Bündel von Dokumenten, 1000 Klarsichtmäppchen, Ordner, Protokolle und Zeitungsausschnitte. Ich muss im Beitrag die Rolle von Alfred Oberer als damaligen Vorsitzenden der Programmkommission von Radio Raurach beschreiben.

Im Sommer 2012 war der Beitrag verfasst. Und die Kisten hätten wieder verstaut werden können. Doch es ging nicht. Das Stöbern in den vergilbten Unterlagen hatte etwas Faszinierendes. Ich wurde zurückgeworfen in eine längst vergangene Zeit, in der ich mit drei Freunden den Traum vom eigenen Radio hatte erleben dürfen, in eine Zeit, die mich vom eher orientierungslosen Werkstudenten zum Radiochef katapultierte – von der Theorie ins kalte Wasser der Praxis. Das Thema liess mich nicht mehr los und der Zeitpunkt war perfekt: Am 1. November 2013 würden es genau 30 Jahre her sein, seit Radio Raurach, das erste und einzige Baselbieter Lokalradio, zu senden begonnen hatte. Im Gespräch mit dem ehemaligen Mitstreiter Jürg Schneider diskutierte ich im Spätsommer 2012 die Frage: eine Website oder ein Buch? Eigentlich, befanden wir, müsste man beides machen – zuerst das Buch, dann die Website.

Aus der vagen Idee wurde eine fixe. Und als die Kommission Quellen & Forschungen diese Idee für gut befand, war es vorbei mit der unverbindlichen Gedankenspielerei. Waren es zunächst etwa ein Dutzend Kapitel, nahm das Ganze mit jedem Tag, mit jedem Gespräch und mit jedem Erinnerungsfetzen umfangreichere Formen an. Die Büchse der Pandora war geöffnet …

Die vergangenen Monate waren ebenso spannend wie intensiv: Die Suche nach Themen. Die Suche nach Autoren und die damit verbundenen Rückschläge (vor allem angefragte Autorinnen liessen sich entweder nicht ermuntern oder zogen sich später wieder zurück). Die Suche nach ehemaligen Mitarbeitenden bei Radio Raurach und den Nachfolgestationen. Und die Suche nach Zeitzeugen und Dokumenten, nach Zahlen und Fakten, nach Illustrationen und Fotos.

Die Arbeit wurde zu einem anspruchsvollen und ständig grösser werdenden Puzzle; ein Teil fügte sich zum anderen und neue Lücken taten sich auf. Zum Glück entwickelte sich so etwas wie eine Eigendynamik. Erstens. Und zweitens fand sich mit Jürg Schneider ein Freund, ehemaliger Mitbegründer und langjäh-

Robert Bösiger

# zwischen Buchdeckeln

riger Radio Raurach-Aktivist, der Zeit und Knowhow hatte, mich zu unterstützen. Ohne ihn wäre dieses Buch nicht entstanden.

Im Mai 2013 wars, als wir damit beginnen mussten, uns zu beschränken: Bei den Themen, bei der Tiefe der Recherchen, bei den Autorinnen und Autoren, beim Umfang des Buches und bei den Fotos und Illustrationen sowieso. Wichtig war nur noch eines: Das Buch musste rechtzeitig gedruckt vorliegen – zum 30-Jahr-Jubiläum vom 1. November 2013.

Wir haben es geschafft. Dank der Mithilfe von vielen halten wir nun ein Buch in Händen, das drei Jahrzehnte Baselbieter Medien-, Gesellschafts- und Politikgeschichte beleuchtet. Freilich gibt es Radio Raurach längst nicht mehr. Der Sender von damals hat seinen Namen im Verlauf der Zeit mehrfach gewechselt. Ebenso gewechselt haben die Besitzer und die Standorte, die Ausrichtung und die Strategien, das Programm und das Publikum. Mittlerweile dürften es um die vierhundert Leute sein, die früher oder später, kürzer oder länger in Diensten von Radio Raurach bzw. der Nachfolgestationen gestanden sind.

Radio Raurach? Eine Strassenumfrage würde zeigen: Kaum jemand wüsste heute noch auf Anhieb, dass die Wurzeln des heutigen Radio Energy Basel im Oberbaselbiet und genauer in Sissach liegen – bei Radio Raurach eben. In diesem Sinne soll das vorliegende Buch zurückführen und aufzeigen: Zurückführen in eine Zeit, wo das Medium Radio eine neue Freiheit versprach und Nähe brachte, und eine ganz spezielle und unvergleichliche Faszination ausübte. Aufzeigen soll das Buch, wie Radio Raurach als einziges Baselbieter Radio entstanden ist und sich – unter dem Einfluss der Politik und der ökonomischen Sachzwänge – entwickelt hat. Viele Fragen werden beantwortet. Ebenso viele nicht. Zum Beispiel jene, ob es Radio Raurach als «Volksradio» noch gäbe, wenn es versucht hätte, unbeirrt von den Verlockungen des (höchst erfolgreichen) Stadtsenders Radio Basilisk seinen eigenständigen Kurs beizubehalten. Oder: Hätten der Kanton Baselland, seine Bevölkerung und seine Politiker mehr tun sollen, um «euses Radio» zu erhalten? Oder: Hätte Radio Raurach überleben können, wenn die Werbekunden mehr auf den Sender als Werbemedium gesetzt hätten? Fragen über Fragen.

Einige Antworten, Ansichten und Erklärungsversuche finden sich in diesem Buch.

Viel Lesevergnügen!

1 Roger Blum, Robert Bösiger, René Rhinow, Thomas Schweizer: «Der Baselbieter Königsmacher», Verlag Basel-Landschaft, 2012.

In der Hektik kühlen Kopf zu bewahren, unter Zeitdruck Leistung zu liefern und auf Knopfdruck (Rote Lampe) bereit zu sein, habe ich beim Radio gelernt.
*Amos Winteler*

Ich habe seither eine Aversion gegen das Frühaufstehen.
*Alex Klee*

Unvergesslich bleibt mir eine Sendung «Vo Schönebuech bis Ammel», in der sich verschiedene Vereine und Organisationen vorstellen konnten. Bei den Bewerbungen befand sich auch die erste Feuerwehrfrau aus Baselland. Keiner wollte sich mit diesem Gast beschäftigen. Ich habe dies dann übernommen. Es kam eine tolle, hübsche Frau mit viel Humor, was auch so über den Sender kam. Die anderen standen plötzlich im Studio und erblassten vor Neid. Nach der Sendung ging ich mit der Dame noch nach Haltingen (D) an den Rosenmontag. Unsere Heimkehr erfolgte schon fast bei Tageslicht. Leider haben wir uns dann aus den Augen verloren.
*André Bösiger*

Durch Unachtsamkeit (meine Dummheit, sorry Bobby!) wurde wegen eines Anti-AKW-Statements die Sendung geschlossen.
*Beat Wirz*

Wir liebten unsere Schreibmaschine. Und dann war da plötzlich die neue Kugelkopfmaschine mit KORREKTURBAND. Tja, und nach einigen Wochen wurden wir fürchterlich zusammengestaucht, weil wir MEHR Korrekturband verbrauchten als normales Schreibband …
*Harry Heusser*

Ja z Lieschtu het mini Wäutoffäheit agfangä.
*Nick Gast*

Prägend war meine Life-Reportage aus der ersten Pressekonferenz der Chemiekatastrophe in Schweizerhalle 1986. Es war eine besondere Herausforderung, neben Korrespondenten von BBC London oder der FAZ zu bestehen und wesentliche Informationen aus der laufenden PK in die Radio Raurach-Mittagssendung zu übermitteln.
*Adrian Schaffner*

Wir arbeiteten nicht beim Radio, wir waren Radio. Radioaktiv!
*Carmen Oriet*

**Bei Radio Raurach hat mich der Radio-Virus definitiv gepackt – und seither nicht mehr losgelassen.**
*Christoph Aebersold*

Für ein Eierverstecken an Ostern als Aussenübertragung hatten wir rund 200 Leute, die für ein paar «lumpige» Eier gekommen waren.
*Alexander Schwabe*

Was bleibt – ein wohliges Gefühl in einem wunderbar assortierten Team.
*Christoph Brudsche*

Geblieben sind ein paar gute Freunde und immer wieder lustige Erinnerungen.
*Barbara Koch-Ebnöther*

Radio Raurach war ein Versuchslabor. Man konnte alles ausprobieren und die Resultate gingen auch meistens über den Sender.
*Adrian Schaffner*

Wenn ich beim Radio eines gelernt habe, dann das: «Es längt immer!» Und 20 Sekunden reichen, um Pipi zu gehen.
*Anna Tina Heuss*

Ich konnte einen Traum leben, was mir heute noch den Glauben gibt: Du kannst deine Träume wahr werden lassen, wenn du dich dafür einsetzt.
*Monika Strebel*

Ich erinnere mich an die Berichterstattung über die Hochzeit von Marc Surer und Yolanda Egger mit Life-Jawort in der Kirche für alle Radio Raurach-Hörer …
*Sabine Wachsmann*

Jä, liebe Hörerinnen und Hörer

Jetzt geht's los mit den Sendungen von Radio Ra...

Radio Rauracy, das Lokalradio ... elbiet ...

in Ste... das rund um ...

Das Team von Radio Rauracy ... mit einem bunt...

die Vielfalt und die Eigenheiten, die ...

gesellschaftlichen ... Kan... ...

Wir wollen kein Super... sondern ...

volksverbunden...

Der Bundesrat hat uns ... aus ... er ... konze

aus dem Schlaf gerüttelt sozusagen.

Seit genau 3 Wochen sind wir jetzt im Studio und

die grosse Aufgabe vorzubereiten. Diese 3 Wochen

gangen und jetzt gilt es bereits ernst.

Keiner von uns ist ein Profi: Wir können es best...

**Radio Raurach 102.9 MHz**

# TEASER

Wie aus einem Piratenradio
eine legale Station wurde.

Weshalb es ohne die Politik
kein Radio Raurach gegeben hätte.

Wieso das «Volksradio»
nur ein kurzer Traum blieb.

# Eidgenössisch konzessionierte Radiopiraten

Mit einem kleinen, selbst gebastelten Sender begann der Radiotraum. Der Bundesrat sorgte mit seiner überraschenden Versuchsbewilligung dafür, dass der Traum Realität wurde.
*Von Robert Bösiger*

Ein Winterabend Ende 1979. Der Vollmond erhellt die Umrisse der Farnsburg oberhalb Ormalingen. Hanspeter Hügli, Jürg Schneider und ich haben ein Kofferradio dabei. Wir drehen am Regler. Richten die Antenne. Suchen. Lauschen. Da! Michael Jacksons «Don't stop 'til you get enough» fetzt aus dem Lautsprecher. Das ist es wieder! Radio 24!

Seit dem 28. November 1979, seit das Piratenteam um Roger Schawinski damit begonnen hatte, vom italienischen Grenzberg Pizzo Groppera aus den Grossraum Zürich mit viel Pop- und Rockmusik und lockerer, junger Moderation illegal zu versorgen, stellten wir drei unsere Freizeit in den Dienst der Radio-Idee. Wir waren jung und begeisterungsfähig. Und: Wir wollten selber auch Radio machen.

Zwischen uns dreien gab es eine Art natürliche Kompetenz- und Arbeitsaufteilung: Hügli und Schneider waren die technischen Tüftler; oft sassen sie mit Lötkolben und mit für mich fremd anmutenden Einzelteilen bis morgens um 5 Uhr am Bürotisch und werkelten an ihren UKW-Sendern. Mich faszinierte mehr, was Schawinskis Offensive in politischer und gesellschaftlicher Hinsicht bewirkte: Es müsste doch auch möglich sein, hierzulande ein Lokalradio zu betreiben. Beim Zusammenstellen der Kassettli mit unseren Sendungen und beim illegalen Senden auf einem der Baselbieter Jurahügel waren wir aber wieder ein Team. Das Team von Radio Andromeda.

## Gefühl von Freiheit und Aufbruch

Das Piratenleben war unbeschreiblich aufregend. Es gab uns das Gefühl von Freiheit. Wir sammelten Kleber, Logos, Sendefetzen, Stationssignete von anderen Piratenstationen in der Schweiz. Das Piratendasein hatte etwas Rebellisches – und das war das Verlockende daran. Wir freuten uns auf das Katz-und-Maus-Spiel mit der PTT, denn unser Tun war strikt verboten. Der Monopolbetrieb schickte gerne seine Peilwagen aus, um jene, die am anderen Monopol (Staatssender DRS) kratzten, in flagranti zu erwischen. Kurz: Wir fühlten uns richtig gut und träumten von einer Zeit, in der man hören kann, was man möchte – nicht nur Ländler, Schlager und Klassisches des Staatsradios und ab und zu einige Stunden Pop-Shop des deutschen Senders SWF3. Oder, wie es Jahre später Bundesrat Moritz Leuenberger sagte: «Die Programme von Radio DRS wurden als gleichförmig und starr empfunden, beherrscht von Marsch und Jodel.»[1]

Wir von Radio Andromeda waren klein und nur selten wirklich zu hören. Und ob uns da draussen überhaupt jemand hörte? Wir hatten keine Ahnung. Aber wir fühlten uns der Szene zugehörig, zu Radio Jamaica, zu Radio Jasmin, zu Radio Saturn und wie sie alle hiessen. Wir traten im März 1982 dem Verein Free Radio Switzerland (FRCH) bei, der Vereinigung der Piratenradios. Selbstverständlich fieberten wir mit den Radio 24-Machern mit, die mehrfach entweder nicht mehr senden durften oder kurz vor dem Abschalten durch die Behörden standen.[2] Und wir verfolgten mit grossem Interesse, wie sich Staat, Politik und Monopolbetriebe zur Wehr setzten gegen den immer grösser werdenden Druck zur Öffnung.

Erst Jahrzehnte später erfuhren wir, dass wir von der Wissenschaft jener Kategorie von Radiopiraten zugeordnet wurden, die es im Wesentlichen darauf abgesehen hatten, endlich der lange Zeit vernachlässigten Pop- und Rockmusik zum Durchbruch zu verhelfen. Das stimmte nur teilweise, denn ebenso gut hätte man uns zur Gruppe der «Bastler» zählen können, die fasziniert waren von der Radiotechnik: Man brauchte bloss einen Sender mit einer kleinen Ausgangsleistung, ein Kassettentonbandgerät, eine Batterie und eine Antenne – und schon war man auf Sendung.[3]

Neben uns gab es gemäss wissenschaftlichen Kriterien noch die Gruppe der «Polit-Piraten». Darunter fielen jene, die sich im Gefolge der 68er-Bewegung u. a. mit Frauen-, Umweltschutz-, Anti-AKW-Anliegen und einer stärkeren Mitbestimmung der Bürgerinnen und Bürger in politischen und wirtschaftlichen Entscheidungen einsetzten. Heute wissen wir: Hätte man uns dieser Gruppe zugeordnet, so wäre uns von der PTT wesentlich grössere Aufmerksamkeit zuteil-

[1] Moritz Leuenberger, 2008.

[2] Radio 24 wurde auf Drängen der Schweizer Behörden ein erstes Mal am 22. Januar 1980 von den italienischen Behörden stillgelegt, die Sendeanlagen wurden versiegelt. Am 23. März 1980 nahm Radio 24 seine Sendungen wieder auf, wurde aber am 25. November 1980 wieder geschlossen, obwohl der Amtsrichter von Chiavenna im März 1980 die Legalität des Senders bestätigt hatte. Ein drittes Mal geschlossen wurde Radio 24 am 21. Januar 1982.

[3] Mirjam Häsler, Piratenradios und HörerInnenradios: Schweizer Rundfunk und Gegen-Medien, Institut für Medienwissenschaften, Universität Basel, 2003.

geworden. So ist zum Beispiel bekannt, dass im Juni 1980 gleich 28 Polizeipatrouillen der Kantone Solothurn und Aargau, unterstützt von zwei PTT-Helikoptern, «Radio aktiv Freies Gösgen» ausgehoben hatten. Die Ausbeute: Drei durchnässte Gestalten und ein Rucksack mit einem Sender drin... [4]

**Liberalisierung weckt Ansprüche und Ängste**
Monopole sind unbeliebt – auch in der Politik. Deshalb begannen schon in den 1970er-Jahren vor allem bürgerliche Kreise, mit einer Liberalisierung zu liebäugeln. Einerseits konnte man mit dem Aufbrechen des Rundfunkmonopols der SRG die vermeintliche Unterwanderung von Links bremsen, oder ihr zumindest etwas entgegenhalten. Andererseits verhiess eine Öffnung auch ein neues Geschäftsfeld – vor allem für die Verleger.

Allen voran die Freisinnigen legten sich für die Liberalisierung ins Zeug. Die Linksparteien hingegen hielten felsenfest am Monopol fest und befürchteten, dass mit einer Öffnung, dem Kommerz und dem seichten Gedudel Tür und Tor geöffnet werden könnte. Die Sozialdemokraten wehrten sich noch weit bis in die 1980er-Jahre hinein gegen das Unvermeidliche. In einer Resolution der SP beider Basel vom September 1982 hiess es, die SP werde sich an keinem Lokalradio der Region beteiligen, welches «die SRG konkurrenziert, dem Kommerz und der Verflachung dient, bürgerliche Monopole verstärkt, Kabelzusammenschlüsse fördert oder die Inseratengrundlage der Zeitungen gefährdet». Die Demokratie brauche nicht mehr und neue Medien, hiess es trotzig.[5]

Auch die Journalisten reagierten erzürnt. Nachdem der Bundesrat im November 1982 in einem dicken Wälzer (348 Seiten) alle beim EVED eingegangenen 269 Gesuche publiziert hatte[6], reagierte die Schweizerische Journalisten-Union (SJU) heftig: Im Buch «Absage und Warnung» wurden die Projekte einzeln zerpflückt. Mit Ausnahme der alternativen, nicht werbefinanzierten Projekte waren alle anderen des Teufels. Der Tenor: «Mit der RVO wollen politische Rechtskreise und Wirtschaftsmächte das Terrain ebnen für die Kommerzialisierung auch der elektronischen Massenmedien und für die Auspowerung oder wenigstens für die Disziplinierung der SRG.»[7] Es liegt auf der Hand, dass auch das Projekt Radio Raurach nach Ansicht der SJU auf keinen Fall eine Versuchsbewilligung erhalten durfte. Wörtlich hiess es: «Es handelt sich de facto um ein FDP-Radio.» Und weiter: «Die im Gesuch aufgeführten Zahlen lassen vermuten, dass hier clevere Geschäftsleute einen grossen Profit wittern.»[8]

Diese letzte Einschätzung zeigt exemplarisch, welche Erwartungen damals mit der Liberalisierung verknüpft waren. Die Linke befürchtete Zustände, wie sie

4 Karl Lüönd, «Konzessionslos», NZZ-Folio März 2007.

5 Delegiertenversammlung der SP beider Basel vom 22. September 1982 in Binningen.

6 Eidgenössisches Verkehrs- und Energiedepartement, Gesuche für Rundfunk-Versuche, 19. November 1982, Bern.

7 Absage und Warnung. Schweizerische Journalisten-Union über werbefinanzierte Lokalradios, Zürich 1983.

8 Absage und Warnung. Schweizerische Journalisten-Union über werbefinanzierte Lokalradios, Zürich 1983, 110.

Für das Titelbild der Fernsehzeitschrift TELE konnte jedes der bewilligten und startbereiten Lokalradios einen Vertreter nach Zürich ins Fotostudio schicken. Einzige Bedingung: Man musste ein T-Shirt mit Senderlogo mitnehmen. Das Raurach-Shirt blieb in dieser Form ein Prototyp.

Zum illegalen Radiomachen brauchte man nicht viel, im Wesentlichen einen Sender, eine Antenne, ein Kassettengerät und Batterien. Bild: Das Sender- und Kommunikationsensemble von Radio Andromeda umfasste verschiedene UKW-Sender, Walkie-Talkies und Zubehör. Unter dem Namen «Hüschtronic» wurden einzelne Komponenten an andere Piratenradios verkauft.

Mit einem VW-Bus, zum Peilwagen umgebaut, ging die PTT v. a. in den 1960er- und 1970er-Jahren auf die Jagd nach Radiopiraten. Noch in den frühen 80er-Jahren wurden auf diese Weise illegale Stationen «ausgehoben». Die Piraten von Radio Andromeda wurden nie erwischt – zum Glück.

damals in Italien herrschten; vom Tessin aus konnte man tatsächlich mehrere Dutzend kommerzielle Sender aus Italien empfangen, die neben Musik und belanglosem Telefongeplauder endlos Werbung ausstrahlten. Die Rechte machte sich Hoffnungen, der «linken» SRG bald etwas entgegensetzen zu können und dabei noch etwas zu verdienen. Und die Zeitungsverleger befürchteten insgeheim, das neue Medium könne ihnen ein fettes Stück aus dem Anzeigenkuchen herausbrechen. Heute wissen wir, dass alles ganz anders kam – ganz besonders, was den Aspekt des Geldverdienens anbelangt.

### Roger Schawinski, der sendungsbewusste Pirat

Der Einzige, der es vom Piraten zum Multimillionär brachte, heisst Roger Schawinski. Er profitierte vom Prestige der Radiopiraten und von deren technischen Kenntnissen. In Beat Hirts Dokumentarfilm «Jolly Roger» aus dem Jahr 2003 wird eindrücklich gezeigt, dass er zur richtigen Zeit an den richtigen Reglern drehte und sich dabei immer medienwirksam in Szene zu setzen vermochte.[9]

Kein Zweifel, Schawinski hat Geschichte geschrieben. Dank ihm musste sich der damalige Bundesrat Leon Schlumpf des Themas annehmen. Dank seinem Sender trug er dazu bei, dass sich die in grossen Bevölkerungskreisen latent vorhandene Unzufriedenheit mit «Beromünster» artikulieren und organisieren konnte. Dank ihm mahlten die politischen Mühlen plötzlich bedeutend rascher. Dank seiner Provokationen brachte er sogar die SRG-Verantwortlichen dazu, erstens rund um die Uhr zu senden und sich zweitens mit einem dritten Programm zu beschäftigen.[10] Und dank ihm erlebte die Schweiz eine frühere Liberalisierung ihrer Radiolandschaft als die Nachbarländer Deutschland, Österreich und Frankreich.

### Vom Bundesrat auf dem linken Fuss erwischt

Für uns drei von Radio Andromeda stellte sich im Frühjahr 1982 und spätestens dann die Gretchenfrage, als der Bundesrat die Verordnung über lokale Rundfunk-Versuche (RVO) verabschiedet hatte[11]: Sollten wir Piraten bleiben? Oder sollten wir uns ernsthaft um eine Konzession bemühen? Wir wählten den zweiten Weg – im Bewusstsein, dass wir unsere Seele und unsere Unbekümmertheit ein Stück weit opfern mussten, wollten wir wenigstens eine kleine Chance auf eine Versuchskonzession wahren.

So holten wir Unterstützung in der Politik. Zuerst bei den Jungfreisinnigen, dann bei der FDP und später bei allen, die uns irgendwie Rückendeckung zu geben bereit waren. Kurz darauf wurde der Förderverein «Pro Radio Baselland»

---

9 Jolly Roger, Dokumentarfilm von Beat Hirt, 2003. Jolly Roger heissen übrigens seit jeher die Piratenflaggen.

10 Erst seit dem 1. März 1981 sendet Radio DRS rund um die Uhr. Zusammen mit den ersten sieben Lokalradiostationen Radio 24, Radio Basilisk, Radio Extra BE, Radio Raurach, Radio Sunshine, Radio Z und Radio Zürisee nahm am 1. November 1983 auch DRS 3 (heute SRF 3) seinen Betrieb auf.

11 Am 7. Juni 1982 verabschiedete der Bundesrat die Verordnung über lokale Rundfunk-Versuche (RVO). Die Frist zur Einreichung der Konzessionsgesuche wurde auf Ende September 1982 angesetzt.

Stunde null: Das Bild wurde am frühen Morgen des 1. November 1983 im Sendestudio in Sissach aufgenommen. Barbara Koch-Ebnöther war die erste Stimme des neuen Baselbieter Mediums. Umrahmt wird sie von Redaktionsleiter Remo Antonini (von links) und den drei Mitbegründern Hanspeter Hügli, Jürg Schneider und Robert Bösiger.

mit FDP-Nationalrat Karl Flubacher als Aushängeschild gegründet[12], bald danach das offizielle Konzessionsgesuch eingereicht[13] und kräftig die Werbetrommel gerührt. Doch effektiv Hoffnungen machten wir uns wenig.

Bis zum 20. Juni 1983: An diesem Montag verkündete der Bundesrat, dass Radio Raurach eine von insgesamt 36 Lokalradiokonzessionen erhält. Es war Schock und Freude zugleich. Denn damit hatten wir nicht rechnen können. Und vorbereitet darauf waren wir schon gar nicht.

Ab sofort waren wir staatlich konzessionierte Alt-Piraten. Und das grosse Abenteuer in für uns unbekannte Gewässer konnte beginnen…

12 Im Hotel Engel in Liestal wurde am 23. September 1982 der Förderverein «Pro Radio Baselland» gegründet. Er zählte anfänglich 162 Mitglieder und war die ideelle Trägerschaft von Radio Raurach.

13 Gesuch ans Eidgenössische Verkehrs- und Energiedepartement (EVED) vom 29. September 1982.

# Raurachische Kelten leben weiter in Kultur und Kommerz

Trinkbares und Lesbares erhielten Bezeichnungen in Anlehnung an die Rauracher. Nicht abwegig deshalb, dass sich auch ein lokales Radio bei der Namensgebung an einem Keltenstamm orientierte.
*Von Dominik Wunderlin*

Es war im Jahr 1961, als in den Baselbieter Primarschulzimmern erstmals mit dem neu erschienenen, rot eingebundenen Lehrmittel «Ruhu der Höhlenbube und andere geschichtliche Erzählungen» gearbeitet wurde. Verfasst wurde das im anschaulichen SJW-Heft-Stil verfasste Buch vom umtriebigen Pädagogen Ernst Grauwiler. Trotz vieler historischer Fehler und vieler sexistischer Passagen scheint das 1967 in zweiter Auflage erschienene Buch noch heute (leider) da und dort in Gebrauch zu sein.

Manches Kind hat aber dank dem Kapitel «Das abenteuerliche Leben Weros» erstmals von den einst zwischen Jura und Rhein heimischen Raurikern respektive von den Rauchern gehört und so erfahren, dass der Name dieses in den historischen Quellen selten erwähnten keltischen Stammes bei der Bezeichnung der provinzial-römischen Zivilstadt Colonia Augusta Raurica nachhaltig Aufnahme gefunden hat.

Dem Begriff «Raurica» begegnen wir auch wieder im «Poema Rauricum», einer im 4. Jahrhundert angesiedelten Versdichtung des Basler Theologen Johannes Brandmüller (1593–1664), die humanistisches Geschichtsbewusstsein reflektiert. Ein Blick in Bibliografien zeigt, dass gerade Geistliche wie etwa Hieronymus Annoni (1697–1770) und Johann Jacob Spreng (1699–1768) von «Raurach» sprechen, um die Umgebung Basels zu bezeichnen. Ab Ende des 18. Jahrhunderts benutzen ihn aber auch die jurassischen Freiheitsfreunde, wo die kurzlebige «République rauracienne» (1792–1793) als französische Tochterrepublik besteht und

Literatur:

Ernst Grauwiler, Ruhu der Höhlenbube und andere geschichtliche Erzählungen. Muttenz 1961 (2. Aufl. 1967).

Dominik Wunderlin, Wo Laien und «Gschtudierte» sich begegnen, Foren – Organe – Institutionen, Baselbieter Heimatblätter 2001, 120–131.

wo 1830 erstmals die «Rauracienne» angestimmt wird, die seit 1990 offizielle Hymne des Kantons Jura ist.

Dominik Wunderlin, Volkskundler

### Recht weit verbreitet

Ab dem 19. Jahrhundert findet sich die Erinnerung an die «Rauracher» mehrfach auch in Titeln von Reihenveröffentlichungen und sogar bei einer Zeitung: beim historischen Jahrbuch «Rauracis» (1826–1831) des Pfarrers Markus Lutz, bei der Zeitung «Der unerschrockene Rauracher» (1832–1837) sowie bei den heimatkundlichen Organen «Der Rauracher» (1928–1949) und «Raurachische Heimatschriften» (1929–1941). Seit 1978 wird im Riehener Niederholz-Quartier das Gratisblatt «Der Rauracher» (auch «Rauracher Zeitung») verteilt, das in Verbindung steht mit dem Einkaufszentrum «Rauracher» an der Rauracherstrasse, das auch namengebend ist für den Coop, eine Apotheke, eine Bibliothek und eine Bankfiliale.

Unseren Raurachern beggenen wir zudem bei einer Liestaler Immobilienfirma, bei einer Basler Waggisclique (gegr. 1982) und bei der 1863 gegründeten Studentenverbindung «Rauracia», die an der Petersgasse seit 1976 den «Raurarcherkeller» betreibt.

Die oben genannte Zeitschrift «Rauracher» wurde übrigens von der «Gesellschaft Raurachischer Geschichtsfreunde» gegründet, die seit 1998 Mitherausgeberin der «Baselbieter Heimatblätter» ist. In dieser Vierteljahreszeitschrift erscheint bereits 1991 die Rubrik «Rauracia», welche Veröffentlichungen zur regionalen Landesgeschichte und Heimatkunde anzeigt. Derselbe Titel wurde ausserdem in den Bänden 15 bis 21 des «Baselbieter Heimatbuches» auch für die Bibliografie des basellandschaftlichen Schrifttums verwendet.

### Bierernst und Lokalradio

Diesen Tour d'horizon beschliessen wir mit dem Hinweis auf das «Rauracher Bräu», das bereits vor der 2006 erfolgten Übernahme durch die Luzerner Brauerei Eichhof nicht mehr hergestellt wurde, womit das letzte dunkle Bockbier einer traditionellen Schweizer Brauerei aus dem Schweizer Biersortiment verschwunden ist.

Die hier vorgelegten Belege zeigen, dass die Rauracher bis in unsere Zeit als Name weiterleben. Es war somit keineswegs abwegig, 1983 ein Lokal- und Volksradio nach einem Keltenstamm zu nennen, der einst im hauptsächlichen Sendegebiet zuhause war. Offen bleibt allerdings, wie es genau zu dieser Namenswahl kam.

# Glück und Gelingen – wie Raurach zu seiner Konzession kam

Wie kam es, dass ausgerechnet das kleine
Radio Raurach – neben Radio Basilisk –
für die Region Basel eine Versuchserlaubnis erhielt?
Eine Spurensuche in Bern.
*Von Robert Bösiger*

Die Tage vor dem 30. September 1982 wird Rainer Keller nicht mehr vergessen.[1] Zusammen mit einer Sekretärin hütete er die Büros des Radio- und Fernsehdienstes[2] im Generalsekretariat des Eidgenössischen Verkehrs- und Energiedepartements beim Berner Hauptbahnhof. Sein Chef, *Armin Walpen*, und die anderen Mitarbeiter hatten sich dieser Tage frei genommen; die grosse Arbeit, so hiess es, käme erst im Oktober. Keller, gerade fertig mit seinem Studium, hatte die Stelle soeben angetreten.

Und so sass er nun da, als die Pöstler mit ihren Wagen angerollt kamen und fragten, wo sie die Ladung deponieren könnten. Berge von Papier seien es gewesen, erinnert sich Keller, die bis zum 30. September 1982 bei ihnen abgegeben wurden. Bis zu dieser Deadline mussten all jene, die später einmal Lokalradio machen wollten, ihr Gesuch beim EVED eingereicht haben.

Armin Walpen und sein kleines Team – der Radio- und Fernsehdienst bestand damals nur aus einer Handvoll Mitarbeitenden – hatten ihre freien Tage in weiser Voraussicht bezogen. Denn in grossen Mengen lagen nun die Dossiers auf dem Tisch, wollten gesichtet und nachrecherchiert, verifiziert und evaluiert, gelistet und bewertet werden. Bei jedem einzelnen Gesuch musste auch die Frage geklärt werden, inwieweit dieses zum höheren Ziel des Lokalradioversuchs beitrage. Man wollte Vielfalt und nicht ausschliesslich Mainstream-Sender bewilligen.

---

1 Das Gespräch mit Rainer Keller fand am 26. April 2013 in Bern statt.

2 Der Radio- und Fernsehdienst war ein Teil des Generalsekretariats EVED; 1992 wurde er in das neu gegründete Bundesamt für Kommunikation (Bakom) eingegliedert.

Bis zum 30. September 1982 mussten alle Gesuche beim Generalsekretariat des Radio- und Fernsehdienstes des Eidgenössischen Verkehrs- und Energiedepartements eingereicht sein. Bild: Armin Walpen, Leiter des Radio- und Fernsehdienstes, sitzt vor dem beachtlichen Berg an fristgerecht eingegangenen Konzessionsgesuchen.

### Alle durften mitreden

Als am 19. November 1982 der 348 Seiten starke Separatdruck «Gesuche für Rundfunk-Versuche»[3] publiziert wurde, wurde das ganze Ausmass des Interesses sichtbar: Der intern «Walpen-Bibel» genannte Wälzer umfasste 269 Gesuche und übertraf damit die kühnsten Erwartungen. Mit der Nummer 107 figurierte Radio Raurach als eines von drei Baselbieter Gesuchen. Wie alle Gesuche war auch dieses aufgeschlüsselt auf die relevanten Faktoren Gesuchsteller, (bisherige) Aktivitäten im Medienbereich, Sitz des Veranstalters, Versorgungsgebiet, vorgesehene Organisation, Anzahl geplante Stellen, voraussichtliche Investitionskosten, Betriebskosten und die Art der Finanzierung. Zudem wurden die Kernbotschaften des Gesuchs in geraffter Form dargestellt.[4]

In Rainer Kellers ziemlich abgegriffenen Exemplar ist hinter Radio Raurach mit Bleistift und in Klammern vermerkt: FDP. Mit dieser Sonderpublikation wurde die Vernehmlassungsphase eingeläutet. Politische Parteien, Verbände und Kantone hatte nun Gelegenheit, sich zu den Gesuchen zu äussern. Auch die Haltungen der Verleger und der Medienschaffenden waren gefragt. Und sogar Private, die im vorgesehenen Versorgungsgebiet eines Gesuchstellers wohnen, durften sich innert 30 Tagen nach der Veröffentlichung zu den Gesuchen äussern.[5] Doch gerade diese Jedermannsanhörung löste bei Weitem nicht das Echo aus, das man erwartet hatte. In einem Bericht der BaZ[6] wird Armin Walpen zitiert, wonach man zwischen 5000 und 10 000 Reaktionen erwartet hatte; es wurden schliesslich knapp 1000. Aus heutiger Sicht hängt die eher magere Beteiligung von Privaten sicher auch damit zusammen, dass man die vollständigen Gesuchsunterlagen nur in Form von Mikrofichen oder per Einsicht auf der kantonalen Verwaltung erhielt.[7]

### Differenzen zwischen Liestal und Basel

Mehr zu tun als mit den Stellungnahmen der Privaten (viele bezogen gemäss Rainer Keller zu einem bestimmten Projekt Stellung, und zwar auch in Form von «gesteuerten Kampagnen» mit gleich lautenden Texten) hatte der Radio- und Fernsehdienst mit den Vernehmlassungsbeiträgen der Verbände, der Verleger und der Kantonsregierungen – und der damit verbundenen massiven Lobbyarbeit.

Wie standen beide Basel zu der sich ankündigenden neuen Medienvielfalt? Jedenfalls bestanden in dieser Frage markante Differenzen zwischen Liestal und Basel: An der gemeinsamen Sitzung der Kantonsregierungen beider Basel vom 19. Januar 1983 konnte man sich nicht auf eine gemeinsame Lokalradio-Stellungnahme einigen. Deshalb wurde an getrennten Sitzungen eine Woche darauf die jeweiligen Positionen verabschiedet. Diese machten die Differenzen öffentlich:

---

3 Separatdruck «Gesuche für Rundfunk-Versuche».

4 Gesuche für Rundfunk-Versuche, 537–539.

5 Gemäss Art. 30 Abs. 4 der Verordnung vom 7. Juni 1982 über lokale Rundfunk-Versuche (RVO).

6 BaZ vom 22. Januar 1983.

7 In ihren Ausgaben vom 1. Dezember 1982 zitieren die Zeitungen im Raum Basel aus den Verhandlungen des Regierungsrats: «Die 14 Lokalradio-Konzessionsgesuche, welche das Gebiet des Kantons Basel-Landschaft betreffen, (…) können eingesehen werden auf der Baudirektion …»

Während die Basler Regierung die zwei kommerziellen Gesuche von Radio Rhywälle und Radio Basilisk sowie Radio Dreyeckland als werbefreier Sender favorisierte und empfahl, wurden just diese drei Sender von der Baselbieter Regierung «weder abgelehnt noch empfohlen». Begründung aus Liestal: Bei Radio Basilisk sei ein «unübersehbarer Trend zur Gewinnorientierung» auszumachen, bei Radio Rhywälle sei das momentan noch grosse Gewicht des Verlags der Basler Zeitung feststellbar. Und Radio Dreyeckland verfüge über eine zu schwache finanzielle Basis[8], um überleben zu können.

Radio Raurach wurde in der Vernehmlassung der Baselbieter Regierung nicht bevorzugt, eher im Gegenteil: Als gesetzt betrachteten der damalige Regierungspräsident *Theo Meier* (FDP) und sein Team das Projekt Radio Birstal um den damaligen Kantonstierarzt und SVP-Parteipräsidenten *Jean-Pierre Siegfried*. Die Projekte Radio Raurach und Radio Ergolz erfüllten nach Meinung der Baselbieter Regierung aber alle erforderlichen Beurteilungskriterien. Sie war aber realistisch genug, um zu sehen, dass wohl nur eines der beiden bewilligt werden würde, weil sie in etwa das gleiche Sendegebiet abdecken wollten. Die Wahl, ob Raurach oder Ergolz, überliess man Bundesbern.

Robert Bösiger, Mitbegründer, Geschäftsführer, Programmleiter und Verwaltungsrat von Radio Raurach

**Spreu vom Weizen trennen**

Die Aufgabe des Radio- und Fernsehdienstes EVED bestand darin, sämtliche Stellungnahmen zu sammeln und zu einem Antrag an den Bundesrat zu verarbeiten. Aus heutiger Sicht, sagt Rainer Keller, sei dieser Arbeit eine «entscheidende Bedeutung» zugekommen: Die gesamte Landesregierung habe sich über sämtliche Lokalradiogesuche gebeugt. Der eigentliche Antrag von Bundesrat Leon Schlumpf an den Bundesrat habe rund 60 Seiten umfasst; dazu seien mehrere Bundesordner an Beilagen bereitgestellt worden.

Ihre Arbeit sei es gewesen, die Spreu vom Weizen zu trennen. Keine einfache Aufgabe – und eine permanente Gratwanderung. Rainer Keller: «Wir haben einerseits hier die Übungsanlage ‹Versuch› durchaus ernst genommen. Andererseits nahm man diesen Begriff auch nicht allzu wörtlich, stand doch das Ergebnis, die definitive Zulassung privater Veranstalter neben der SRG, von vornherein fest.» Zu klären waren nicht der Grundsatz, sondern die rechtlichen, technischen und wirtschaftlichen Rahmenbedingungen. Im Klartext: Der Begriff «Versuch» war ein Etikettenschwindel; Stationen, die sendeten, würde man nie wieder abstellen können. Das Konzept des Versuchs widerspiegelte nach Ansicht von Keller auch das damalige Grundmisstrauen gegenüber den Medien generell und dem damals neuen Medium Lokalradio im Speziellen.

8 Zeitungsberichte vom 26. Januar 1983, zum Beispiel BaZ: «Sende-Chancen nur für wenige».

Der Antrag an den Bundesrat, verfasst von Armin Walpen und seinem Team, sei vielfältiger gewesen als das, was dann letztlich als Ergebnis resultierte. Keller sagt, dass sie bewusst darauf geachtet hätten, auch innovative und alternative Projekte zum Zug kommen zu lassen. Nicht mehr ganz sicher ist Keller nach 30 Jahren, ob Radio Raurach bereits vom Radio- und Fernsehdienst für die Versuchsanordnung vorgeschlagen worden war oder ob der Sender erst später und auf höherer politischer Ebene den Zuschlag erhielt. Ganz sicher aber ist er, dass die einzelnen Bundesratsmitglieder von allen Seiten her bedrängt worden seien. Nicht nur seitens der SRG, der Verleger und der Journalistenverbände. Auch die Parteien hätten massiv lobbyiert – die Linke gegen eine Liberalisierung, das Mitte-rechts-Lager zum Teil dezidiert dafür. Keller glaubt auch, dass zahlreiche wichtige Gespräche ohne Wissen des Radio- und Fernsehdienstes stattgefunden hätten. So kam es, dass die populären Stationen Radio 24 und Radio Basilisk quasi gesetzt waren. Roger Schawinski und Christian Heeb hatten zu illegalen Radio 24-Zeiten eindrücklich gezeigt, wie man aus dem Nichts heraus eine Anhängerschaft bestehend aus mehreren zehntausend Leuten mobilisiert. Und davor, da ist sich Rainer Keller sicher, hatte der Bundesrat Respekt.

**Politik gewinnt gegen Alternativ**
Doch wie kam es nun dazu, dass in der Region Basel neben Radio Basilisk ausgerechnet das kleine Projekt Radio Raurach mit einer Versuchserlaubnis «beglückt» wurde? Die Rauracher hätten mit den Baselbieter Nationalräten Karl Flubacher (Keller: «Ein sympathischer Haudegen») und Hans-Rudolf Nebiker zwei politische Schwergewichte als Fürsprecher von Raurach ins Rennen schicken können. Dies hätten die Rauracher weit besser gemacht als andere. Die solide politische Abstützung sei dann wohl in diesem Fall auch ausschlaggebend gewesen.

Schlechte Karten im bundesrätlichen Verteilpoker hatte Radio Ergolz, erinnert sich Rainer Keller: Mit Radio Förderband in Bern und Radio Lora in Zürich und einem Sender in Lausanne, die das Team um Armin Walpen unbedingt im Versuchsdesign dabei haben wollte, sei die Kategorie Alternativradio bereits ausgeschöpft gewesen.

Eidgenössisches Verkehrs- und Energiedepartement, Gesuche für Rundfunk-Versuche, 19. November 1982, Bern 1982.

# Mediale Chancen für die Bürgerlichen und die Wirtschaft

Die Baselbieter Bürgerlichen wollten medial eine grössere Rolle spielen. Der lokale Rundfunkversuch und das Projekt Radio Raurach kamen wie gerufen. Einerseits konnte das SRG-Monopol endlich nachhaltig aufgebrochen werden, andererseits bot sich der bürgerlichen Politik und der kantonalen Wirtschaft mit Radio Raurach ein ungefiltertes Sprachrohr.
*Von Marcel W. Buess*

Die Unzufriedenheit über das öffentlich-rechtliche Radio- und Fernsehangebot manifestierte sich vor allem in bürgerlichen Kreisen. Die «staatlichen» Medien galten als linkslastig und politisch unausgewogen. Mit dem lokalen Rundfunkversuch, auf den während vieler Jahre mittels «Medien-Gesamtkonzeption», verschiedenen Anläufen zu einem Radio- und Fernsehgesetz und regelmässigen parlamentarischen Vorstössen vor allem von bürgerlicher Seite beharrlich hingearbeitet wurde, ergab sich endlich die Möglichkeit, die als einseitig verschriene SRG zu konkurrenzieren.

Die damit erreichte Medienvielfalt sollte schliesslich auch zu einem Kurswechsel bei den staatlichen Medien, respektive zu einer pluralistischer wirkenden SRG führen. Dass sich SP, Gewerkschaften, POCH und andere linke Gruppierungen anfänglich vehement gegen die Privatisierung und damit gegen die Aufweichung des SRG-Monopols zur Wehr setzten, verwunderte nicht. Vordergründig wehrten sie sich gegen die Werbefinanzierung und warnten vor einer Kommerzialisierung der elektronischen Medien. In Tat und Wahrheit ging es ihnen aber um die Besitzstandswahrung der bestehenden medialen Pfründe. Mit dieser kurzsichtigen, vor allem ideologisch einseitigen Betrachtungsweise setzten

Verwaltungsratspräsident Karl Flubacher sprach im November 1984 im Engelsaal zur Genossenschafterversammlung. Er hatte sich um rund eine Stunde verspätet; auf der Autobahn von Bern musste er einen Stopp einlegen, weil sich zwei Radschrauben gelöst hatten. Flubacher erstattete damals Anzeige gegen unbekannt.

sie sich ins medienpolitische Abseits und verpassten die Chance, bei der Entstehung der Lokalradios gestalterisch mitzuwirken.

Vor diesem medienpolitischen Hintergrund war es nicht sonderlich schwierig, namhafte Baselbieter Politikerinnen und Politiker aus dem bürgerlichen Lager für das Projekt Raurach zu erwärmen. Als Eisbrecher und eigentlicher Anziehungspunkt in dieser Hinsicht erwies sich der erste Präsident des Raurach-Fördervereins, FDP-Nationalrat *Karl Flubacher*. Als aktiver Bundespolitiker hatte Flubacher einschlägige Erfahrungen mit der SRG und seine Motivation, dem Projekt Radio Raurach zum Durchbruch zu verhelfen, war mehr als gegeben: «Die linken SRG-Journalisten benötigen endlich Konkurrenz. Und unser Baselbiet braucht ein eigenes Radio. Wir wollen uns nicht einfach aus der sowieso linken Stadt berieseln lassen.»[1]

In der Folge sorgten verschiedene FDP- und SVP-Politiker mit dem politisch unschätzbaren Vehikel Förderverein dafür, dass das Projekt Raurach eine Versuchserlaubnis erhalten hat. Ohne dieses geschickt orchestrierte Engagement der bürgerlichen Baselbieter Politik wäre Radio Raurach niemals konzessioniert worden.

Marcel W. Buess war langjähriger Vizepräsident des Fördervereins Pro Radio Baselland, Verwaltungsrat und späterer Geschäftsführer von Radio Raurach.

### Selbstständiges Baselbiet brauchte ein eigenes Radio

Im Falle von Raurach kam aber ein weiterer, ebenso wichtiger ordnungspolitischer Grund hinzu: Das selbstständige Baselbiet musste über ein eigenes Medium verfügen; eine weitere mediale Abhängigkeit von der Stadt – Basel galt für den Lokalradio-Versuch mit mindestens einem Sender als gesetzt – konnte und wollte man aus standespolitischen Gründen nicht hinnehmen.

Das Projektteam spielte frühzeitig und geschickt auf der Klaviatur des unabhängigen Baselbiets: «Basel und Wenslingen sind lediglich knappe dreissig Kilometer Luftlinie voneinander entfernt, dennoch liegen Welten dazwischen... Unser Kanton Baselland braucht ein basellandschaftliches Lokalradio...»[2] Diese Betonung der Eigenständigkeit bot natürlich auch ein gewichtiges Argument gegenüber Bundesbern. Mit diesem ordnungspolitischen Ansatz konnten Defizite im professionellen und versorgungstechnischen Bereich wettgemacht werden, und Radio Raurach wurde – dank der massiven Lobby-Arbeit der involvierten Politiker – als Bewerber rasch ernst genommen.

### Vom Makel, ein FDP-Radio zu sein

Schon im Vorfeld der offiziellen Gesuchs-Eingabe im September 1982 wurde die politische Abhängigkeit, respektive Unabhängigkeit des Projektes Radio Raurach

1 Sinngemässe Aussagen von Karl Flubacher anlässlich des «Anwerbungsgespräches», das Marcel W. Buess – einerseits als Mitglied des Projekt-Teams – andererseits als Präsident der Jungfreisinnigen Bewegung Baselland – mit ihm im Juni 1982 im Hotel Engel in Liestal führte.

2 Kurzinformation «Radio Raurach – Das Lokalradio für's Baselbiet», August 1982.

«Lokalradio-Vater» Bundesrat Leon Schlumpf besuchte Radio Raurach in Sissach aus Anlass des 5-Jahre-Jubiläums. Im Gespräch mit Marcel W. Buess zeigte sich Schlumpf befriedigt über die ersten fünf Jahre Lokalradio.

aufgrund der offenen Unterstützung durch die Jungfreisinnige Bewegung Baselland (JFBL) und die FDP Baselland infrage gestellt und regelmässig thematisiert. Schliesslich musste der damalige JFBL-Präsident in der Basellandschaftlichen Zeitung öffentlich darlegen[3], dass Raurach kein jungfreisinniges Radio sei. Gleichzeitig musste er auch rechtfertigen, weshalb JFBL und FDP Baselland den beabsichtigten Lokalradio-Versuch begrüssten und Raurach als bis zu diesem Zeitpunkt einziges relevantes Baselbieter Projekt unterstützten.

Bereits Ende August 1982 sprach sich die FDP Baselland klar für den Lokalradio-Versuch aus. Laut Basler Zeitung gelte das besondere Interesse der Partei

3 Stellungnahme von JFBL-Präsident Marcel W. Buess in der Basellandschaftlichen Zeitung vom 11. September 1982.

jenen Lokalradio-Projekten, «die den Raum unseres Kantons abdecken und den Bedürfnissen von Baselland gerecht werden».[4] Diese Absichtserklärung zielte natürlich auf das Projekt Radio Raurach ab. Der damalige freisinnige Regierungsrat *Paul Nyffeler* erinnerte am FDP-Parteitag daran, dass es darum gehe, das SRG-Monopol zu brechen. Gleichzeitig müsse aber verhindert werden, dass in den Ballungszentren neue Monopole entstehen. Mit 50 gegen 18 Stimmen, bei 13 Enthaltungen, verabschiedete die FDP die von den Jungfreisinnigen eingebrachte Resolution.

Am 5. August 1983, einen Tag nach der Gründung der Betriebsgesellschaft Radio Raurach, führte der frisch gewählte Verwaltungsrat im Bad Bubendorf, dem sogenannten Baselbieter Rütli, eine Medienkonferenz durch. Die parteipolitische Zusammensetzung des obersten Raurach-Gremiums[5] lancierte die öffentliche Diskussion bezüglich der politischen Abhängigkeit respektive Unabhängigkeit des Senders von Neuem. Die Verwaltungsräte verwiesen auf das Redaktionsstatut und machten deutlich, dass sie keinen Einfluss auf Redaktion und Programmgestaltung nehmen würden. «Was die Parteipolitik anbelangt, so spielt diese im Radiobetrieb keine Rolle. Wichtig ist die Objektivität. Radio Raurach ist politisch und konfessionell neutral.»[6] Trotz dieser ernst gemeinten und während des kommenden Sendebetriebs auch tatsächlich gelebten Philosophie konnte Radio Raurach den Makel der parteipolitischen Abhängigkeit bis 1994 niemals gänzlich abstreifen.

Das anfänglich wichtige politische Kapital erwies sich zunehmend als Belastung – vor allem nach den wirtschaftlich äusserst schwierigen Anfangsjahren, in denen die politische Vernetzung für das Überleben des Senders weiterhin entscheidend war. Der Umstand, dass dem Verwaltungsrat mit Landrat *Walter Leber* ein prominenter Sozialdemokrat angehörte, wurde zwar registriert, doch konnte er die politischen Vorbehalte gegenüber dem Sender nicht wettmachen. Leber politisierte auf dem «rechten» SP-Flügel. Als Verwaltungsrat der Elektra Sissach und als Vizepräsident des regionalen AVES-Ablegers[7] galt Leber ohnehin nicht als authentischer SPler und er bereitete den Baselbieter Genossen damit regelmässig Bauchschmerzen. Dem Raurach-Verwaltungsrat gehörte von 1983 bis 1994 übrigens immer ein aktives SP-Mitglied an. Walter Leber wurde von der späteren Landratspräsidentin *Liselotte Schelble* (Reinach) abgelöst.

## Die regionale Wirtschaft hilft und profitiert

Die starke politische Vernetzung des Senders schaffte auch den Zugang zur regionalen Wirtschaft – vorab zum Kantonalen Gewerbeverband und zum

4 Basler Zeitung vom 28. August 1982.

5 Parteipolitische Zusammensetzung des ersten Raurach-Verwaltungsrates: Karl Flubacher, Nationalrat, Präsident (FDP), Marcel W. Buess, Vizepräsident (FDP), Robert Bösiger, Delegierter (JFBL), Jacques Gunzenhauser (FDP), Walter Leber, Landrat (SP), Hans-Rudolf Nebiker, Nationalrat (SVP) und Jürg Schneider (parteiunabhängig).

6 Volksstimme vom 9. August 1983.

7 Aktion für vernünftige Energiepolitik Schweiz. Diese Organisation stand der Energiewirtschaft nahe und galt als AKW-freundlich.

Industriellenverband beziehungsweise zur Handelskammer beider Basel. Der Gewerbedirektor und spätere Nationalrat *Hans Rudolf Gysin*[8] war mit Radio Raurach aufs Engste verbunden, Karl Flubacher selbst war Ehrenmitglied des Kantonalverbandes.

Nicht nur der kantonale Dachverband, sondern auch die lokalen Gewerbevereine zeichneten Anteilscheine der Betriebsgenossenschaft, und der Sender führte spezielle Werbeaktionen für die Gewerbetreibenden durch. Einem internen Positionspapier «Das Gewerbe und Radio Raurach» ist zu entnehmen: «Für den Gewerbetreibenden gilt es zu berücksichtigen, dass mit den privaten Radiosendern auch spürbares bürgerliches, wirtschafts- und gewerbefreundliches Engagement im Medienbereich ermöglicht wurde.» Das Gewerbe müsse demnach ein vitales Interesse am Erfolg der Lokalradios – hier im Besonderen von Radio Raurach – haben, wurde ausgeführt. «Das Gewerbe hat unmittelbare Möglichkeiten, seine Anliegen im Lokalradio unterzubringen. Die Berichterstattung über die Aktivitäten des Gewerbes gehört zum Informationsauftrag des Lokalradios.»

Nicht nur das Gewerbe, sondern auch die Industrie hatte regelmässig Zugang zum Sender und konnte ihre Sicht der Dinge darstellen und zu wirtschaftspolitischen Fragen Stellung nehmen.

Die grundsätzlich wirtschaftsfreundliche Haltung von Radio Raurach zahlte sich in einer für den Sender existenziell bedrohlichen Situation aus. Ende 1985 war der Sender massiv überschuldet, es fehlte an Mitteln und die Bilanz musste dringend saniert werden. Mit einer Motion ersuchte SP-Landrat Walter Leber die Kantonsregierung um die «Gewährung eines befristeten, zinslosen Darlehens an den Baselbieter Lokalsender Radio Raurach» über 400 000 Franken.[9] Dieser Vorstoss wurde später von FDP-Landrat Rudolf Andreatta übernommen, um bei den bürgerlichen Landratsfraktionen eine breitere Akzeptanz zu erreichen. Das Ansinnen roch stark nach «Staatsradio» und die Meinung darüber war in allen politischen Lagern geteilt. Im Oktober 1986 überwies der Landrat mit 28 zu 24 Stimmen die Motion knapp an den Regierungsrat mit dem Auftrag, eine entsprechende Vorlage auszuarbeiten.

Dieser parlamentarische Vorstoss sorgte nicht nur in der Baselbieter Politik und den regionalen Printmedien für kontroverse Diskussionen. Die Forderung der Motion, die aus bürgerlicher und vor allem aus ordnungspolitischer Sicht einem Sündenfall gleichkam, löste in den massgeblichen Wirtschaftskreisen der Region eine einmalige Rettungsaktion aus. Schliesslich flossen Radio Raurach im Jahr 1987 rund 800 000 Franken zu. Eingefädelt und organisiert wurde diese Aktion massgeblich von zwei Nationalratskollegen des Raurach-Präsidenten

8 Gründungsmitglied des Fördervereins, ab 1989 dessen Präsident, ab 1991 auch Mitglied des Verwaltungsrates der Radio Raurach Betriebs AG.

9 Motion wurde am 27. Februar 1986 eingereicht.

Karl Flubacher: vom damaligen Handelskammer-Direktor *Paul Wyss* und von Felix Auer, der dem Stab Volkswirtschaft der damaligen Ciba-Geigy AG angehörte.[10]

Parallel zu dieser in der Tat beachtlichen Sanierungsaktion schrieb Flubacher unzählige Wirtschaftsführer der Schweiz an und bat um Unterstützung für seinen Sender. Der Hinweis, dass mit den privaten Radiostationen endlich ein spürbares bürgerliches Engagement in den elektronischen Medien überhaupt erst möglich geworden sei, fehlte auch in diesen Bettelbriefen nicht. «Radio Raurach hat aus seiner bürgerlichen Grundhaltung und wirtschaftsfreundlichen Haltung im Übrigen nie ein Hehl gemacht.»[11] Die aussergewöhnliche und damals streng vertraulich abgewickelte Sanierungsaktion wurde ergänzt durch einen Forderungsverzicht von fünf Bankinstituten, die Raurach anlässlich der Betriebsaufnahme einen Kontokorrentkredit von je 50 000 Franken eingeräumt hatten. Die erwähnte Motion, welche diese massive Rettungsaktion – zumindest indirekt – auslöste, wurde schliesslich formell zurückgezogen und der Baselbieter Regierungsrat war vom wohl nicht sonderlich angenehmen Auftrag wieder entbunden.

[10] An der Finanzaktion 1987 beteiligten sich folgende Firmen: Ciba-Geigy mit 200 000 Franken, Hoffmann-La Roche mit 150 000 Franken, Sandoz mit 150 000 Franken, der Bankverein mit 150 000 Franken, Atel mit 150 000 Franken und Bâloise mit 25 000 Franken.

[11] Bettelbrief von Karl Flubacher vom 6. Februar 1986 an rund 100 Wirtschaftsführer der Schweiz.

# Radio Ergolz – die idealistische Alternative

Die jungen Initianten von Radio Ergolz wollten ein kleines, bescheidenes Lokalradio für den Raum Liestal mit einer täglichen Sendezeit von drei Stunden machen.
*Von Esther Maag*

Durs Schwyzerland goht ei Bewegig,
vo chly bis gross isch ei Erregig.
Beromünschter isch jetz nümmen in,
s ligge nummen no chleini Sänder drinn,
die sige frei und unabhängig,
für jedi Schyssdräckmeinig gängig.
Und die Schlaue mit es bitz Grütz
Schmecke sofort wieder d Stütz.
So lauft es Gstürm landuf – landab,
bym Schlumpf git jede d Bewärbig ab.

*(Zeedel der Rotstabclique an der Fasnacht 1983, also verfasst während der Wartezeit zwischen Gesuchseinreichungen und bundesrätlichem Entscheid)*

Als Markus Schneider, Peter Basler, Remo Gesù und einige andere ihr Konzessionsgesuch für Radio Ergolz einreichten, waren ihnen vor allem die Unabhängigkeit und die interaktive Kommunikation wichtig. Sie wollten ein Sprachrohr der Bevölkerung sein und sich «durch offenes Mikrofon und aktive Hörerbeteiligung»[1] positionieren. In diesem Punkt waren sie aus heutiger Sicht ihrer Zeit voraus. Radio Ergolz sollte dank 3,5 Werbeminuten pro Tag finanziert werden. Die technischen Anlagen hätte man geleast; dies wäre dank Darlehen vorab der Redaktionsmitglieder, Gönner- und Vereinsbeiträgen möglich gewesen.

### Jung und links

An das grosse Geld glaubte vermutlich kaum einer der Initianten, und falls doch, war das wohl Utopie. Interessant ist aber, dass die Projektierung eines Lokalradiosenders eine hervorragende Lebensschulung gewesen zu sein scheint. Sämtliche Initianten haben es erstaunlich weit gebracht im Leben. Einige im journalistischen Bereich, viele im Management von Organisationen.

Man führe sich vor Augen: Bei Radio Ergolz war niemand älter als 23 Jahre. Trotzdem musste man sich professionell organisieren, verbindlich sein und musste Zugang zu den nötigen Hilfsmitteln wie Kopiergeräten usw. haben. Wie wir später erfuhren, waren auch Verbindungen nötig …

Mit der Verbindlichkeit war es so eine Sache: Peter Basler erinnert sich, wie Markus Schneider und Remo Gesù ihn beim nächtlichen Finish und Kopieren

[1] Aus dem Brief an den «hochgeachteten Herr Bundesrat» vom 28. Mai 1982.

# RADIO ERGOLZ

«Radio Ergolz» ist das einzige *wirklich* unabhängige Lokalradio-Projekt im Baselbiet. Unabhängig von politischen Parteien, Zeitungsverlegern und anderen Interessengruppen. In seinem Redaktionsstatut bekennt sich «Radio Ergolz» zur *freiheitlich-demokratischen* Ordnung und zu *fortschrittlich-liberalen* Grundsätzen, die eine öffentliche Auseinandersetzung im Geiste der Toleranz zulassen.

**Tanz auf dem Plattenteller, Tanz auf dem Vulkan: Radio Ergolz wollte heisse Musik mit brisanter Berichterstattung und spielerischer Leichtigkeit verbinden. (Ausschnitt aus dem Flugblatt von Radio Ergolz.)**

sitzen liessen.² Die beiden Studenten waren in die Ferien nach Sizilien verreist. Immerhin konnten sie da praktische Erfahrungen sammeln: Ein Cousin von Remo Gesù war nämlich Radiomacher bei Radio Campobello Centrale.

Niemand hatte Radioerfahrung, allenfalls etwas journalistische: Peter Basler bei der Quartierszeitung, Markus Schneider und Mäged Helmy als Freie, Christoph Giertz bei der Textwerkstatt und ich als Freie bei der Basellandschaftlichen Zeitung.

### Trügerische Hoffnungen

In der am 25. Januar 1983 veröffentlichten Stellungnahme der Baselbieter Regierung heisst es: «Alle Anforderungen, welche die Rundfunkverordnung und die vom Regierungsrat angewandten Beurteilungskriterien an die Lokalradio-Projekte stellen, erfüllen nach Meinung des Regierungsrates nur die Gesuche Radio Ergolz, Radio Raurach und Lokalradio Birstal.» Man beachte die Reihenfolge.

Die linke Schweizerische Journalisten-Union (SJU) untersuchte in einem Buch alle Lokalradioprojekte des Landes³; zu Radio Ergolz hiess es: «Sollte sich für eines der drei Baselbieter Projekte eine Versuchserlaubnis aufdrängen, so verdient zweifellos Radio Ergolz am ehesten eine Chance.» Vernichtend kommentiert wurde das Konkurrenzprojekt Radio Raurach: «Dieses Projekt kommt für eine Versuchsbewilligung nicht infrage.»

Früh schon ausser Abschied und Traktanden fielen weitere Gesuche aus der Region Basel. Zum Glück, wie ein Initiant von Radio Basileia, Patrick Tschudin, heute meint. Das Gesuch sei, ähnlich wie damals Radio Dreyeckland, das aus der Kaiseraugst-Bewegung hervorgegangen ist, mehr ein Piratensender-Abenteuer gewesen.

Rund zehn Jahre später lud Patrick Tschudin zu einem Treffen ein, das Geschichte schreiben sollte. In der Einladung hiess es wörtlich: «Die Stunde drängt und rascher Tat bedarf's! Was bisher nur hinter vorgehaltener Hand ein Thema war, wird konkret: Am Sonntag, dem 13. Juni 1993 treffen wir uns – so hoff ich doch – zum ersten konspirativen Radio-Brunch… Mitbringen: 1 Kaffeetasse (ich hab nicht genug davon…)». Bei diesem Treffen war Thomas Jenny mit dabei. Damit war der Grundstein gelegt für das, was fünf Jahre später Radio X werden sollte. Jenny leitet diesen Sender seit Anbeginn.

### Wunden lecken

Die Protagonisten von Radio Ergolz waren mutig, frech, aufbruchswillig, und bereit, aussergewöhnlich viel zu leisten für einen aussergewöhnlich niedrigen

2 E-Mail vom 20. Dezember 2012 und Gespräch vom 22. März 2013.

3 Absage und Warnung: Vernehmlassung zu den Konzessionsgesuchen für lokale Rundfunk-Versuche und Pay-TV. Schweizerische Journalisten-Union über werbefinanzierte Lokalradios, Basel, 1983.

Lohn – 2000 Franken für eine Vollzeitstelle als Redaktor. Und ja, sie waren links – im damals noch sehr bürgerlicheren Liestal und Baselbiet war dies ein Nachteil. Radio Ergolz hatte nicht wie Radio Rauarach einen FDP-Nationalrat wie Karl Flubacher als Vereinspräsidenten und Fürsprecher in Bern.

«Wir finden es grossartig, dass ausschliesslich finanzkräftige 24-Stunden-Projekte berücksichtigt worden sind. So können sich alle freuen, die ein kritisches, unabhängiges Medium befürchten mussten. (...) Es ist dem Bundesrat zu danken, dass er mit seinem Entscheid das Abenteuer Lokalradio auf die Ebene Kommerz auf Megahertz emporhebt», heisst es zynisch-desillusioniert in der Einladung von Peter Basler zur letzten Vollversammlung von Radio Ergolz. Sich darüber zu mokieren, wie sich Markus Schneider erinnert[4], gehörte zum guten Ton, doch natürlich war die Enttäuschung ebenfalls da.

Dank der Ablehnung keimte die Idee auf, die «Liestaler Nachrichten» (LiNa) zu gründen. Eine einzige Ausgabe wurde publiziert, als Partyzeitung in der Neujahrsnacht 1983/84. Dafür gibt es heute – als beständiges Folgeprojekt – das Liestaler Magazin (LiMa). Und Peter Basler durfte bei Radio Rauarach die Sendung Schnipsel moderieren. Wir alle durften dort einmal mitmachen. Immerhin.

Esther Maag, Geschäftsführerin und Autorin

4 E-Mail vom 19. Dezember 2012.

# Steckbrief der anderen Gesuche in der Region Basel

**Basler Kinderradio**
Gesuchsteller ist der «Verein Kinderradio Basel», vertreten durch Burkhard Frey (Basel). Der Verein engagiert sich als politisch und konfessionell neutrale Vereinigung von Einzelpersonen und Organisationen im Bereich der Kinder- und Jugendarbeit. Das Radio von Kindern für Kinder will von Mittwoch bis Samstag von 16–19 Uhr und am Sonntag von 10–19 Uhr für die Agglomeration Basel ein durch Mitgliederbeiträge, Zuwendungen, Spenden und Subventionen finanziertes Programm ausstrahlen. Ein Förderverein soll 13 Mitarbeitende im Programmbereich beschäftigen. Investitionen: 40 000 Franken; jährliche Betriebskosten: rund 57 000 Franken.

# Der Fall «B»

Das bei der Konzessionserteilung vom 20. Juni 1983 leer ausgegangene, von der Baselbieter Regierung favorisierte «Radio Birstal» reichte ein Wiedererwägungsgesuch ein. Bei Radio Raurach machte man sich deswegen Sorgen. Im Sinne der Vernehmlassung zur Wiedererwägung nahm nämlich die Baselbieter Regierung positiv Stellung dazu.[1]

Radio Raurach stand bereits im Überlebenskampf, als man im Januar 1984 zusammen mit Radio Basilisk ein Bittgesuch an den Bundesrat sandte, die grösstenteils bereits jetzt prekäre finanzielle Lage der sendenden Stationen zu berücksichtigen. Bundesrat Leon Schlumpf sicherte diese «Rücksichtnahme» in üblichem Diplomatendeutsch zu.[2] Auch der Förderverein «Pro Radio Baselland» beteiligte sich an der Lobbyarbeit gegen Radio Birstal. Es gab einen Plan B unter dem Titel «Vor und nach dem Birstal-Entscheid: Wie kann sich Radio Raurach wehren und behaupten?»[3] Der Plan enthielt «einige vorsorgliche Gedanken zu einer existentiellen Frage», ausgearbeitet von Rudolf Andreatta, dem Präsidenten des Fördervereins, von Marcel W. Buess (Vizepräsident des Verwaltungsrats), Jürg Schneider (Verwaltungsrat) und PR-Berater Edi Borer.

1 Die Baselbieter Regierung äusserte sich, in Absprache mit den Regierungen von Bern und Solothurn, am 29. September 1983.

2 Schreiben vom 6. Februar 1984.

3 Vertrauliches Strategiepapier vom 13. Juni 1984.

Die Thematik neue Freiheit im Äther war zu Beginn der 80er-Jahre in allen Medien präsent. Befürchtet wurde zum Teil ein Wildwuchs und eine Überforderung der Hörer. Das TV-Magazin TELE zum Beispiel widmete dem bevorstehenden neuen Radiozeitalter ein sechsseitiges Dossier.

**Radio Basilisk**
Gesuchstellerin ist die «Radio Basilisk Betriebs AG». Die Geschäftsleitung besteht aus Christian Heeb, Hans-Ruedi Ledermann und Guido Wemans. Die ideelle Trägerschaft ist der Verein «Radio Basilisk Trägerschaft» mit 4000 Mitgliedern. Radio Basilisk will die Stadt Basel, ihr Einzugsgebiet und die Agglomerationen der angrenzenden Kantone mit einem politisch neutralen und unabhängigen Lokalprogramm versorgen. Geplant ist ein 7x24-Stunden-Vollprogramm mit 14 Redaktorinnen und Redaktoren, davon 8 Vollprofis. Investitionen: 508 000 Franken; Betriebsbudget: 1,642 Millionen Franken, finanziert durch Werbung, Veranstaltungen, Programmverkauf und Werbeartikel.

**Radio Birstal**
Gesuchsteller ist der «Verein Lokalradio Birstal», vertreten durch Jean-Pierre Siegfried (Arlesheim). Geplant ist die Produktion und Ausstrahlung eines Radioprogramms über einen Sender für die Bewohnerinnen und Bewohner des Birsecks, des Dornecks, des Laufen- und Leimentals sowie des Bezirks Arlesheim. Die Trägerschaft des Senders bildet der «Verein Lokalradio Birstal», Betrieb und Produktion sollen durch eine Betriebsgesellschaft abgewickelt werden. Eigner sind zu je 40 Prozent die Gemeinden und das Gewerbe bzw. die Industrie sowie zu 20 Prozent die Kirchen. Geplant ist ein von 9 Mitarbeitenden gemachtes 7x24-Stunden-Vollprogramm. Investitionen: 400 000 Franken; Betriebsbudget: rund 1,3 Millionen Franken.

**Radio Dreyeckland**
Gesuchsteller und Trägerschaft ist der «Verein Radio Dreyeckland (FDL)», vertreten durch Thomas Göttin (Basel). Entstanden ist Radio Dreyeckland aus dem früheren Elsässer Piratensender Radio Verte Fessenheim. 20 Programmmachende wollen von Montag bis Freitag von 18–21 Uhr sowie an den Wochenenden speziell thematisierte Sendungen produzieren. Das Programm soll nach dem Prinzip des Hörerradios zusammengestellt werden, um die Kluft zwischen Machern und Hörern zu verringern. Investitionen: rund 68 000 Franken; Betriebskosten: 90 000 Franken. RDL verzichtet auf jegliche Werbung.

**Radio Fricktal**
Gesuchsteller sind zwei Projekte mit demselben Namen: der «Verein Radio Fricktal» (VRF) mit CVP-Grossrat Valentin Schmid und der «Radio Club Fricktal» (RCF) unter Federführung des freisinnigen Gemeinderates Erhard Moder (Mumpf). Das RCF-Projekt will die Fricktaler Eigenart erhalten, während der VRF sich die Informationsvielfalt sowie die unabhängige Meinungsbildung auf die Fahne geschrieben hat. Beide Sender wollen die aargauischen Bezirke Rheinfelden und Laufenburg versorgen. Der VRF will ein 7x24-Stunden-Vollprogramm durch 10 Mitarbeitende ausstrahlen – mit besonderen lokalen Sendegefässen und der Übernahme eines moderierten Musikprogramms. Der RCF plant mit 20 Mitarbeitenden tägliche Sendungen von rund 4,5 Stunden. Investitionen VRF: 350 000 Franken; Betriebsbudget: 1,2 Millionen Franken. Investitionen RCF: 80 000 Franken; Betriebsbudget: 234 000 Franken.

**Radio One**
Gesuchsteller ist der «Verein Radio One», vertreten durch Sebastian Steib (Basel). Radio One ist eine unabhängige und unpolitische Radiostation, die bereits seit Anfang 1982 legal aus dem Elsass sendet und früher als Piratensender kurze Programme ausstrahlte. Der Sender will eine aufgestellte Zuhörerschaft mit einem vielseitigen Musikprogramm von und für Hörerinnen und Hörer (deshalb die recht hohe Mitarbeiterzahl von 20 Personen) in der Region Basel unterhalten. Investitionen: 60 000 Franken; Betriebskosten: 383 000 Franken.

**Radio Rhywälle**
Gesuchsteller ist der «Verein Lokalradio Basel», vertreten durch Veronika Challand-Bürgisser (Basel). Die Trägerschaft besteht aus a) dem «Verein Regio Basiliensis», dessen Anliegen die Verständigung zwischen den Menschen der Region ist und in dem Parteien, Verbände und die Wirtschaft vertreten sind, b) einer Gruppe von Zeitungsverlegern, bestehend aus Basler Zeitung, Basellandschaftliche Zeitung, Basler Volksblatt, Allschwiler Wochenblatt, Birsfelder Anzeiger, Muttenzer Anzeiger, Prattler Anzeiger und Riehener Zeitung sowie c) der «Radio- und Fernsehgenossenschaft Basel (RFGB)», die später wieder ausgestiegen ist. 16 Mitarbeitende sollen ein 7x24-Stunden-Radioprogramm von 6–20 Uhr (plus Übernahme von Programmteilen der SRG) für die Kantone Basel-Stadt und Basel-Landschaft produzieren. Investitionen: 500 000 Franken; Betriebsbudget: 1,65 Millionen Franken, finanziert durch Werbung und Mitgliederbeiträge.

**Radio semainier**
Gesuchsteller ist der «Verein Radio semainier», vertreten durch Markus Ackermann (Basel). Versorgt werden soll die Agglomeration Basel, die Organisationsstruktur ist ein Verein.

Die Wiedererwägungsgesuche von Radio Birstal und Dreyeckland wurden vom Bundesrat am 15. Oktober 1984 abgelehnt. Leon Schlumpf hielt also Wort. Die erfolgreiche Abwehr der drohenden Konkurrenz hatte allerdings ihren Preis. Dem Birstal-Wiedererwägungsgesuch war es nämlich zu «verdanken», dass Raurach erst nach anhaltendem und massivstem Druck und Ausräumung aller von der Gemeinde Reinach auferlegten rechtlichen Hürden und Ausreden endlich in die Gross-Gemeinschaftsantennenanlage Reinach eingespiesen werden konnte.[4]

**Wie Phönix aus der Asche**
Nachdem man Radio Birstal inzwischen schon fast vergessen hatte, war das Thema nach fast zwei Jahren Ruhe plötzlich wieder aktuell. Die Zeitung «Nordschweiz» titelte: «Radio Birstal ist gefordert», und knapp einen Monat danach hakte sie nach mit der Schlagzeile: «Radio Baselland: Mehr als eine Seifenblase?» Der Verein Radio Birstal habe Kooperationsverhandlungen mit Radio Raurach aufgenommen, war zu lesen.[5] Die Sache aber erst recht ins Rollen brachte der Gratisanzeiger Doppelstab: «Ist Radio Raurach am Ende?»[6]

---

4 Ab 7. September 1984 konnte Radio Raurach über die GGA Reinach (mit elf Anschlussgemeinden und gegen 25 000 Abonnenten) empfangen werden.

5 Nordschweiz, 8. März und 5. April 1986.

6 Der Doppelstab mit der Schlagzeile «Ist Radio Raurach am Ende?» erschien am 6. März 1986.

Interessant war, dass man bei Radio Raurach von solchen Verhandlungen nichts wusste. Verwaltungsratspräsident Karl Flubacher sagte an der Generalversammlung vom 5. Juni 1986: «Radio Raurach wird auf keinen Fall verkauft und wird auch weiterhin ein selbständiges und unabhängiges Radio fürs Baselbiet bleiben. Anderslautende Versionen entsprechen nicht der Wahrheit.» Und weiter: «Es muss betont werden, dass wir unsere Selbständigkeit nicht verkaufen werden, auch nicht an den Doppelstab und andere ‹Finken›.»[7]

### Totgesagte leben länger

Drei Jahre später bewilligte der Bundesrat neun weitere Lokalradios, darunter Studio B.[8] Hinter Studio B stand ein Name, den man bei Radio Raurach bestens kannte: Raymond Fink, treibende Kraft hinter Radio Birstal und jetzt Initiator und Präsident des Trägervereins Studio B. Der Verwaltungsrat von Radio Raurach hielt zwar fest, dass das Gesuch v. a. aus finanzieller Sicht unrealistisch sei, sofern sich die Ausrichtung tatsächlich auf das Schwarzbubenland beschränken soll, machte aber trotzdem Druck gegen Studio B in Bern.[9] Doch diesmal fruchteten die Interventionen bei Bundesrat Adolf Ogi und Fritz Mühlemann, Generalsekretär des EVED, nicht: Am 6. Oktober 1990 ging Studio B auf Sendung. Per Ende 1991 betrug der Verlustvortrag jedoch bereits 650 000 Franken. Studio B musste seinen Betrieb im Mai 1992 bereits wieder einstellen.
*Jürg Schneider*

7 Eine Anspielung auf Raymond Fink, die treibende Kraft hinter Studio B.

8 Bundesratsbeschluss vom 11. Dezember 1989.

9 Verwaltungsratssitzung vom 19. September 1988.

Mit 20 Mitarbeitenden will man während sechs Tagen pro Woche zu je 10 Stunden senden. Das Radio will die Zuhörenden (vor allem die 15- bis 25-Jährigen) zur Programmgestaltung aktivieren und aktiv das Basler Kulturleben fördern. Investitionen: 80 000 Franken; Betriebskosten: 300 000 Franken, finanziert durch Werbung, Mitgliederbeiträge und Spenden.

### Radio Barfi

Gesuchsteller ist Walter Faeh (Basel). Die vorgesehene «Radio Barfi AG» will sieben Mitarbeitende beschäftigen. Diese sollen für die Agglomeration Basel ein 24-Stunden-Unterhaltungsprogramm produzieren. Die Hörerinnen und Hörer sollen in das Programm einbezogen werden. Investitionen: 203 000 Franken; Betriebskosten: 554 000 Franken, finanziert durch Werbung.

### Radio 12 (Basel)

Gesuchstellerin ist die Schweizer Union, Gemeinschaft der Siebenten-Tags-Adventisten (Zürich) und die «Ligue Vie et Santé». Unter dem Namen Radio 12 sollen in der Stadt Basel, Therwil, Dornach, Pratteln und Riehen Programme ausgestrahlt werden, die sich mit den aktuellen Problemen der Familie, der Jugend, der Gesellschaft und der Erziehung befassen. Als «administratives Komitee» sollen 20 Mitarbeitende agieren und ein durch Spenden eigenfinanziertes Programm produzieren. Betriebskosten: 280 000 Franken.

### Radio Basilea

Gesuchsteller ist Patrick Tschudin (Basel). Die Organisation besteht aus einer Aufsichts- und Beschwerdekommission und verfügt über einen Technischen Direktor und einen Programmdirektor. Sieben Mitarbeitende sollen von Freitag bis Montag (ohne Nachtstunden) ein Programm produzieren. Das Ziel des Senders ist, eine Alternative zu dem bestehenden Programm von Radio DRS zu bilden und die Basler Bevölkerung besser über lokale Ereignisse und Veranstaltungen zu informieren. Investitionen: 63 000 Franken; Betriebskosten 335 000 Franken, finanziert durch Werbung und Spenden.

### Radio Trendwende

Gesuchstellerin ist die «Vereinigung Radio Trendwende», vertreten durch I. Reichmuth (Basel). Radio Trendwende will ein volksnahes Lokalradio für die Agglomeration Basel verwirklichen und diese durch eine neutrale, positive und lebensfördernde Berichterstattung bereichern. Die Vereinigung will 16 Programmschaffende beschäftigen. Investitionen: 695 000 Franken; Betriebskosten: 1,4 Millionen Franken, finanziert durch Werbung, Mitglieder- und Gönnerbeiträge.

### Radio Nord West Funk Basilensis NWF

Gesuchstellerin ist die «Nord-West-Funk-Basilensis», vertreten durch Bru Gurtner (Basel). Die unabhängige, neutrale Lokalradiostation will den regionalen Zusammenhalt fördern und mit diesem Credo die Region Basel (Allschwil-Grellingen-Rheinfelden) versorgen. Der Sender will sechs Mitarbeitende beschäftigen. Die Trägerschaft soll der «Verein NRF» sein. Investitionen: 250 000 Franken; Betriebskosten: 850 000 Franken.

*Zusammengestellt von Jürg Schneider*

# Förderverein als politische Speerspitze

Ohne den Förderverein hätte das Projekt Radio Raurach niemals eine Versuchserlaubnis erhalten. Und die Einbindung von namhaften und vor allem aktiven Politikern beeinflusste den Konzessionierungsprozess massgeblich.
*Von Marcel W. Buess*

Der Förderverein spielte anfänglich, im Besonderen bis zur Betriebsaufnahme von Radio Raurach am 1. November 1983, eine entscheidende und unverzichtbare Rolle. Seit der Gründung am 23. September 1982 kam dieser ideellen Trägerschaft die Rolle einer politischen Speerspitze zu.

Die vier Mitglieder des Projektteams[1] erkannten rechtzeitig die Notwendigkeit, dass Radio Raurach nur mit einer breiten Abstützung in der Bevölkerung und nur mit geballtem politischem Support den Hauch einer Chance auf eine Versuchserlaubnis hatte. So stellte *Robert Bösiger* in der Juli-Ausgabe der Baselbieter Post unter der Rubrik «Jungfreisinnige berichten» fest: «Um dem Projekt Radio Raurach mehr Gewicht zu verleihen, ist es unumgänglich, dass eine breiter abgestützte Trägerschaft aufgebaut werden kann. Daher war es für uns von Beginn an ausserordentlich wünschenswert und wichtig, dass wir politische Parteien –

Zum 10-Jahr-Sendejubiläum liess man sich einiges an Aktivitäten einfallen. Am 2. Oktober 1993 wollten die Rauracher mit einem Riesenfondue samt volkstümlicher Stubete ins Guinnessbuch der Rekorde einziehen. Rund tausend Gäste liessen sich vom Rekordfieber anstecken. Auf dem Bild zu sehen (von links): Günter und Dorli Schiller, Elisabeth und Fredy Rickenbacher sowie deren beiden Söhne Martin und Thomas.

1 Mitglieder des Projektteams Radio Raurach ab Frühjahr 1982 waren die vier Gelterkinder Robert Bösiger, Marcel W. Buess, Hanspeter Hügli und Jürg Schneider.

2 Baselbieter Post: Organ der FDP Baselland.

3 Marcel W. Buess war Präsident der Jungfreisinnigen Bewegung Baselland, Robert Bösiger war aktives Mitglied.

allen voran bürgerliche Kreise – um Unterstützung angingen. Es ist ausserdem geplant, einen sogenannten Förderverein zu gründen...»[2]

Bereits im Juni desselben Jahres sprach sich die Jungfreisinnige Bewegung Baselland, die mit dem Projektteam aufs Engste verbunden war[3], als erste Kantonalpartei für ein eigenes Baselbieter Lokalradio aus und verabschiedete an ihrer Jahresversammlung eine entsprechende Resolution: «Mit Blick auf unsere Region erwarten wir Baselbieter Jungfreisinnigen eine spürbare Belebung im Medienbereich und dort im Besonderen eine merkliche und längst fällige Besserstellung des Kantons Baselland. Vorbehaltlos unterstützen wir das Projekt Radio

Raurach. Ein Lokalradio, das seine Verankerung in unserem Kanton hat, auf dessen Bedürfnisse ausgerichtet und fürs Baselbiet bestimmt ist... Wir Baselbieter Jungfreisinnigen rufen die Bevölkerung und die Behörden unseres Kantons auf, sich an der Lokalradio-Diskussion aktiv zu beteiligen und nicht länger abseits zu stehen.»[4]

Mit dieser klaren politischen Manifestation wurde der Weg geebnet, dass für den zu gründenden Förderverein – zumindest als prominente Aushängeschilder – namhafte Politiker gewonnen werden konnten. Und eines war den jungen Radioidealisten auch klar: An die Spitze der ideellen Trägerschaft gehörte ein politisches Schwergewicht. Dank der personellen Verflechtung mit der FDP Baselland gelang es, den weit über die Kantonsgrenzen hinaus bekannten freisinnigen Nationalrat *Karl Flubacher* zu gewinnen.[5]

## Pro Radio Baselland

Nicht nur die Etablierung des Fördervereins als solches erwies sich als kluger Schachzug, sondern auch mit der Namensgebung «Förderverein Pro Radio Baselland» wurde ein ordnungspolitisches Zeichen erster Güte gesetzt. «Der Verein bezweckt die ideelle Förderung und Unterstützung eines unabhängigen, auf den Kanton Baselland ausgerichteten Radioprogramms...», hiess es im Zweckartikel.[6]

Mit der Betonung dieser Eigenständigkeit und mit der damit verbundenen medialen Abgrenzung gegenüber der Stadt Basel spielte der Förderverein eine staatspolitisch entscheidende Trumpf-Karte aus. Diese Grundhaltung motivierte viele Politikerinnen und Politiker, dem Förderverein beizutreten und das Projekt aktiv zu unterstützen.[7] In diesen Kontext fügte sich auch die Feststellung im Konzessionsgesuch ein, das am 29. September 1982 vom Projektteam und vom Förderverein gemeinsam nach Bern geschickt wurde: «Zudem soll Radio Raurach nicht nur zur besseren Identifikation der Bürger mit ihrem Kanton, sondern auch zu einer deutlichen Besserstellung von Baselland im Medienbereich führen.»[8]

## Neun Monate Lobby-Arbeit

Von September 1982 bis Juni 1983 beschränkte sich die Tätigkeit des Fördervereins zwangsläufig auf die politische Lobby-Arbeit im Hintergrund. Karl Flubacher spannte seine Nationalratskollegen und Fördervereins-Mitglieder *Felix Auer* (FDP), *Claudius Alder* (LdU), *Hans-Rudolf Nebiker* (SVP) und *Paul Wagner* (SP) ein. Es verging kaum ein Termin mit Bundesräten, in dem nicht auf Radio Raurach hingewiesen wurde.

4 Volksstimme von 18. Juni 1982.

5 Projektteam-Mitglied Marcel W. Buess hatte verschiedene Funktionen innerhalb der FDP Baselland inne: Präsident JFBL, Redaktionsmitglied Baselbieter Post, Mitglied der erweiterten Parteileitung FDP Baselland sowie Präsident FDP Kreispartei Gelterkinden.

6 Zweck-Artikel der Statuten des Fördervereins Pro Radio Baselland vom 23. September 1982.

7 Im Gründungsvorstand des Fördervereins waren folgende Parteien vertreten: FDP: Nationalrat Karl Flubacher (Präsident), Marcel W. Buess (Vizepräsident) und Landrat Rudolf Andreatta; SVP: Martin Amsler, Mitglied der kantonalen Parteileitung; LdU: Arthur J. Bühler, Kantonalpräsident. Zu den Gründungsmitgliedern zählten folgende namhafte Baselbieter Politiker: Claudius Alder (Nationalrat LdU), Felix Auer (Nationalrat FDP), Urs Berger (Verfassungsrat SVP), Walter Biegger (Landrat SVP), Willi Breitenstein (Landrat SVP und Gemeindepräsident Zeglingen), Peter Heer (Verfassungsrat FDP), Ernst Heimann (Statthalter und Präsident FDP Baselland), Ursina Lanz (Verfassungsrätin FDP), Richard Meier (Gemeindepräsident Zunzgen), Werner Rechsteiner (Gemeinderat FDP Birsfelden), Paul Schär (Einwohnerrat FDP Reinach), Rudolf Schweizer (Präsident EVP Baselland), Walter Troxler (Landrat FDP und Gemeinderat Pratteln), Markus van Baerle (Landrat FDP), Hermann Waibel (Landrat FDP),

## Präsidenten Förderverein Pro Radio Baselland

| | |
|---|---|
| Karl Flubacher | 1982–1983 |
| Rudolf Andreatta | 1983–1989 |
| Hans Rudolf Gysin | 1989–1995* |

*Der Förderverein wurde dann durch einen «Fanclub/Mitgliederclub Edelweiss» abgelöst.

Urs Winistörfer (FDP, Gemeindepräsident Gelterkinden). Kurz nach der Gründung des Fördervereins traten ihm ebenfalls bei: Walter Leber (Landrat SP), Hans-Rudolf Nebiker (Nationalrat SVP) und Paul Wagner (Nationalrat SP).

8 Begleitschreiben zum Konzessionsgesuch vom 29. September 1982, unterzeichnet namens des Fördervereins von Karl Flubacher und Marcel W. Buess, namens des Projektteams von Robert Bösiger und Jürg Schneider.

9 Die bundesrätliche Mediendelegation bestand im Jahr 1982 aus den Bundesräten Alfons Egli (CVP), Rudolf Friedrich (FDP) und Leon Schlumpf (SVP). Die Mediendelegation bereitete das Geschäft «Lokalradio-Versuch» zuhanden des Gesamtbundesrates vor, die Federführung lag bei Medienminister Leon Schlumpf, Vorsteher des EVED (später UVEK).

10 Jahresbericht des Vorstandes über das Vereinsjahr 1991 zuhanden der Mitgliederversammlung vom 22. Mai 1992.

Die Arbeit des Fördervereins beschränkte sich in dieser – zumindest in der äusseren Wahrnehmung – ruhigen Phase vornehmlich auf die Verbreitung seiner Basis.

Das Protokoll der Vorstandssitzung vom 19. Mai 1983 illustriert die damalige Situation beispielhaft. Unter dem Traktandum «Lagebeurteilung und Berichterstattung über die inzwischen stattgefundenen Gespräche auf politischer Ebene» orientierte Karl Flubacher über seinen Kontakt mit Medienminister *Leon Schlumpf*: «Bei den 60 ausgeschiedenen Gesuchen ist Radio Raurach nicht dabei. Die bundesrätliche Mediendelegation[9] ist noch nicht umfassend informiert und hat auch noch nicht entschieden. Schlumpf verspricht, die Sache von Radio Raurach objektiv zu prüfen. Ein Entscheid ist voraussichtlich noch vor den Sommerferien zu erwarten.»

Vorstandsmitglied und Landrat Rudolf Andreatta berichtete, dass Regierungsrat *Paul Nyffeler* einen Brief an Bundesrat Schlumpf geschrieben habe mit der dringlichen Bitte, ein Baselbieter Lokalradioprojekt zu konzessionieren. Einen Monat später, am 20. Juni 1983, wurden schliesslich die ersten Lokalradio-Konzessionen erteilt – Radio Raurach war dabei. Die vorwiegend im Hintergrund stattgefundene Arbeit des Fördervereins hatte sich gelohnt. Nun galt es, innert kürzester Frist den professionellen Betrieb aufzubauen.

### Von der politischen Speerspitze zur PR-Organisation

Im Hinblick auf das zehnjährige Bestehen des Fördervereins fasste der Vereinsvorstand die Tätigkeit der ideellen Trägerschaft von Radio Raurach in vier Phasen zusammen: «Im September 1982 schaffte der Förderverein eine breite Basis, um die Idee Radio Raurach bei den Behörden in Bern salonfähig zu machen. In einer zweiten Phase, d. h. vom Zeitpunkt der Konzessionserteilung an, war es Aufgabe unseres Vereins, eine finanzielle Trägerschaft in Form der damaligen Betriebsgesellschaft aufzubauen und die Voraussetzungen für den professionellen Betrieb ab 1.11.1983 zu schaffen.»

Weiter heisst es in diesem Dokument wörtlich: «In der dritten Phase galt es, bei der Bewältigung vielfältiger Probleme und dem Ausmerzen der Anfangsschwierigkeiten zu helfen. Der Förderverein konnte damals sein umfangreiches Beziehungsnetz in politischer und wirtschaftlicher Hinsicht voll zum Tragen bringen. In der vierten Phase, welche 1986 einsetzte, halfen wir mit, den Sendebetrieb auf eine wirtschaftlich solide Basis zu stellen. Zudem galt es, einen grösseren Bekanntheitsgrad für das Radio zu schaffen. Der Förderverein entwickelte sich seither als Fan-Club und PR-Organisation.»[10]

# Der kurze Traum vom «Volksradio»

In den ersten Jahren war das Baselbieter Radio ein Radio für alle. Kaum ein Radioprogramm in der Schweiz war nur annähernd so vielfältig wie jenes von Radio Raurach. Kaum eine Musikrichtung, kaum ein Interessengebiet, wofür es kein Sendegefäss gegeben hätte.
Doch der Traum vom «Volksradio» war ein kurzer.
*Von Robert Bösiger*

Ein Spätsommernachmittag 1983 in Buus. Im Garten von Heinrich Dreher, einem der damals schon verpflichteten Mitarbeiter von Radio Raurach, sitzt eine Gruppe von Leuten in gelöster Stimmung. Mit von der Partie sind u. a. *Marcel Born, Willy Schaub* und *Barbara Umiker*; Letztere als Vertreterin der Programmkommission. Und ich als designierter Programmleiter. Ziel des Runden Tischs: Das Radioprogramm ab 1. November des gleichen Jahres soll langsam, aber sicher eine Kontur, ein Gesicht, erhalten. Die Zeit, in der der Staatssender bestimmte, was gut und was nicht gut ist, sollte endlich zu Ende gehen. Kurz: Das Baselbiet sollte «sein» Radio erhalten. Mit «seinem» Programm.

**Euphorie und blaue Augen**
Das Spektrum der gewälzten Ideen war beeindruckend. Aus heutiger Sicht ebenfalls beeindruckend ist, wie – positiv ausgedrückt – unbefangen, blauäugig und ohne Scheuklappen das Team an seine Arbeit heranging. Kein Gedanke wurde an Einschaltquoten verschwendet oder daran, ob ein Sendegefäss potenziell interessant sein könnte für Werbetreibende. Wichtig war einzig und allein: Wir wollten ein Radio für möglichst alle Bevölkerungsgruppen schaffen. (Fast) alle Geschmäcker und Bedürfnisse sollten befriedigt werden – in kulturell-folkloristischer, politischer, musikalischer, sportlicher und gesell-

schaftlicher Hinsicht. Radio Raurach sollte ein Radio für alle werden – ein Volksradio im besten Sinne.

So wurde an diesem Tag in Buus der Grundstein dafür gelegt, dass Radio Raurach von Beginn an jenes Schweizer Lokalradio war, welches das mit Abstand vielfältigste und bunteste Radioprogramm ausstrahlte. Marcel Born brachte seine Vision von der «Hausfrauensendung» ein, Barbara Umiker machte sich für Chansons und Sendungen mit klassischer Musik stark, Willy Schaub und Heinrich Dreher standen für Jazz, Dixieland und Volkstümliches, und ich selber sah mich als Fürsprecher jener, die nach Rock und Pop, Soul und Blues im Radio lechzten. An diesem Tag entstand das Grobraster des kommenden Programms. Ich gestehe: zum Teil wurden die Sendungen buchstäblich um die zur Verfügung stehenden freien Mitarbeitenden und deren Vorlieben herum konzipiert. Diese Konzeptphase hatte etwas Anarchistisches.

Schon im Jahr zuvor, im Sommer 1982, als das Konzessionsgesuch für Radio Raurach eingereicht wurde, waren erste Ideen zum Programmangebot skizziert: «Für profilierte Musikpräferenzen werden am Abend ‚specials' ausgestrahlt, wobei die lokale und schweizerische Musikszene weitgehend berücksichtigt werden», hiess es da.[1] Und im ersten Mitteilungsblatt von Radio Raurach ist Verwaltungsratspräsident *Karl Flubacher* mit den Worten zitiert: «Radio Raurach möchte die Vielfalt und die Eigenheiten, die kulturellen Traditionen und das gesellschaftliche Leben unseres Kantons in seiner ganzen Breite aufgreifen und in geeigneter Form verbreiten.»[2]

In besagtem Mitteilungsblatt ebenfalls abgebildet war als verfeinertes Ergebnis des Buusner Meetings das ab 1. November 1983 geltende Programmraster.[3] Sogar die nach drei Wochen nach einem mittleren Eklat bereits abgesetzte Punksendung «Mediablitz» ist noch aufgeführt.[4]

Zu einer Herausforderung der besonderen Art wurden die wenigen Wochen vor und nach dem Sendestart. Nicht nur für das Raurach-Team, das praktisch keine Erfahrungen hatte, weder mit Radiomachen noch überhaupt mit Journalismus. Sondern auch für die zahlreichen freien Mitarbeiterinnen und Mitarbeiter, die zuvor noch nie ein Radiostudio von innen gesehen hatten. Einige dieser «Freien» wurden vorgängig notdürftig geschult, bei den anderen hiess es «learning by doing»: Die beiden Techniker *Jürg Schneider* und *Hanspeter Hügli* hatten alle Hände voll zu tun, um die Hobby-Radiöler quasi «on the job» auszubilden. Zum Glück drückten die Hörerinnen und Hörer in den ersten Wochen und Monaten beide Augen zu und erfreuten sich an «ihrem» neuen Medium und den Radiomachern, die sie ja zum Teil persönlich kannten. Pannen und Missgeschicke wurden

---

[1] Kurzinformationen «Radio Raurach – Das Lokalradio für's Baselbiet»; August 1982.

[2] Radio Raurach-Info 1/1983; herausgegeben durch den Förderverein Pro Radio Baselland, der Betriebsgesellschaft Radio Raurach und der ofa Orell Füssli Werbe AG.

[3] Radio Raurach-Info 1/1983.

[4] Die Moderatoren der Spezialsendung zur damals aktuellen «Punkmusik» (Donnerstagabend von 22 bis 23 Uhr) wetterten am 1. Dezember 1983 über die bürgerlichen Parteien, die Wirtschaftsbosse und Atomlobby; die Sendung wurde daraufhin ersatzlos gestrichen.

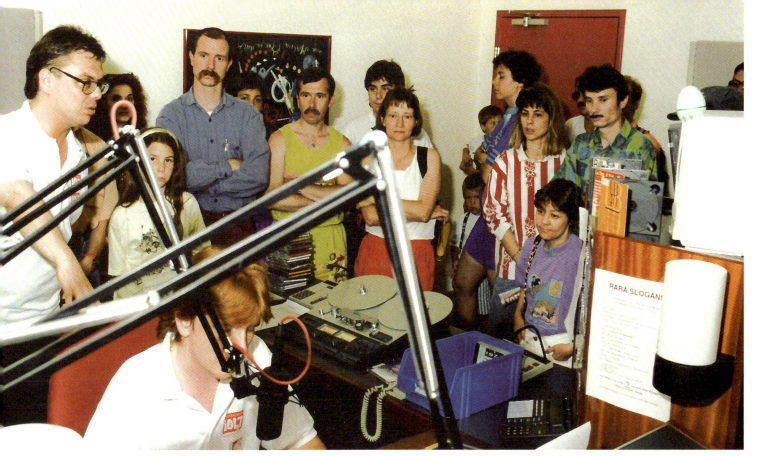

Über tausend Neugierige strömten am Tag der offenen Tür vom 24. Juli 1993 zum 10-Jahre-Jubiläum von Raurach in die Studioräumlichkeiten im Liestaler Stadtmärt. Am Radiopult sitzend zu erkennen ist René Häfliger, hinter ihm stehend Rainer Luginbühl.

mit grossem Verständnis «überhört», und die Zeitungen – zum Teil sehr kritisch eingestellt – räumten Radio Raurach noch etwas Schonfrist ein. Freilich war auch hie und da der – auf dem Silbertablett servierte – Name «Radio Saukrach» zu vernehmen.

**Verschleiss und Richtungskämpfe**
Mitte Februar 1984 war erst mal Schluss mit dieser Schonfrist: Radio 24-Chef *Roger Schawinski* hatte nämlich via Blick Gerüchte genährt, wonach der Baselbieter Lokalsender wohl als erster seine Segel streichen würde. Er bezog sich dabei auf eine Aussage von Karl Flubacher, wonach das Genossenschaftskapital bereits aufgebraucht sei und man frisches Geld brauche. Der Verwaltungsrat trat

eilig zusammen und dementierte per Pressemitteilung.[5] Flubacher selber sprach von Rufmord und davon, dass er «einer Medienmafia aufgesessen» sei: «Es scheint, Dr. Roger Schawinski braucht für die Durchsetzung seiner zum Teil unrealistischen und gefährlichen Begehren (Ausdehnung tägliche Werbezeit auf 30 Minuten) unbedingt eine Lokalradio-Leiche.»[6]

Vordergründig beruhigte sich die Lage wieder. Doch hinter den Kulissen begannen nun verschiedene Kräfte zu wirken – nicht alle in die gleiche Richtung. Die anhaltenden wirtschaftlichen Probleme einerseits und die Verschleisserscheinungen andererseits trugen ebenfalls dazu bei, dass das Programmangebot hinterfragt werden musste. Mit jedem Tag wurde deutlicher, dass das zuvor als sympathisch akzeptierte «handgestrickte» Programm zu einer Hypothek geworden war, vor allem hinsichtlich des Werbezeitverkaufs.

Eine dieser Kräfte war quasi die institutionelle, jene, die vom Gesetzgeber verlangt war: die Programmkommission. Das sechsköpfige Gremium (anfänglich unter Leitung von *Alfred Oberer*) war hälftig zusammengesetzt aus je drei Mitgliedern der Betriebsgesellschaft Radio Raurach und des Fördervereins «Pro Radio Baselland». Erst mit der Zeit erkämpfte sich diese Kommission ihre Rechte; es dauerte mehr als ein Jahr, bis die Aufgaben im Detail schriftlich definiert waren.[7] Neben der Beobachtung und Beurteilung von Radiosendungen war da schwarz auf weiss dekretiert, dass die Programmkommission «bei allen grundsätzlichen Angelegenheiten des Programms vorgängig zu orientieren und anzuhören» sei.

Die Mitglieder der Programmkommission, allesamt mit politischem Background, versuchten, sich und ihre Anliegen vermehrt einzubringen. Als Programmleiter der ersten Phase wurde ich eingedeckt mit langen Listen von Verbesserungsvorschlägen und Anregungen. Vor allem bezüglich der Informationssendungen waren die Inputs der Kommission wertvoll; schon nach wenigen Monaten wurden die Sendungen «Mittagschoscht» und «Dreischibe» neu strukturiert und ausgebaut. Und für Redaktion und Moderation entstanden Pflichtenhefte. Es liegt auf der Hand, dass das Verhältnis zwischen der Kommission und der Programmleitung zuweilen angespannt war. So schreibt Alfred Oberer als Nachbemerkung in einem Protokoll von Ende 1985: «Leider konnte die Sitzung keine Klärung in der Frage der Zuständigkeit und der Kompetenzen der Programmkommission bringen. Meine Tätigkeit in der Programmkommission hängt von einer raschen Klärung dieser Fragen ab.»[8]

Ebenfalls ein Stück weit zur Mitsprache im Programmbereich berufen fühlten sich einige Mitglieder des Vorstands der ideellen Trägerschaft, des Förderver-

---

5 Stellungnahme des Verwaltungsrates von Radio Raurach vom 16. März 1984.

6 Pressegespräch vom 12. April 1984 im Hotel Sonne in Sissach.

7 Reglement für die Programmkommission von Radio Raurach (vom 7. Februar 1985).

8 Protokoll der Sitzung Programmkommission (vom 10. Dezember 1985).

eins «Pro Radio Baselland». Allerdings standen hier weniger der Programmraster und die Informationssendungen im Vordergrund als die Musik. So kam es im Januar 1985 zu einem ausgiebigen Hearing; Redaktor Jürg Elber und Moderator/Musikredaktor Rolf Wirz mussten Red' und Antwort stehen.[9] Und dabei Vorwürfe kontern, die gesendete Musik sei im Grossen und Ganzen zu modern fürs Oberbaselbiet und die Bandbreite zu gross.

**Das Programmraster – eine Baustelle**
Der Posten des Programmleiters war in der Anfangsphase in der Tat aufreibend und zermürbend. Von allen Seiten wurde versucht, Einfluss zu nehmen. Seitens der Mitarbeitenden etwa; da kam es im Frühjahr 1985 nach einer «Erklärung» an die Geschäftsleitung (mit Kopie an den Verwaltungsratspräsidenten Karl Flubacher) zu einer Aussprache[10]. Im Kellergewölbe des Hotels Sonne in Sissach flogen am 21. Mai die Fetzen. Einfluss nahm auch der Verwaltungsrat, der mehr volkstümliche Musik einforderte, der Förderverein und – wie erwähnt – die Programmkommission.[11]

Dem ersten Programmraster war ein kurzes Leben beschieden. Schon nach wenigen Monaten zeigte sich: Einige freie Mitarbeitende, oftmals nur für eine Stunde pro Woche oder noch weniger im Einsatz, mochten ihre Freizeit nicht mehr für lediglich einen warmen Händedruck opfern. Der Enthusiasmus hatte gelitten, und so sprangen die ersten ab. Doch andere standen schon bereit. Leute, die auch gerne Radio machen wollten, Leute zum Teil auch, die bei Radio Basilisk keine Chance hatten, bis ans Mikrofon vorzustossen. Der Kreis der freien Mitarbeitenden wuchs deshalb und bald kamen die ersten aus Basel, dem Fricktal oder aus dem Unterbaselbiet, um «ihre» Spezialsendungen am Abend oder an den Wochenenden zu moderieren.

Es bildeten sich Allianzen: Jene, die Radio Raurach zu einem volkstümlich orientierten Vereinssender formen wollten. Die Kirchenvertreter, die Schlagerfreunde, die Frauenzentrale, die Klassik- und Opernliebhaber und weitere – alle verlangten nach einer angemessenen Berücksichtigung. Und auch die Fans von Marcel Born, die sich im stetig wachsenden «Kaffi-7-Dupf»-Club gefunden hatten, zeigten Präsenz. Am wenigsten Lobby mobilisieren konnten die freien Mitarbeitenden, die mit ihrem Engagement, ihrem Fachwissen und ihrem Herzblut für das spannende Spektrum an abendlichen Spezialsendungen verantwortlich zeichneten: Jene also, die zum Beispiel Chansons, Jazzrock oder Blues präsentierten, Gedichte vortrugen oder Drehorgel-Raritäten abspielten, Maxi-Singles oder Reiseberichte vorstellten. Gleichzeitig waren es aber auch dieselben «Freien», die

9 Protokoll der Sitzung Vorstand Förderverein «Pro Radio Baselland» (vom 15. Januar 1986).

10 Erklärung eines Teils der Belegschaft vom 9. Mai 1985 an die Geschäftsleitung.

11 Am 27. Oktober 1987 ist die Musik im Verwaltungsrat ein Thema. Im Protokoll heisst es dazu: «Mit dem Verband schweizerischer Volksmusikfreunde konnte eine Vereinbarung getroffen werden, dass ab 1. Januar 1988 zusätzlich eine Stunde volkstümliche Musik gesendet werden kann. Im Zusammenhang mit dieser Angelegenheit wird eine lebhafte Diskussion über die Verantwortung des Verwaltungsrates bezüglich der Programmgestaltung heraufbeschworen. Es wird betont, dass der Verwaltungsrat gemäss Redaktionsstatut keine Beschlüsse, welche das Programm betreffen, fassen kann. Ebenso ist die Programmkommission, welche sich übrigens in der ganzen Angelegenheit Volksmusik in Stillschweigen hüllt, nur eine beratende Instanz. Allein der Geschäftsleitung obliegt es, gewisse Direktiven zu geben, aber auch dies nur in einvernehmlicher Art und Weise. Da aber gerade in der Frage des Musikprogramms immer wieder unliebsame Diskussionen entstanden und Beweglichkeit seitens des Musikredaktors festzustellen ist, muss es ein Anliegen des Verwaltungsrats sein, dass das Begehren, das immerhin von 500 Leuten gestellt worden ist, auch ernst genommen wird. Wir können uns nicht in

PROGRAMM RADIO RAURACH

| Zeit \ Tag | Montag | Dienstag | Mittwoch | Donnerstag | Freitag | Samstag | Sonntag |
|---|---|---|---|---|---|---|---|
| 0600–0700 | N / Morgenjournal | MORGEKAFFI | | | | | GUET NACHT |
| 0700–0800 | MORGEKAFFI | | | | | | |
| 0800–0900 | N / MORGEMÄRT | | | | | UNDER DR LUPE | |
| 0900–1000 | N / FUNDGRUEBE | | | | | FORUM | MATINEE |
| 1000–1100 | KAFFI SIEBEDUPF | | | | | RÜCKSPIEGEL | |
| 1100–1200 | N / KAFFI SIEBEDUPF | | | | | COLLAGE | |
| 1200–1300 1230 | MITTAGSCHOSCHT / Mittagsjournal | | | | | MI MUSIG | Sportstudio / GUETE SUNNTIG MITENAND |
| 1300–1400 | RENDEZ-VOUS AM MITTAG / MI MUSIG | | | | | | |
| 1400–1500 | MI MUSIG | | | | | SPOTLIGHT | MOTTECHISCHTE |
| 1500–1600 | SCHAUKELSTUEL | | | | | | |
| 1600–1700 | RÖSSLIRITTI | RÖSSLIRITTI | GSCHICHTE TRUCKLI | GSCHICHTE TRUCKLI | COLLAGE | RADIO RAURACH HITPARADE | SPORT UND FREIZYT |
| 1700–1800 | N / MISCHMASCH | | | | | | AM LAUFENDE BAND |
| 1800–1900 | Abendjournal / DREISCHIBE | | | | | | |
| 1900–2000 | VO SCHÖNEBUECH BIS AMMEL | FREMDI LÄNDER ODER WINDHARFE | VO SCHÖNEBUECH BIS AMMEL | SURPRISE ODER SPORTMAGAZIN | VO SCHÖNEBUECH BIS AMMEL | SAMSTIGSSPORT | SPORT AM SUNNTIGZOBE |
| 2000–2100 | N / WHAT'S UP | ITALY ESPRESSO | WÄRCHSTATT ODER REGGAE | ROLLMOPS | | LOCKER VOM HOCKER | WUNSCHZETTEL |
| 2100–2200 | CLUB 33 | BLACKJACK | **** | SCHNIPSEL ODER SPECTRUM | BLUESTRAIN | | |
| 2200–2300 | FOLK & CHANSON | MUSIK DELUXE | JAZZ | COUNTRY | NOCTURNE | NACHTHEMMLI | FREMDI LÄNDER ODER WINDHARFE |
| 2300–0600 | N / GUET NACHT (Nachtprogramm) | | | | | | |

**** Abwechslungsweise alle 4 Wochen: Maxi-Mix   Klassik   Opera   Nostalgie       N = Nachrichten

Das Programm von Radio Raurach war in den ersten Monaten und Jahren Ergebnis des jeweiligen Stand des Irrtums.
Bild: Das Programmraster aus den ersten Monaten zeigt die enorme Vielfalt an Sendungen und Gefässen.

dem Sender das je länger, je weniger gewünschte handgestrickte und amateurhafte Image erhielten.

So war es nur eine Frage der Zeit, bis das fragmentierte, vielfältige Programm zur Debatte stand. Begriffe wie Professionalität, Reichweiten, Einschaltquoten und Allgemeinverträglichkeit erhielten zunehmend Gewicht. Mit jeder Programmrevision wurde ein Stück dieser anfänglichen Vielfalt geopfert, immer in der Absicht, mehr Hörer auch an Randzeiten zu erreichen und damit relevanter zu werden auch für die Werbung. Radio Raurach näherte sich anderen – erfolgreicheren – Privatstationen an.

## Neubeginn und Kahlschlag

Mit dem Zuzug von Peter Küng auf Anfang 1988 waren die Tage der bis anhin noch typischen Raurach-Vielfalt gezählt. Küng, zuvor viele Jahre bei Radio 24 und Radio Basilisk als Moderator im Sold, brachte den urbanen Basilisk-Groove mit aufs Land. Er trat an, «Radio Saukrach» auf Erfolg zu trimmen. Teilweise auch gestützt durch externe Erhebungen liessen sich Geschäftsleitung und Verwaltungsrat von Küng davon überzeugen, Retuschen am Programm sein zu lassen und stattdessen mit dem grobem Pflug aufzufahren.[12] Der neue Chefredaktor und Programmverantwortliche straffte das Programm, machte Vorgaben für Musik und Länge von Beiträgen und tauschte bisherige gegen neue Mitarbeitende.

Gegenüber den «Freien» zeigte sich Peter Küng besonders rücksichtslos. Das geflügelte Wort von der «Küng-digungswelle» machte die Runde. Weshalb? Eine ganze Reihe von zum Teil langjährigen Hobbyradiölern erfuhren per dürrem Schreiben, unterzeichnet von Küng und Geschäftsführer Marcel W. Buess, dass ihre Sendung per sofort gestrichen sei. Persönlich ging es mir übrigens ebenso: Auch nach meinem Weggang von Radio Raurach im Frühjahr 1986 betreute ich die allwöchentliche zweistündige Abendsendung «Black Music Special» weiter. Am Donnerstag, 2. Juni 1988, fand sich besagter Brief in der Post, wonach ich tags darauf nicht mehr zur Präsentation der Sendung zu erscheinen habe.[13] Die Sendung sei ab sofort «aufgrund der revidierten Musikphilosophie» ersatzlos gestrichen. Und, so heisst es im letzten Satz: «Nachdem wir zur Zeit keine weiteren Einsatzmöglichkeiten sehen, ist das freie Mitarbeiterverhältnis ab sofort aufgehoben.»

Nein, mit einer solchen Entwicklung hätten wir knapp fünf Jahre zuvor an dem Spätsommerabend in Buus nicht gerechnet. Doch nun war das «Volksradio» von einst zum Formatradio geworden.

---

einem ‹luftleeren› Raum bewegen, sondern die Anliegen unserer Hörer zu unseren eigenen machen.» Der Verwaltungsrat empfiehlt der Geschäftsleitung damals, die Anliegen der Volksmusikfreunde im Sinne der getroffenen Vereinbarung durchzusetzen.

12 1987/88 führte die Interdisziplinäre Berater- und Forschungsgruppe Basel AG (IBFG) eine gross angelegte Studie mit Stärke- und Schwächeprofil von Radio Raurach durch. Gemäss IBFG-Mitautor Peter Itin war das «hochprofessionell wirkende Radio Basilisk dem Landsender stilistisch meilenweit voraus.» IBFG ging mit zahlreichen Programmelementen hart ins Gericht. Vgl. dazu den Beitrag von Andi Jacoment ab Seite 131.

13 Brief, datiert vom 1. Juni 1988, unterzeichnet von Marcel W. Buess und Peter Küng.

«S Baselbieter Radio» wurde Anfang 1993 von den Macherinnen und Machern zum «Radio für die Region Basel» aufgewertet. Hintergrund waren einerseits programmliche Anpassungen, andererseits aber auch das Bestreben des damaligen Chefredaktors André Moesch (Bildmitte hinten), den Zungenbrecher Radio Raurach sanft loszuwerden.

Informativ, aktuell, unterhaltend, von Leuten aus der Region für die Region gemacht, das ist der Leitsatz der neuen Programmstruktur. Eigentliche Informationssendungen braucht es nicht mehr; die Information kommt dann, wenn sie aktuell ist.
*André Moesch aus der Raurach Zyttig Nr. 3/1992*

*Einspruch*

# «Wir können das selber!»

*Von Willy Surbeck*

Was die Baselbieter bis Oktober 1983 am Radio hörten und am Bildschirm sahen, wurde zu 99 Prozent zwischen Hamburg, München, Stuttgart, Zürich und Basel bestimmt. Das Baselbiet brauchte man nur zum Konsumieren und zum Bezahlen. Deshalb jubelten die Macher von Radio Raurach zu Recht, dass sie die elektronische Bevogtung aus Basel, Zürich und Deutschland stoppten. Nur wenige ahnten am ersten Sendetag, dass ihr Radio Raurach gerade die zweite industrielle Revolution am Einläuten war. Ausgerechnet die oft belächelte Handgestricktheit des Senders war es, welche dem Publikum den wichtigen und hilfreichen Subtext vermittelte: «Wir können das selber!»

Bald kam die CD. 1985 kam Apple. Drucken und faxen für alle. Dann lernten wir Desk Top, Powerpoint, Videotex. Dann lernten wir mit der Mail-Box Daten zu versenden. Wenigstens schwarz-weiss. Dann kam die farbige Videokamera für jeden Haushalt. Dann der Videoschnittplatz für zuhause. Jede/r konnte CDs und DVDs brennen. Dann kamen die ersten Natels im Koffer; sie kosteten noch 3000 Franken. Dann die Satlitenschüsseln, wenn auch meistens verboten. So war CNN in Muttenz noch 1990 verboten. Dann brach das Internet über die Hülftenschanze herein. Als die Ciba-Geigy 1992 ihre erste Website editierte, stand das in der Zeitung. Aber bald schon konnte jede Pfadi-Gruppe zwischen Schönenbuch und Ammel eine Website starten. Dann kamen die Handys. Dann kamen E-Mail, Google, der farbige PC, das Video auf PC, dann Youtube und HDTV, dann Facebook und Twitter, Scoopler und Topsy. Dann das Web-TV. Dann die iPhones und danach die Tablets. Heute kann jeder alles auf dem Bildschirm machen, sehen, hören, senden. Immer und überall. Das Equipment kaufen 12-Jährige bei Manor – und betreiben es.

Monopole und Geheimsphären sind geschmolzen. Der Kommunismus und unser Bankgeheimnis auch. Was das alles mit Radio Raurach zu tun hat? Radio Raurach war im Baselbiet das erste der neuen Medien. RTLplus und Sat1 kamen erst später. Und erst Jahre später das Kabelnetz in Basel und Allschwil. Verdanken tut das eine Generation Medienschaffender aus dem Landkanton den frühen Pionieren und Investoren von Radio Raurach. «Mir wei luege» war ihnen zu wenig. Sie drehten lieber selbst am Rad der Geschichte. Und die gab ihnen Recht. Respekt.

Willy Surbeck ist Chefredaktor von Telebasel und war in den 1980er-Jahren zeitweise als freier Mitarbeiter für Radio Raurach tätig.

# Vom Einschalt- zum Begleitmedium

Rainer Luginbühl, Radiomann und Autor

In den Anfängen der Lokalradios der Schweiz hiess das Zielpublikum: Alle! Radio Raurach wollte ein Sender für das Baselbiet sein – ein Sender mit Format.

*Von Rainer Luginbühl*

Wenn dem Chefredaktor etwas nicht passte, zog er eine Augenbraue hoch und setzte einen vorwurfsvollen Blick auf. An diesem Morgen zog er beide Augenbrauen hoch: «Hast du gehört? Er hat wohl wieder Liebeskummer...»

Die Musikauswahl des Morgenmoderators liess darauf schliessen, dass dieser wieder mal den Blues hatte. Andere Moderatoren riefen kurz bevor die nächste Platte (ja, Vinyl!) ihre Runden drehte, ihre Freundin an: «Schatz, der nächste Titel ist für Dich!» Andere achteten darauf, dass sie immer einen Song von Elvis auf Lager hatten. Der Chef mochte Elvis.

Bis Anfang der 1990er-Jahre war jeder Moderator gleichzeitig auch so etwas wie der Musikleiter des Senders. Er war für die Musikauswahl in seinen Sendungen verantwortlich – und diese variierte je nach Stimmungslage. Doch das änderte sich an jenem Morgen schlagartig: Ein allgemein gültiges Musikkonzept musste her.

**Geduld wird Mangelware**

Radio Raurach leistete mit dieser Änderung aber keine Pionierarbeit: Damals wurde bei allen Lokalsendern das «Formatradio» diskutiert. Formatradios definieren ihre Zielgruppe und optimieren das Programm, um den Bedürfnissen ihrer Hörerinnen und Hörer besser gerecht zu werden *(vgl. Sideline «Radio-Formate»)*. Das Einschaltmedium hatte sich längst zum Begleitmedium gewandelt. Es hing in erster Linie von der Musik ab, ob ein Sender gehört wurde oder nicht.

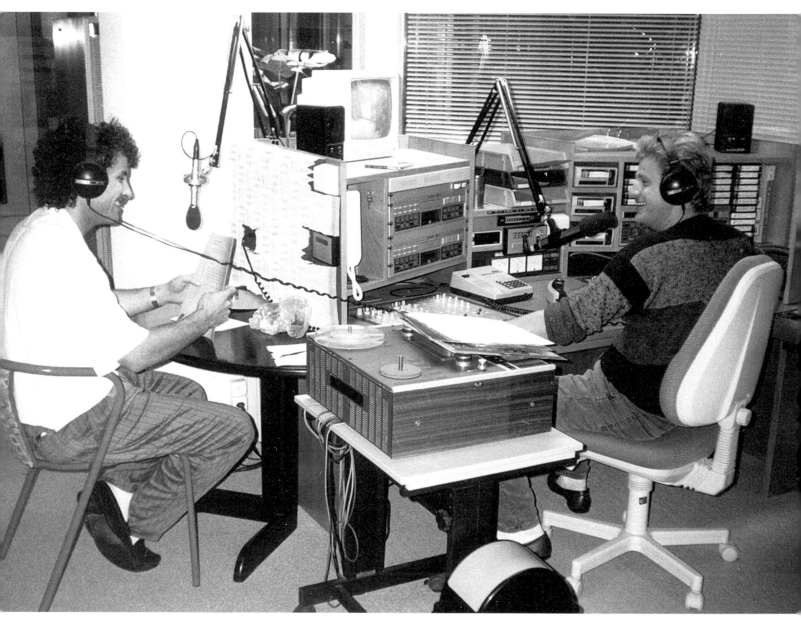

Das Anfang 1987 umgebaute Studio 1 wurde auch nach dem Umzug in Liestal 1989 als solches weiterverwendet und nur geringfügig modifiziert (u. a. mit CD-Geräten aufgerüstet).

**Das neue Studio 1 in Liestal löste ab Sommer 1992 das alte «Sissacher-Studio-1-Möbel» ab. Installiert wurde extra von Studer International für Radio Raurach angefertigte Studiotechnik.**

Hatte man früher den einen oder anderen Titel noch grosszügig «überhört», weil man auf die Nachrichten oder einen Bericht wartete, schaltete man jetzt schneller um, wenn einem ein Song auf die Nerven ging. Das hatte natürlich direkt mit der generellen, beschleunigten gesellschaftlichen Entwicklung zu tun. Im Zapping-Zeitalter wurde Geduld zur Mangelware – und das noch zu einer Zeit, bevor das Internet unser Leben und Konsumverhalten in ganz neue Bahnen lenken sollte.

Auch die Werbeindustrie verlangte mit Nachdruck ein «durchhörbares» Programm. Es war klar: Der Schlüsselfaktor für den Erfolg einer Radiostation ist die Musik. Das war zu den Anfangszeiten anders.

Redaktorin und Moderatorin Corinna Zigerli im Studio in den Räumlichkeiten von Radio Basel an der Münchensteinerstrasse in Basel.

Radio Raurach startete 1983 als «Volksradio» mit einem einzigen Satz zum Musikkonzept im Konzessionsgesuch: «Vorwiegend moderne und leiche Unterhaltungsmusik», stand da. Wobei «leiche» ein Tippfehler war. Ergänzt wurde das Gesuch mit dem Satz: «Es obliegt dem Lokal-Sender, die vorgesehene nicht genutzte Werbezeit mit Programm (z. B. Musik) auszufüllen.» Und Zeit für Musik gab es reichlich.

### «Grösste Zurückhaltung üben»

Wie die meisten anderen neuen Lokalsender in der Schweiz programmierte Radio Raurach am Abend Spezialsendungen. Das Spektrum reichte von Folk und

## Radioformate

Ein Hörfunkformat ist eine strategisch festgelegte, einheitliche Ausrichtung eines Hörfunkprogramms, in der alle Inhalte wie Musik und Wortbeiträge in der Art ihrer Kombinationen, Struktur und Präsentation definiert werden. Was die Auswahl der Musiktitel angeht, spricht man auch von der «Musikfarbe» eines Programms. Die genaue Ausgestaltung eines Hörfunkformates orientiert sich an den Bedürfnissen und Erwartungen der angestrebten Zielgruppe wie auch – insbesondere bei nichtprivaten Rundfunkstationen – an den Ansprüchen und Aufträgen der jeweiligen Veranstalter.

Formatradio ist ein Hörfunkprogramm, welches relativ streng und meist rund um die Uhr einem bestimmten Hörfunkformat folgt und anhand der Musikauswahl und des Präsentationsstils leicht wiedererkennbar ist. Viele Formatradios verwenden eine einheitliche «Sendeuhr», in der alle Elemente wie Nachrichten, Wetter, Verkehrsservice, Werbung, Musik und Wortbeiträge im Stundenablauf festgelegt sind. Dies hat zur Folge, dass diese Elemente jede Stunde zum etwa gleichen Zeitpunkt auftauchen (z. B. Werbung immer XX:20 und XX:50 Uhr).

*Quelle: Wikipedia*

Chanson bis zu Jazz, Country und Ländler. Tagsüber dominierten Hits und ein grosser Anteil von Oldies aus den 1960er-Jahren. Mit der Musikauswahl wollte man sich von den anderen Sendern – vorab dem Konkurrenzsender Radio Basilisk – zwar unterscheiden, die Vorgaben blieben aber schwammig: Die Musik sollte sich «wohltuend» vom Stadtbasler Sender unterscheiden und Radio Raurach solle einen «aufgestellten Happy Sound mit hohem Wiedererkennungswert» bieten. So formulierte es damals *Marcel W. Buess*, der Delegierte des Verwaltungsrates, der sich rühmte, eine Klassik- und Opern-Sendung auf «seinem» Sender zu moderieren und zugab, von der modernen Unterhaltungsmusik nicht allzu viel zu verstehen.

In einer der Weisungen von Buess stand: Es sollen keine «eintönigen, monotonen Titel, extreme Rhythmen (Disco-Bum-Bum, Hip-Hop und Rap) gespielt werden. Und: «Was Instrumental-Soli (vor allem Gitarre und Saxophon) anbelangt, ist grösste Zurückhaltung zu üben. Im Zweifelsfall streichen!» Damalige Hits wie «Beat It» von Michael Jackson oder «The Best» von Tina Turner hatten keine Chance. Erstmals wurde zwar von einem Formatradio gesprochen, die Umsetzung war aber nur halbherzig.

Mit dem Namenswechsel von Radio Raurach zu Radio Edelweiss, später zu Radio Basel 1 wurde konsequent die Musikfarbe «Mainstream-AC» umgesetzt. Der Turnaround in eine finanziell erfolgreiche Radiozukunft gelang trotzdem nicht. Die Hörer hatten sich bereits an den Konkurrenzsender gewöhnt. Mit dem vierten Anlauf als Radio Basel und «Radio für Erwachsene» wollte man das Publikum auswechseln: 50 Prozent Wortanteil wurde versprochen (und nicht gehalten), die Musik irgendwo zwischen Frank Sinatra und Deep Purple, zwischen Top 40-Hits und 1960er-Oldies angesiedelt.

Mit dem Verbundradio Energy – dem bis dato fünften Namen- und Konzeptwechsel – wurde das Zielpublikum ein weiteres Mal völlig auf den Kopf gestellt («Andrea, 28, Single»). Ab jetzt hörte man garantiert nie mehr, wenn ein Moderator mal den Blues hatte.

# Däumchendrehen für die Beschwerdekommission

Die erste Beschwerde stammte ausgerechnet aus der Feder von Radio Raurach-Verwaltungsratspräsident Karl Flubacher.
*Von Robert Bösiger*

So lasst euch nicht durch solche Drecksinserate an eurem gesunden Menschenverstand rütteln. Die Zeit wird hart und ihr müsst euch entscheiden, ob ihr in der Opposition seid und auch danach lebt oder zur grossen Masse der Leistungsgesellschaft gehört. Wo Recht zu Unrecht wird, wird Widerstand zur Pflicht!» Die markigen Worte live über den Äther stammten von Beat Wirz, der in der Punk-Spezialsendung «Mediablitz» heftig auf die FDP, die Industriellen und vor allem auf die AVES (Aktion für vernünftige Energiepolitik Schweiz) schimpfte und diese beleidigte.

Der Zufall wollte es, dass ausgerechnet Radio Raurach-Verwaltungsratspräsident *Karl Flubacher* zu den Hörern zählte und so erster Beschwerdeführer wurde – gegen sein eigenes Radio. In seinem Brief an die Beschwerdekommission schrieb er: «Am 1. Dezember fuhr ich nach 22.30 Uhr in Allschwil weg, stellte Radio Raurach ein und hörte einen mir unbekannten Sprecher, der in perfider Art und Weise die Vereinigung AVES in den Schmutz zog.» Auf Grund dieses Vorfalls vom 1. Dezember 1983, just einen Monat nach Sendebeginn, musste sich die neu gewählte Beschwerdekommission ein erstes Mal treffen.

### Punk-Sendung mit kurzem Leben

Bereits am kommenden Morgen stand fest: Als Programmleiter musste ich die «Mediablitz»-Mannschaft *Martin «Härzi» Herzberg, Caroline «Linli» Inhelder* und *Beat «Würzi» Wirz* über das fristlose Aus der Sendung informieren. Und mich an prominenter Stelle, nämlich während der Mittagsinformationssendung «Mittagschoscht», bei den Hörerinnen und Hörern und den Betroffenen entschuldigen. Mit dem Aus

Staatsrechtsprofessor René Rhinow war erster Präsident der Beschwerdekommission Radio Raurach.

der Punk- und New-wave-Sendung bekamen jene Recht, die zuvor gewarnt hatten, eine solche Spezialsendung überhaupt ins Programm zu nehmen.

Die Aufgaben der Beschwerdekommission waren in Artikel 36 Abs. 4 der Statuten der Betriebsgesellschaft Radio Raurach verankert: Die Kommission «behandelt und beschliesst über Beschwerden und Beanstandungen aller Art seitens der Hörerschaft, welche gegen das Programm von Radio Raurach erhoben werden». Im Falle der Flubacher-Beschwerde konnten die neun Mitglieder unter Kommissionspräsident *René Rhinow* (je drei Personen delegiert von der Baselbieter Regierung, von der Betriebsgesellschaft und vom Förderverein) nur noch behandeln und beschliessen, was längst umgesetzt war. Weil danach über lange Zeit kein weiterer Fall zur Beurteilung eintraf, befasste sich die Kommission mit sich selbst: Advokat Beat Walther, Mitglied der Kommission, erstellte durch sein Büro, die Advokatur Delbrück, Walther & Marti, einen Entwurf für das Reglement der Beschwerdekommission. Am 12. März 1985 wurde das Reglement von der Baselbieter Regierung genehmigt.[1]

### Heikles Dossier Atomkraft

Es sollte einige Jahre dauern, bis sich die Beschwerdekommission wieder mit einem Fall befassen musste: *Christian Miesch*, früherer FDP-Nationalrat aus Titterten, störte sich als Angestellter der ASEA-BBC an der atomkritischen Haltung der Redaktion. Aufgehängt an einem Beitrag in der Abend-Informationssendung «Drehscheibe» vom 10. April 1988, sprach Miesch von «Desinformation» und davon, dass Radio Raurach zunehmend «in den Sog von politischen Scharfmachern gezogen werden» könnte.

Doch auch in diesem Fall konnte die Beschwerdekommission im Wesentlichen nur nachzeichnen, was Geschäfts- und Programmleitung in ihrer Stellungnahme zuvor bereits festgehalten hatte.[2] Unter anderem, dass sowohl Moderator *Peter Keller* als auch der Berichterstatter «klar Stellung beziehen», und dass der beanstandete Beitrag tendenziös gewesen sei. Immerhin schreibt René Rhinow noch: «Die Beurteilung einer irgendwie gearteten allgemeinen ‹Tendenz› in der Berichterstattung über AKW ist der Beschwerdekommission aufgrund der vorliegenden Einzelberichte nicht möglich.»[3]

Von Hörern, aber auch von Mitarbeitenden eher angerufen als die Beschwerdekommission wurde die Programmkommission unter der Leitung von Alfred Oberer. Letztere «durchleuchtete» nach dem Vorfall «Mediablitz» alle für Radio Raurach tätigen freien Mitarbeiter, erstellte ein «Risikoprofil» und befasste sich mit Sicherheitsmassnahmen im Studio.

1 Auszug aus dem Protokoll des Regierungsrats Nr. 582 vom 12. März 1985: Genehmigung und Unterzeichnung des Reglements der Beschwerdekommission von Radio Raurach.

2 Brief vom 20. April 1988 an René Rhinow, Präsident der Beschwerdekommission; unterzeichnet von Chefredaktor Peter Küng und Marcel W. Buess, Delegierter des Verwaltungsrats.

3 Brief vom 27. Mai 1988 an Christian Miesch, unterzeichnet von René Rhinow, Präsident der Beschwerdekommission.

# Verleger sind Verteidiger

Warum hatten die Verleger damals Angst vor dem Lokalradio? Die Antwort geht über Radio Raurach, die Lokalradios und Baselland hinaus: Die Verleger hatten schon immer Angst, haben heute Angst und werden immer Angst haben. Erinnerungen eines Print-Journalisten.
*Von Franz C. Widmer*

Oskar Reck hat in seiner langen Journalistenkarriere mit sechs Verlegern zusammengearbeitet. In seinen letzten beiden Jobs in der Region, als Chefredaktor der Basler Nachrichten und Bundeshaus-Chefredaktor der Basler Zeitung, war dies wohl eher nicht mit, sondern unter den Verlegern. Also hat er diesen Berufsstand nach grossen Enttäuschungen auch sarkastisch definiert: «Leider kommt das Substantiv ‹Verleger› meist vom Adjektiv statt vom Verb ‹verlegen›.»

Pauschalurteile sind gefährlich; Oskar Reck hat als legendärer «Ritter Schorsch» auf seine Nebelspalter-Lanze[1] auch jene wenigen Verleger mit aufgespiesst, die Kritik und Spott in seiner absoluten Form nicht verdienen. Doch im Umgang mit neuen Medien – jene Medien sind gemeint, die jeweils neu auf den Markt kamen und kommen – haben alle «Papierkönige» seit über 80 Jahren immer den gleichen Fehler gemacht (und tun es heute noch): Sie spielten und spielen nur defensiv, sie können nur verteidigen. Sie verlegen nicht, sie sind verlegen.

**Verleger-Nachrichten**
Das war schon vor über 80 Jahren so, als die Schweizerische Rundspruchgesellschaft (das alte Kürzel SRG gilt heute noch für die offenbar modernere Schweizerische Radio- und Fernsehgesellschaft) mit den Sendern Beromünster, Sottens und Monte Ceneri in den Äther ging. Die Mittelwelle konnten die mächtigen Verleger zwar nicht verhindern. Aber ihr Kerngeschäft liessen sie sich nicht neh-

[1] Schweizer Satirezeitschrift; gegründet 1875 als «Illustriertes humoristisch-politisches Wochenblatt, seit 1996 Monatsmagazin.

men, und das war die schnellstmögliche Vermittlung von Nachrichten. Die meisten Tageszeitungen erschienen damals mit Morgen- und Abendblatt zweimal am Tag, die NZZ wegen der Börsenkurse auch noch mittags.

Die Verleger hatten schon 1894 gemeinsam die Schweizerische Depeschenagentur[2] gegründet. Und mit dieser SDA sollten sie auch das Nachrichtengeschäft der SRG in der Hand behalten. Dreimal am Tag lieferten die SDA-Redaktoren autonom und von der SRG unabhängig – aber eben aus Verlegerhand – der ganzen SRG jene «Neusten», bei denen die ganze Familie still um den Röhrenempfänger mit dem grünen Auge sitzen musste. Diese Nachrichten-Herrlichkeit der Verleger dauerte – man glaubt es kaum – bis ins Jahr 1971. Die Zeitungen stellten in dieser Zeit um auf die Einmalausgabe, das schnelle Geschäft mit den Nachrichten durften endlich auch das dafür geeignetere Radio (und Fernsehen) besorgen.

### Beim Fernsehen mitkassieren

Damit war eine erste Bastion der Verleger gefallen, auch wenn es noch viele Jahre dauern sollte, bis Radio Beromünster kompetente Nachrichten liefern sollte, wie wir dies heute gewöhnt sind. Vor allem mit Alltagsnachrichten taten sich die Politik- und Kulturspezialisten in den Studios anfänglich schwer.

Die Lieblings-Anekdote von *Mäni Weber*, einem der ersten Beromünster-Sportjournalisten und späteren Showmaster, galt der Fussball-Resultatvermittlung eines offenbar nicht sehr Sport-affinen Kollegen: «YpsilonBe Doppelpunkt GeCe gleich zwei Doppelpunkt eins.» Dass aber die reine Nachrichtenvermittlung (ausser im Lokalbereich) nicht mehr ihr Kerngeschäft sein konnte, merkten viele Verleger zu spät. Das grosse Zeitungssterben in den 1970er- und 1980er-Jahren war die Folge.

Exemplarisch für das defensive Denken der Verleger war später auch ihr Verhältnis zum Fernsehen. Als 1965 auch hierzulande das Werbefernsehen nicht mehr zu verhindern war und bei Zeitungen und Zeitschriften Anzeigenumsätze wegzubrechen drohten, wurde gekungelt nach bester Schweizer Art: «If you can't beat them join them», sagten sich die Verleger.

So wurde die gemeinsame AG für Werbefernsehen[3] gegründet; die Einnahmen teilte man sich, solange das Konstrukt hielt. Es hielt sich ungefähr so lange wie ein anderes «Joint Venture» zwischen Verlegern und SRG, der Videotex[4], der in den 1980er-Jahren die Kommunikation revolutionieren sollte und im SRG-Teletext weiterlebt. Und im «Presse TV»[5] unter dem Mantel der SRG verlieren die Verleger, die noch dabei sind, ohnehin nur Geld dafür, dass ihre Chefredaktoren ihr Gesicht in die Kamera halten dürfen.

---

[2] Einzige nationale Nachrichtenagentur der Schweiz; in den Landessprachen Deutsch, Französisch, Italienisch verbreitet sie jährlich rund 175 000 Meldungen.

[3] Gegründet 1964 als AGW; 1994 wird AGW zur «publisuisse», nun zu 99,8 Prozent im Besitz der SRG.

[4] Zuerst Telefon-Bildschirmtext, heute Teletext; die Schweiz war mit Grossbritannien Pionier bei der Werbeakquisition.

[5] 1995 gegründet von Programmlieferanten für SRG-Sender; Gründungsmitglieder waren NZZ, Ringier und die deutsch-japanische DCTP. Später kamen die Basler Zeitung und Axel Springer Schweiz dazu; Ringier steigt Ende 2013 aus.

Grosse prophetische Gaben braucht man wohl nicht, um auch der gegenwärtigen Koexistenz von SRG und Verlegern im Internet eine nur kurze Zukunft zu geben. Zu stark ist die Stellung der SRG in der Politik – bis zum jetzigen Generaldirektor immer eine Domäne der CVP –, zu schwach sind die Verleger, seit sie, anders als zu Zeiten des Verleger-Präsidenten Ständerat *Markus Kündig* oder der Chefredaktoren-Nationalräte *Oscar Fritschi, Theodor Gut, Helmut Hubacher* oder *Edgar Oehler*, in «Bern» keine Rolle mehr spielen.

Franz C. Widmer, ehemaliger Chefredaktor Basellandschaftliche Zeitung

**Rotationen füttern**

Was, muss man sich fragen, lief und läuft falsch bei den «Papierkönigen»? Sie haben, erstens, den für mich einzig gültigen Lehrsatz der Publizistik nie gehört oder nicht begriffen, wonach noch nie ein neues Medium ein altes Medium verdrängt hat. Sonst gäbe es nach der Erfindung der Fotografie keine Gemälde mehr, wie die Buchverlegerin Ulla Berkéwicz-Unseld lapidar sagt. Oder deftiger für die Drucker: Nach der Erfindung des Internets könnten sie keine Pornoheftchen mehr drucken. Vielmehr sollten sich die Medienmacher und ihre Produkte ergänzen in überwiegend friedlicher Koexistenz in einer Zeit, in der sich der Takt der Kommunikation immer weiter verkürzt.

Zweitens waren (oder sind?) die Verleger in erster Linie Drucker: Sie investierten trotz aller Überkapazitäten lieber in die sich immer schneller drehenden Druckmaschinen statt in ihre Inhalte und Produkte; sie kauften sogar (wie die Basler Zeitung) längst klinisch tote Publikationen wie den «Sport», nur damit ihre teuren Rotationen gefüttert werden konnten.

Ob sie aus Pleiten, Pech und Pannen die richtigen Schlüsse gezogen haben oder noch ziehen, darf man bezweifeln. *Pietro Supino* beispielsweise, Vizepräsident des Verbands Schweizer Medien und Verleger der Tamedia[6], des in der Schweiz umsatzstärksten Verlagshauses, will trotz ordentlicher Gewinne seine Redaktionsbudgets so zusammenstreichen, dass er auf eine Rendite von 15 Prozent kommt: mit «schlankeren» Redaktionen, das heisst schlechteren Zeitungen und Zeitschriften? Das klingt für mich wie die alten Rendite-Fantasien der Ospels und Ackermanns.

Und wenn alle Verleger plötzlich ihr Heil im Internet sehen und für ihre teuren Inhalte, die sie zehn Jahre lang gratis ins Netz gestellt haben, nun sogenannte Paywalls und andere Bezahlschranken errichten wollen und auf Ersatz für entgangene Print-Verkaufserlöse und Werbeeinnahmen aus dem Netz hoffen, so ist das nicht mehr als das Pfeifen im dunklen Walde – auf dem zehnmal grösseren deutschen Markt mit nur einer Sprache schreiben im Online-Geschäft

6 Zürcher Mediengruppe; gegründet 1893, börsenkotiert seit 2000. Wichtigste Zeitungen sind Tages-Anzeiger, 20 Minuten, Sonntagszeitung, Berner Zeitung, Der Bund, 24 heures, Le Matin; bei den Zeitschriften Annabelle und Schweizer Familie.

gerade einmal Spiegel und Bild schwarze Zahlen. «Papierkönige sind gefährdete Könige», schreibt der Spiegel: «Gegen Worte, die nichts kosten, kann man wenig ausrichten als Papierkönig.» Fröhlich pfeifen können die Schweizer Verleger jedenfalls nicht.

### Nur «für die Katz»?

Optimistischer waren sie vor 30 Jahren, als – endlich! – der Radiomarkt auch für Privatsender geöffnet wurde und sie mit ihrer Kommunikationskompetenz dabei sein wollten. Die Rundfunkversuchsordnung von 1983 hat zwar viele Väter. Roger Schawinski will mit seinem Piratensender Radio 24 auf dem Pizzo Groppera Bahnbrecher gewesen sein. Der Medienanwalt *Hans W. Kopp* legte mit seiner über 700-seitigen Mediengesamtkonzeption[7] eine Auslegeordnung und Entscheidungsgrundlage vor. Das eigentliche Ziel, das duale System nach britischem Muster, bei dem der SRG die Gebühren, den Privaten bei Radio und Fernsehen die Werbeeinnahmen zukommen sollten, erreichte Kopp aber nicht. Kein Wunder; den einzigen Politiker, der den Medienwälzer zumindest diagonal gelesen hat, habe ich in Bonn in der Person des damaligen deutschen Innenministers Friedrich Zimmermann getroffen.

Die ganze Mediengesamtkonzeption sei ohnehin «für die Katz» gewesen, urteilte der legendäre Zürcher Publizistik-Professor *Ulrich Saxer.* Das Urteil ist zu hart; Hans W. Kopps Kommission (mit dem später berühmt-berüchtigt gewordenen Medienrechtler *Franz A. Zölch* als Stabschef) hat immerhin mit die Basis gelegt für das Privatradio und das spätere Bundesamt für Kommunikation (Bakom) – was allerdings längst nicht von allen Medienleuten als Fortschritt beurteilt wird.

Die ersten Konzessionen für die ersten Privat- oder Lokalradios aber wurden nicht von einer grossen Kommission oder einem mehrhundertköpfigen Bundesamt erteilt. Dafür genügten Bundesrat Leon Schlumpf im damals noch verständlich bezeichneten Eidgenössischen Verkehrs- und Energiewirtschaftsdepartement (EVED), und sein später bis zum SRG-Generaldirektor aufsteigender Dienststellenleiter *Armin Walpen* mit Stellvertreter und Sekretärin.

### Wenige haben verdient

Ob diese Konzessionen im Jahr 1983 gerecht erteilt oder verteilt worden sind, ist bis heute umstritten. Schlumpf/Walpen bemühten sich jedenfalls um Medienvielfalt; die Verleger gingen in der Regel leer aus (in Basel das Projekt Rhywälle[8] unter Führung der Basler Zeitung); Ausnahmen bewilligten sie nur in wirt-

---

7 1982 erschienener Bericht im Auftrag des EJPD; gewaltige Fleissarbeit über alle Schweizer Medien in rechtlicher, wirtschaftlicher, gesellschaftspolitischer und kultureller Hinsicht.

8 Konzessionsgesuch für ein Lokalradio der Basler Zeitung; 1983 abgelehnt wegen zu grosser Medien-Konzentration.

schaftlich schwachen Regionen, damit auch Leon Schlumpfs geliebtes und viel zitiertes Calancatal berieselt werden sollte. Immerhin: Die Arbeit des EVED ist später wissenschaftlich untersucht worden – in der Dissertation einer Dr. iur. Eveline Widmer-Schlumpf.[9]

Im Rückblick dürften die meisten Verleger nicht unglücklich darüber sein, dass damals der Kelch der Konzession an ihnen vorbeigegangen ist. Richtig Geld verdient mit ihren Stationen haben nur Roger Schawinski (Radio 24) und Christian Heeb/Hans-Ruedi Ledermann (Radio Basilisk). Warum dennoch einige Verleger im nun liberalisierten Markt weiterhin Geld in den Äther blasen und in Chur und Aarau mit Roger Schawinski bis vor Bundesgericht streiten, bleibt ihr gut gehütetes Geschäftsgeheimnis. Als Verleger würde ich mich an Neil Postman halten, der sich nicht «zu Tode amüsieren» wollte: «Das beste Medium für ernsthafte Kommunikation ist immer noch die Zeitung oder Zeitschrift.»

[9] Eveline Widmer-Schlumpf, Voraussetzungen der Konzession bei Radio und Fernsehen, Dissertation, Helbing und Lichtenhahn, Basel 1990.

*Einspruch*

# Es war einmal Radio Raurach

*Von Mathis Lüdin*

Angefangen hat alles ganz harmlos. Der Bund wollte einen Versuch wagen und auch privaten Unternehmen den Einstieg ins Radio ermöglichen. Nach diversen Studien, politischen Diskussionen und Vernehmlassungen hatte man den Weg zur Eingabe von Konzessionsgesuchen geebnet. Die Spielregeln lagen auf dem Tisch und hatten den Anspruch, dass man sie ernst zu nehmen hatte. Bei genauerer Betrachtung hätte man spätestens dann die Finger davonlassen sollen. Es war da von Nonprofit die Rede, von breit abgestützt und «ausgewogen», von Reichweiten, limitierten Werbeminuten und ähnlichen Auflagen. Kurzum: Es waren Bedingungen, die in erster Linie das gebührenfinanzierte Staatsradio möglichst umfassend schützen sollten.

Angesprochen fühlten sich natürlich auch die Zeitungsverleger, die für sich beanspruchten, dass sie das Geschäft mit der Information über Jahrzehnte erfolgreich betrieben haben. Auch bei der Werbung verfügten sie durchaus über umfangreiche Erfahrungen. Denn zu jener Zeit partizipierten sie mit rund zwei Dritteln am berühmt-berüchtigten Werbekuchen. Die Frage, ob, und wenn ja, wie viel von diesem Kuchen zu Gunsten der Lokalradios verloren gehen könnte, war nicht ganz unberechtigt. Eine gewisse Verunsicherung in Verlegerkreisen war spürbar. Eine eigentliche Angst vor Lokalradios war meines Erachtens jedoch nicht auszumachen (auch wenn das mein langjähriger Chefredaktor Franz C. Widmer damals anders empfunden hat oder noch heute offenbar anders sieht).

Fakt ist und bleibt, dass praktisch alle Verleger von Tageszeitungen sich in irgendeiner Form an einem Konzessionsgesuch beteiligt haben. Mit von der Partie war auch die Basellandschaftliche Zeitung im Verbund mit allen anderen regionalen Verlegern sowie diversen regionalen Verbänden und Vereinen. Das Projekt hiess «Rhywälle» und wäre personell und finanziell solide abgestützt gewesen. Doch am damaligen Zeitgeist oder Slogan «Keine Verleger in die Lokalradios» ist auch dieses Projekt glorios gescheitert.

Als Alibiübung hatte nämlich schweizweit nur ein einziger Verleger eine Konzession erhalten. Es war Max Rappold, damals zufälligerweise Präsident der Schweizerischen Zeitungsverleger, der eine Konzession für Schaffhausen an Land ziehen konnte. Auch er oder gerade er würde sich nun sicherlich darüber wundern

Mathis Lüdin war langjähriger Verleger der Basellandschaftlichen Zeitung und einige Zeit Verwaltungsrat bei Radio Raurach.

oder vielleicht sogar freuen, dass heute die grosse Mehrheit der Lokalradios im Besitz von grossen oder mittelgrossen Verlagshäusern steht.

Bei der Konzessionsvergabe obsiegt haben in unserer Region Radio Raurach und Radio Basilisk mit sehr unterschiedlichen Konzepten, jedenfalls was die Werbung anbelangt. In Liestal ist man eine Partnerschaft mit Orell Füssli eingegangen, die leider nie den erwünschten oder notwendigen Erfolg zeitigen konnte. Jedenfalls säumten immer rote Zahlen den steinigen Weg dieses Lokalsenders.

Ganz anders in Basel, wo man mit der Gründung einer eigenen Werbegesellschaft namens Medag die Weichen von Anfang an auf Erfolg gestellt hatte. Das grosse Geld machte die Medag, die in der Preisgestaltung viel freier war, als es in der Versuchsordnung stipuliert worden war. Da die Besitzer von Radio Basilisk und Medag identisch waren, konnte es ihnen egal sein, wo der grosse Gewinn jeweils eingefahren werden konnte. Die Initianten, Hans-Ruedi Ledermann und Christian Heeb, waren clever und vorausschauend. Sie waren massgeblich auch daran beteiligt, dass die Verordnung insbesondere bezüglich Reichweiten und Werbeminuten immer wieder zu ihren Gunsten geändert werden konnte.

Im Sport gilt, dass während des Spiels die Regeln nicht verändert werden sollten. Bei der Versuchsanordnung der Lokalradios wurde gegen diesen Grundsatz unzählige Male verstossen. Um möglichst viele Lokalradios am Leben zu erhalten, wurden vom Bakom unter gewissen Voraussetzungen auch Unterstützungsleistungen ausbezahlt. Doch wirklich schwarze Zahlen hat die grosse Mehrzahl der Radios dennoch nie erleben dürfen …

Die finanziellen Engpässe waren denn auch dafür verantwortlich, dass immer mehr Verlagshäuser den Zugang zu den Lokalradios doch noch geschafft haben. Wie viel Geld die Verleger mit ihren Auftritten in der Lokalradioszene verloren haben und auch heute noch verlieren, ist erstaunlich und unergründlich zugleich. Der entgangene Anteil am Werbekuchen, den die Verleger an die Lokalradios verloren haben, hat sich jedenfalls entgegen allen Befürchtungen sehr in Grenzen gehalten.

Heute stellt sich mir die Frage, wie die Geschichte mit den Lokalradios ausgegangen wäre, wenn sich alle Verleger konsequent an den Slogan «Keine Verleger in die Lokalradios» gehalten hätten. Einerseits hätten die Verlage viel Geld sparen können, und andererseits wäre vielen Stationen der Schnauf wesentlich schneller ausgegangen. Auch mein Verlag hat sich einmal an einer versuchten Sanierung von Radio Raurach finanziell beteiligt in der Meinung, dass dieses Radio fest in Baselbieter Hand bleiben sollte. Doch es hat nicht sollen sein. Heute kann es mir egal sein, woher dieses Radio seine Energie bezieht. Hauptsache ist, dass man es immer noch hören kann, wenn einem danach ist.

Arthur Cohn war nach seinem Oscar 1985 für «Dangerous Moves» als Erstes in Sissach bei mir zu einem einstündigen Interview.
*Barbara Umiker*

> Radio Raurach hat mein Leben komplett verändert. Das war der Anfang einer langen Tätigkeit beim Radio – bis heute 23 Jahre.
> *Corinna Zigerli*

Dank dem Engagement bei Radio Raurach habe ich später den Mut gehabt, in der Sendung «Die grössten Schweizer Talente» des Schweizer Fernsehens mit einem Mundharmonika-Beitrag vor rund 1000 Leuten und hunderttausenden TV-Zuschauern aufzutreten.
*Heinz Jäggi*

Radio machen war der Hammer!
*Felix Anderwert*

Beim Hineinschrauben der letzten Glühbirne im Studio fragte ich beiläufig: «Sagt mal, habt ihr eigentlich eine Kindersendung bei diesem Radio?» Keine Woche später war ich zum ersten Mal «on air». Als ich Jahre später – unmittelbar vor einer Sendung – vernahm, dass die Kinderstunde eventuell abgeschafft werden und alles wieder einmal modernisiert werden sollte, machte ich das Mikrofon auf und sagte: «Liebe Kinder, wenn ihr mich weiter hören wollt, dann schreibt und schickt Sachen – egal was: Wehrt euch!» Der Empfang war danach ziemlich voll mit Kinderzeichnungen, Paketen, usw., und die Kindersendung lief noch lange weiter.
*Barbara Lehner Toggweiler*

In der ersten Sendung suchten wir nach einem echten Barchent-Nachthemd, welches uns auch prompt von einer Hörerin zugeschickt wurde. Die darauffolgende Sendung moderierten wir dann im «Nachthemmli».
*André Bösiger*

Die Zeit war so prägend, dass ich die verschiedenen Stationen – Raurach, Edelweiss, Basel 1, Radio Basel – hautnah und bis zum bitteren Ende miterleben durfte.
*Christoph Hohler*

Der grösste Stress war das Beobachten der Tonbandspulen beim Mitschneiden und das akribische Aufschreiben der gesendeten Musiktitel. Da wurde nach allem gefragt: Schuhgrösse des Schlagzeugers, Geburtsort des Komponisten, Lieblingsessen des Autors …
*Christian Wehrli*

Der Sendungsverlauf war nicht nur für mich, sondern für uns alle jeweils ein besonderes Event.
*Donatus Strub*

Schade, dass es diese Art Radios heute nicht mehr gibt.
*Christoph Steinmann*

Ich bewunderte den Mut der jungen Radiomacher, sich ohne grosse Erfahrung, mit wenig Geld und zahlreichen «Dreinrednern» in dieses Abenteuer zu stürzen.
*Urs Burkhart*

Ich war jung – und das Medium war es auch. Wir standen beide am «Anfang». Wir sind gemeinsam gewachsen, haben ausprobiert, Fehler gemacht, daraus gelernt – oder auch nicht …
*Cathy Flaviano*

Zur Zeit von Radio Raurach waren alle Moderatoren in den Augen der Zuhörer irgendwie Götter.
*Gerry Engel*

Was bleibt, sind viele gute Erinnerungen an eine spannende Zeit.
*Philipp Ramseier*

# INTERVIEW

Weshalb die «Basilisken» grosses Interesse hatten, dass Radio Raurach überlebte.

Wie Christian Heeb die ersten drei Jahrzehnte Lokalradiozeitalter heute beurteilt.

Weshalb Heeb auf keinen Fall an die Basler Zeitung verkauft hätte.

# «Als wir kamen, haben wir Basel zur Hauptstadt der Welt erklärt»

In der Region Basel gibt es nur einen, der mehr als drei Jahrzehnte Radiogeschichte überblickt und gleichzeitig selbst in verschiedensten Rollen Teil dieser Geschichte ist: Christian Heeb.
*Interview: Robert Bösiger*

**Wir befinden uns für dieses Interview an der Rittergasse 33 in Basel.[1] Von hier aus, Christian Heeb, begannen Sie vor ziemlich genau 30 Jahren mit Ihrer Radiocrew von Radio Basilisk, Basel und die Region zu unterhalten. Über Nacht wurde Radio Basilisk zu einem Erfolgsmodell. Was geht Ihnen hier an diesem Schauplatz durch den Kopf?**
Wir sind hier im obersten Stock. Als ich das Gebäude betreten habe, sagte der Pöstler, es gebe einen Lift. Das hätte ich nicht mehr gewusst. Vermutlich, weil ich ihn damals auch kaum benutzt habe. Es war eine Zeit, in der ich nie normal ins Haus gegangen bin. Ich bin immer gerannt – rein und raus.

**Als es am 1. November 1983 losging mit Radio Basilisk, waren Sie in der Radioszene schon ein «alter Hase». Wie kam das?**
Schon als Schulbub habe ich Radio und Fernsehen gemacht, auf dem Bruderholz oder in Zürich.[2] Ich hatte immer zwei Traumberufe: Entweder beim Radio & TV oder als Pilot zu arbeiten. So habe ich beruflich das eine gemacht und privat dann das andere.

**Nach dem Bruderholz sind Sie beim Pop Shop gelandet.**
Zuerst war ich ein Jahr fest bei Radio Studio Basel. Das nannte sich damals lustigerweise tatsächlich Radio Basel. Das bedeutete am Tag volles Pensum Radio und nach Feierabend Abendgymnasium. Dann kam im Jahr 1972 eine kurze Ferienvertretung beim Südwestfunk.[3] Und dort bin ich hängen geblieben, es wurden mehrere Jahre daraus.

---

1 Aus dem Gebäude Rittergasse 33 in Basel begann Radio Basilisk am 1. November 1983 zu senden. Nach rund eineinhalb Jahren zog die Redaktion an den Fischmarkt.

2 Das Studio Basel von Radio DRS befindet sich seit September 1940 an der Novarastrasse 2 auf dem Bruderholz. Das Fernsehstudio Leutschenbach in Zürich besteht seit den 1970er-Jahren.

3 Von 1946 bis 1998 war der Südwestfunk (SWF) die Landesrundfunkanstalt des Landes Rheinland-Pfalz sowie des südlichen Baden-Württembergs. 1998 fusionierte der SWF mit dem Süddeutschen Rundfunk (SDR) zum Südwestrundfunk (SWR).

*Damals, als Radiomoderator, der Popmusik auflegen durfte, wurden Sie vergöttert …*
Wir haben von dieser Begeisterung im abgelegenen Baden-Baden eigentlich eher wenig mitbekommen. Aber weit über Baden-Württemberg hinaus stiess der Pop Shop[4] damals in ein riesiges Vakuum. Aus anfänglich zwei Stunden täglich wurden vier, dann sechs und mehr Stunden SWF 3 mit Pop- und Rockmusik. Es gab noch sehr lange keine wirkliche Alternative, und auch in der Schweiz wurden wir massiv gehört.

*Sie waren beim SWF 3-Pop Shop, haben dann aber von einem sicheren Job zu Roger Schawinskis High-Risk-Radioprojekt gewechselt. Welcher Teufel hat Sie geritten?*
Überhaupt keiner. Nach einigen wunderbaren Jahren in Baden-Baden sagte ich mir: Wenn sich jetzt nichts bewegt, dann bleibe ich wohl für den Rest des Lebens hier in der deutschen Provinz. *Guido Baumann*, ein anderer Schweizer, der in Deutschland tätig war, wurde damals für eine Kaderposition bei der SRG berufen. Er wollte, dass ich mit ihm zurück in die Schweiz komme. Ich sagte zu, bestand aber darauf, Fernsehen zu machen. Baumann versprach, mich beim Schweizer Fernsehen unterzubringen, wenn ich ihm einen Tag die Woche beim Radio helfe. So landete ich für einige Jahre beim Schweizer Fernsehen und lernte einen gewissen *Roger Schawinski* kennen, der dort gerade den «Kassensturz»[5] gegründet hatte. Nach meiner Zeit bei der Tagesschau und der Unterhaltung, als Regisseur und der Arbeit vor der Kamera (viel davon parallel), kam ein Angebot vom ZDF. Schawinski machte inzwischen «Die Tat» zur Boulevardzeitung[6], versenkte diese aber nach einem Jahr und zog für viele Monate nach Jamaika. Er kam zurück in die Schweiz, hatte keinen Job und rief mich an: «Du, da ist ein Radio- und TV-Elektrikerlehrling[7] aus Spreitenbach, der hat die verrückte Idee, man könne von Italien aus in die Schweiz senden.» Den ominösen Stift habe ich nie zu Gesicht bekommen, doch noch am gleichen Tag haben wir uns in einer Beiz in Zürich Enge getroffen. In der Telefonkabine des Restaurants riss er das Deckblatt des Telefonbuchs weg und zeigte mir auf der stilisierten Schweizerkarte die grosse Einbuchtung beim Splügen. Von hier aus, so Schawinski, könne man wahrscheinlich Zürich erreichen. Er musste mich nicht lange überreden einzusteigen.

*… um mitzumachen bei diesem Highrisk-Unternehmen?*
(lacht) Ja, wer mit Roger Schawinski zusammenarbeiten will, nimmt ein gewisses Risiko auf sich. Aber das hat damals sehr gut funktioniert. Ich war in Como Leiter des Sendestudios und fuhr dreimal täglich die Infosendungen. Er

---

[4] Der SWF rief den Pop Shop zu Beginn des Jahres 1970 ins Leben; der Sender übernahm damals eine Vorreiterrolle, weil es bis dahin kaum Sendungen gab mit überwiegendem Anteil an Pop- und Rockmusik. In Kürze wurde aus dem Pop Shop eine der populärsten Sendungen im deutschsprachigen Raum – auch in der Schweiz. Anfänglich nur auf drei Stunden täglich begrenzt, wurde die Sendedauer rasch ausgebaut.

[5] Konsumentenschutz-Sendung des Schweizer Fernsehens. Gegründet von Roger Schawinski, wurde sie Anfang 1974 zum ersten Mal ausgestrahlt. Mit Produktvergleichen und Enthüllungen machte sie sich rasch einen Namen.

[6] Zeitung der Migros, erst als Wochenzeitung (ab 1935), dann als Tageszeitung (ab 1939). Am 4. April 1977 erschien sie erstmals als Boulevardblatt in Konkurrenz zum Blick unter dem neuen Chefredaktor Roger Schawinski. Ein Jahr später kam es zur Konfrontation zwischen Migros als Herausgeberin und der Redaktion; erst wurde Schawinski entlassen, dann – nach einem Streik – alle Mitarbeitenden. Das Erscheinen der Zeitung wurde eingestellt.

[7] Anderen Quellen zufolge stammt die Idee von Peter M. Käppeli, damals Betreiber des bekanntesten Piratensenders in der Schweiz, Radio Atlantis. Käppeli war selbst ernannter Psychologe und Magnetopath. Roger Schawinski selber will den Tipp von Peter W. Frey, einem Techniker von Radio Basel, erhalten haben.

war die meiste Zeit in Zürich, betreute dort u. a. die News-Redaktion, Administration, Werbung und die Aufzeichnungen seiner Wochensendungen. Dann ging er natürlich auf in seinem legendären Kampf an der politischen Front und in dem um die Werbeeinnahmen.

Aber der Grund, weshalb ich damals mitgemacht habe, war nicht Leichtsinn: Zu dieser Zeit kam ein Bruch mit der SRG, diesem damals sehr trägen Staatsradio und -fernsehen, einem Berufsverbot in der Schweiz gleich. Aus heutiger Sicht ist es eine der wichtigen und wenigen unübersehbar positiven Errungenschaften der Liberalisierung, dass mittlerweile ein breiter Arbeits- und Einsteigemarkt für Journalisten bei elektronischen Medien unseres Landes besteht.

*Am 28. November 1979 haben Sie die Sendungen von Radio 24 vom Pizzo Groppera eröffnet. Dieses Lebensgefühl von damals – beschreiben Sie es für uns.*
Zunächst, um der Klarheit willen: Wir sassen nicht auf 3000 Metern bei minus 10 Grad auf dem Pizzo Groppera[8] und sendeten schlotternd in die Schweiz, so wie sich das einige vorstellen. Unser Radio-Studio war in Cernobbio[9] bei Como, einem der schönsten Gebiete Europas. Sowohl vom politischen Druck, aber auch von der unbeschreiblichen Begeisterung bei der Hörerschaft haben wir dort zunächst gar nicht so viel mitbekommen. Zu Beginn konnten wir in Italien lange Zeit nicht einmal unser eigenes Programm empfangen. Nach mehreren Wochen rief man mich nach Zürich, weil Bern wieder einmal die unmittelbar bevorstehende Stillegung verkündete. Dann stehe ich da mit Roger Schawinski auf dem Bürkliplatz[10], sehe die tausende von Leuten, die uns unterstützen und soll plötzlich eine Rede halten. Einer der wenigen Momente in meinem Leben, in denen ich zunächst nicht wusste, was ich sagen sollte … Innerhalb von wenigen Tagen haben wir dann eine Petition mit über 200 000 Unterschriften zustande gebracht[11] – im Nachhinein unglaublich. Aber, wie gesagt, wieder in Como selber war das alles immer sofort weit weg.

*Der Sender wurde mehrfach geschlossen.*
Ja, das war plötzlich echt, kein Film mehr und enorm belastend für uns alle. Die ständigen Schreckensmeldungen, Telexnachrichten, Telefone aus Zürich, und die Tessiner Tagesschau, die immer wieder bevorstehende Schliessungen oder gar eine Stürmung von Studio und Sender ankündigten, blieben ja zunächst ohne Folgen. Und dann standen mit einem Mal schwer bewaffnete Carabinieri da. Ich hatte als Chef vor Ort das Team zu motivieren und hatte doch selber die Hosen voll.

«Ich hatte als Chef vor Ort das Team zu motivieren und hatte doch selber die Hosen voll.»

8 Der Pizzo Groppera (2948 M. ü. M.) in Italien an der Grenze zur Schweiz erlangte 1979 politische Bedeutung, weil von seinem Gipfel aus der damalige Piratensender Radio 24 in den Grossraum Zürich ausgestrahlt wurde.

9 Cernobbio ist eine Stadt mit rund 7000 Einwohnern in der Provinz Como nahe der Grenze zur Schweiz.

10 Je nach Schätzung zwischen drei- und fünftausend Fans von Radio 24 demonstrieren am 26. Januar 1980 auf dem Zürcher Bürkliplatz gegen die Schliessung des (illegalen) Senders.

11 Die Petition unterschrieben 212 000 Personen.

*Gleichzeitig habt ihr aber auch erfahren, dass ihr getragen werdet von einer regelrechten Volksbewegung, von Menschen, die das freie Radio als Offenbarung betrachteten.*
Bei allen widrigen Umständen war diese Erfahrung tatsächlich für uns alle fantastisch. Wir glichen zu jener Zeit einer Sekte, wohnten, kochten, feierten zusammen. Ausserhalb der festen Programmzeiten sendeten wir, was und wann wir gerade wollten. Abends machten wir irgendwann dicht. Nach dem Essen aber, sofern wir gerade wieder Lust aufs Radiomachen hatten, kehrten wir oft zurück ins Studio, machten die Musikkonserven aus und sendeten bis spät in die Nacht. Schawinski sagte damals in einem Interview: «Ganz Zürich fragt sich: Wann schläft Heeb eigentlich?» Dieses Feuer, diese Begeisterung der Comocrew haben die Hörer gespürt. Und wir erhielten viel zurück. Da gab es ständig Besuch von Hörern. Sie kamen extra aus Zürich, nie mit leeren Händen. An Feiertagen waren da manchmal 20 Kuchen und mehr bei uns im Studio…

*Und dann kam Radio Basilisk.*
Nein (lacht). Zuerst stritten wir noch kräftig mit Bundesrat *Willi Ritschard* über die Liberalisierung. Er hielt gar nichts davon und schrieb uns beispielsweise sinngemäss: Ich bin gerne bereit, mit Ihnen wieder einmal zusammenzusitzen, aber nur, wenn dieses unmögliche Projekt endlich vom Tisch ist. Doch dann übernahm *Leon Schlumpf* 1980 das Departement. Kurz nach seinem Amtsantritt empfing er Schawinski und mich. Wir hätten durchaus seine Sympathie, dies könne er aber so nicht öffentlich machen, beschied er uns. Er strebe die Liberalisierung an, wolle dies auf der Verordnungsebene lösen: «Ein Bundesrat kann das, wissen Sie», sagte er. Das gehe rascher und eleganter als auf dem Gesetzesweg. Er bat uns, mitzuhelfen und nicht querzuschlagen. Als wir damals sein Büro verliessen, wussten wir: Jetzt bewegt sich endlich etwas.

*Da waren Sie sich so sicher?*
Oh ja. Unmittelbar danach habe ich an einem Sonntagnachmittag das erste Konzessionsgesuch für Radio Basilisk geschrieben. Keine fünf Seiten, es war das erste Gesuch in der Schweiz überhaupt. Das Papier blieb dann lange in Bern liegen. Nach Monaten schrieb mir Leon Schlumpf, ob er den Antrag vorläufig weiter schubladisieren dürfe, dann müsse er das Gesuch nicht ablehnen. Die Rundfunkverordnung brauche mehr Zeit als vorgesehen. Damals war Armin Walpen zuständig für das Dossier Rundfunkverordnung[12], ein Mann, der Radio 24 über die Landesgrenze hinaus bekämpfte und zunächst einmal überhaupt nicht einverstanden war mit der Medienpolitik seines neuen Chefs. In dieser

12 Mit der Verordnung über lokale Rundfunk-Versuche – kurz RVO –, von Bundesrat Leon Schlumpf am 7. Juni 1982 vorgestellt, sollten zum ersten Mal neben der SRG auch andere Veranstalter im Radiobereich zugelassen werden – zur Hauptsache finanziert durch Werbung am Radio.

langen Zwischenzeit bis zur RVO übernahm ich das Mandat eines der grössten deutschen Verlagshäuser, als Projektleiter für «Radio Brenner»[13]. Das Unterfangen war ‹top secret›, weil die deutschen Verleger damals untereinander eigentlich die Abmachung eingegangen waren, nicht in die elektronischen Medien einzusteigen. Meine Mitarbeiter in Bayern, Innsbruck und Südtirol arbeiteten alle verdeckt. Als Schaltstelle hatte ich bei einer renommierten Anwaltskanzlei am Rennweg in Zürich ein komfortables Büro mit Dienstwagen und ein feudales Hoteldauerzimmer am Stachus in München. Die Piratenzeit bestand also keineswegs nur aus Entbehrungen.

***In beiden Basel bewarben sich 14 Projekte um eine Versuchsbewilligung. Wieso haben ausgerechnet Radio Basilisk und Radio Raurach vom Departement Schlumpf am 20. Juni 1983 den Zuschlag erhalten?***
Lange im Nachhinein habe ich erfahren, dass es an der alles entscheidenden Bundesratssitzung unheimlich spitz gewesen sein muss. Ich hatte mich in einer falschen Sicherheit gewogen: Zur Debatte stand ja auch das Projekt Radio Rhywälle[14] der Basler Zeitung. Man muss wissen, dass ich schon damals ständig unter heftigem Druck der BaZ stand: Ich sei eine viel zu kleine Nummer, hätte keine Chance, solle aufgeben. Man drohte mir, man versuchte, Geschenke zu machen. So holte ich bei *Hans-Ruedi Ledermann* Rat und bot ihm später auch eine Beteiligung an. Es wurde eine jahrzehntelange, erfolgreiche Partnerschaft. Gemeinsam riefen wir das Klosterbergfest ins Leben und bauten dort über Nacht eine Trägerschaft mit gegen 20 000 Mitgliedern auf. Die BaZ ihrerseits suchte die Nähe zur SRG und hoffte so auf eine breitere Abstützung.

Ich habe damals natürlich die Basler Kantonsregierung mit der Frage kontaktiert, wie sie sich zu den verschiedenen Gesuchen stelle. Der zuständige Regierungsrat *Kurt Jenny* sagte mir, man habe in der Regierung noch nicht darüber gesprochen und warte ab, bis das Departement Schlumpf eine Vernehmlassung eröffne. Wenige Tage darauf erhielt ich völlig überraschend einen Anruf von einem gewissen Herrn Wyss; er wolle sich mit mir über ein Geschäft unterhalten, das derzeit auf dem Tisch der Basler Regierung liege. Wir verabredeten uns am Marktplatz. Es kam ein Mann daher, der sich als «Mundy» Wyss *(Edmund Wyss)* vorstellte. Weil ich seit Jahren nicht mehr in Basel arbeitete, hatte ich keine Ahnung, dass er Regierungsrat war. In seinem Büro verriet er mir dann, die Behauptung von Jenny sei falsch, wonach sich die Regierung noch nicht mit dem Geschäft befasst und keine Meinung gebildet habe. Tage zuvor habe sich sein Kollege in Liestal an einer Sitzung der Regierungen beider Basel

13 Radio Brenner strahlte Anfang der 1980er-Jahre von den italienischen Alpen bis weit hinter München und war äusserst beliebt.

14 Privatradio-Gesuch unter Federführung der Basler Zeitung, an dem neben der Regio Basiliensis auch einige regionale Verlage (u. a. Basellandschaftliche Zeitung und Basler Volksblatt) beteiligt waren. Die ursprünglich beteiligte Radio- und Fernsehgenossenschaft Basel (RFGB) zog sich Anfang Dezember 1982 aus dem Projekt wieder zurück. Das Gesuch ging letztlich leer aus.

«Die ‹Basler Zeitung› drohte mir, man versuchte, Geschenke zu machen.»

für das Projekt der BaZ ausgesprochen. Auf Antrag von Jenny sei dann von beiden Regierungen beschlossen worden, das Projekt Rhywälle zu unterstützen und – so steht es wörtlich im Protokoll – «keinem anderen Projekt das Wort reden».

*Mit dieser Aussage von Regierungsrat Wyss konnten Sie aber nichts anfangen, oder?*
Zunächst nicht. Dann aber hielt ich plötzlich eine Fotokopie des Regierungsratsprotokolls in den Händen. Damit ging ich zu *Oskar Reck*: Wir waren uns einig, dass hier ein übles Spiel lief ... So liessen wir durch den ahnungslosen Presseverein beider Basel[15] ein Podium[16] organisieren, auf dem unter anderem Regierungsrat Kurt Jenny teilnahm. Auch er hatte keinen Schimmer, dass Reck und ich von der Sache wussten. Niemand war vorab informiert worden. Ich bat lediglich den Journalisten *Päuli Burkhalter* um den Gefallen, aus dem Publikum heraus die Frage zu stellen, ob sich die Regierung schon mit der Frage der Lokalradiogesuche befasst habe. Jenny verneinte prompt. Dies, erwiderte ich, sei eine Lüge. «Ungeheuerlich!», rief Jenny. So was habe er noch nie erlebt. Worauf ich aus dem Regierungsratsprotokoll zitierte. Anschliessend herrschte Totenstille im Saal. Jenny, der gewiefte Politiker, sagte dann nach einer langen Pause: Nein, er habe selbstverständlich nicht gelogen. Denn da die Sitzung in Liestal, also ausserhalb der eigenen Kantonsgrenze, stattgefunden habe, sei die Regierung gemäss Verfassung gar nicht beschlussfähig. Die Berufskollegen im Saal brachen in lautes Gelächter aus, er verliess das Podium, ohne sich zu verabschieden. Der gleiche Magistrat hat uns dann wenige Jahre später die alte Börse an der Schiffländi zum Kauf angeboten. Ein Glücksfall für Radio Basilisk, noch heute.

*Wissen Sie, wie der Entscheid im Bundesrat dann zustande kam?*
Nach diesem Abend mit dem Eklat war ich mir sicher: Basilisk, und nicht die BaZ, wird als Sieger vom Platz gehen. Tatsächlich zog sich die Regional-Genossenschaft SRG dann auch prompt vom Projekt Rhywälle zurück. Was ich erst später erfuhr: An der entscheidenden Bundesratssitzung stand nur ein Verleger zur Debatte, der – neben der BaZ – ernsthaft Radio machen wollte, nämlich der damalige Präsident des Verlegerverbands, Max Rapold aus Schaffhausen. Leon Schlumpf wollte ihn nicht leer ausgehen lassen. Der Bundesrat kam dann aber zur Ansicht, man könne nicht einem zweiten Monopolisten eine Versuchskonzession erteilen. Erst damit waren die Würfel zu unseren Gunsten gefallen.

Was die Konzession für Radio Raurach anbelangte, waren am Ende mit Sicherheit die politischen Seilschaften ausschlaggebend: Nationalrat Karl

15 Der Presseverein beider Basel (pvbb) ist eine Sektion der Medienschaffenden-Organisation impressum.

16 Das Podiumsgespräch des Pressevereins beider Basel zum Thema «Lokalradio – Möglichkeiten und Probleme» fand am Mittwoch, 15. September 1982, 20 Uhr im Restaurant «Alte Post» beim Bahnhof SBB Basel statt. Auf dem Podium sassen Vera Challand-Bürgisser (Regio Basiliensis), Regierungsrat Kurt Jenny (Radio- und Fernsehgenossenschaft Basel), Walo Foster (Verband Schweizer Journalisten), Fritz Latscha (Verlagsleiter Basler Zeitung) und Christian Heeb (Radio Basilisk). Geleitet wurde es von Oskar Reck.

Flubacher und Bundesrat Leon Schlumpf konnten es gut miteinander. Nachdem die Versuchsanordnung, so wie sie das Departement für die Region Basel vorgesehen hatte, mit dem Nein des Gesamtbundesrates zur BaZ auf den Kopf gestellt worden war, hat die Landesregierung noch in der gleichen Sitzung Radio Raurach bewilligt. Und die Rauracher wurden ja, wie ich glaube, völlig überrascht von diesem Zuschlag. Übrigens auch Hans-Ruedi Ledermann und ich. Wir waren an einer Tagung im Tessin, als aus heiterem Himmel der positive Bescheid kam, und reisten völlig überstürzt nach Basel. Noch am selben Abend haben wir mit dem ganzen Team im Restaurant «Kunsthalle» gefeiert.

*Wie darf man das verstehen: Das Team war schon zu dem Zeitpunkt bestimmt, als die Versuchskonzession kam?*
Ja, praktisch das ganze Team war komplett. Die Bestellungen für Studioeinrichtungen und dergleichen waren ebenfalls vorbereitet und konnten am Morgen danach ausgelöst werden. Und mit den Mitarbeitenden bestanden bereits Vorverträge, die im Tresor unseres Anwalts lagerten.

*Die zwei Konkurrenten im Raum Basel hätten unterschiedlicher nicht sein können.*
Ja, und sie hätten es auch bleiben sollen! Denn im Nachhinein betrachtet, hätte dies den Erfolg von Radio Raurach begründen können.

*Wie meinen Sie das?*
Beim Recherchieren bin ich auf einen Satz von Ihnen gestossen: Ich hätte Radio Raurach damals belächelt.[17] Das habe ich nie! Wir hatten so viel zu tun mit unserem eigenen Sender, dass ich mich nicht mit Radio Raurach auseinandersetzen, oder gar das Baselbiet abschätzig beurteilen konnte. Meine Eltern waren übrigens Baselbieter, und wir bei Radio Basilisk beschäftigten immer mehr Mitarbeitende aus dem Baselbiet als aus Basel. Im Landkanton war zudem der weitaus grösste Teil unserer Hörerschaft.

*Ja, aber Radio Raurach war in Sissach domiziliert, also im oberen Baselbiet – weit weg von der Stadt.*
Genau das war auch sein Problem. Aus wirtschaftlicher Sicht hatte Radio Raurach wohl von Anfang an keine Chance. Das Versorgungsgebiet war zu klein, die ökonomische und bevölkerungsmässige Basis zu schwach. Hinzu kommt ein anderer, wichtiger Punkt: Es interessiert in Basel relativ wenig Leute, was in Sissach passiert. Aber in Sissach interessiert fast alle, was in Basel ge-

17 Robert Bösiger: Alfred Oberer– Paul Kuhn am Flügel der Politik, in: Roger Blum, Robert Bösiger, René Rhinow, Thomas Schweizer, Der Baselbieter Königsmacher – Alfred Oberer und die Mechanik der Politik, Liestal, 2012, Seite 91.

schieht. Das ist in keiner Art und Weise abwertend gemeint, sondern Tatsache. Zum Zeitpunkt, als Radio Raurach dann versuchte, Radio Basilisk zu kopieren, hatten wir schon einen so grossen Vorsprung, dass dieser nicht mehr aufzuholen war. Wenn man konsequent versucht hätte, ein Baselbieter Radio zu bleiben, so hätte es vielleicht klappen können. Doch dann wäre eine intensivere Berichterstattung aus dem bevölkerungsreichen unteren Kantonsteil Voraussetzung gewesen. Die Rahmenbedingungen für Radio Raurach waren sehr ungünstig. Das zeigt auch einmal mehr, wie unmöglich die ganze Versuchsanordnung war.

*Wann sind Sie zum ersten Mal mit Radio Raurach in Berührung gekommen?*
Relativ schnell. Als Delegierter des Verwaltungsrates hatte ich vor allem Kontakt mit Nationalrat Karl Flubacher. Wir haben uns regelmässig getroffen – meist im Autobahnrestaurant Pratteln, bei ihm in Läufelfingen oder während der Session im Bundeshaus. Wir sassen auch gemeinsam mehrere Male bei Bundesrat Schlumpf. Kari Flubacher war ein sehr pragmatischer Mann mit deutlicher Sprache. Wir sahen seine Probleme und boten Hand, zum Beispiel mit dem bei der Werbewirtschaft äusserst unbeliebten Zwangspool[18] im Radiospotbereich. Später unterstützten wir die Bemühungen von Radio Raurach beim Wechsel des Hauptsenders von der Sissacher Fluh auf den Chrischona-Turm.

*Unter uns: Ihr Basilisken habt den ‹Rampassensender› anfänglich schlicht nicht ernst nehmen können, oder?*
Doch, das haben wir. Aber wir hatten kaum Zeit, uns intensiv mit Radio Raurach zu befassen. Der Gegner hiess damals Basler Zeitung, der mit allen Mitteln versuchte, uns zurückzubinden. Die BaZ fuhr publizistisch und politisch eine Verhinderungsstrategie, wie damals übrigens die meisten Verlagshäuser. Die anfängliche Werbezeitbeschränkung auf 15 Minuten täglich und das Verbot, zum Beispiel Immobilien oder Stellen zu bewerben, war auf Betreiben der Verlage zustande gekommen. Der durchschlagende finanzielle Erfolg von Radio Basilisk stellte sich erst ein, als der Bundesrat beschloss, die unsinnige 15-Minuten-Schranke fallen zu lassen.

*Wie lange hat das Duo Heeb/Ledermann damals dem handgestrickten Sender aus Sissach gegeben?*
Erstens: Das war wirklich nie ein Thema bei uns. Zweitens: Es ist noch nie eine Radiostation eingegangen in diesem Land. Es gab bisher immer jemand, der eine notleidende Station weiterführte oder die Konzession übernahm.

«Aus wirtschaftlicher Sicht hatte Radio Raurach wohl von Anfang an keine Chance.»

18 Radio Raurach war Radio Basilisk weder kommerziell noch programmtechnisch gefährlich, der Landsender war aber Garantie für Heeb/Ledermann, dass nicht plötzlich eine neue Konkurrenz auftauchte. So war das Verhältnis zwischen Raurach und Basilisk ein Geben und Nehmen, und Raurach konnte – nicht zuletzt wegen des Zwangspools – in den ersten Jahren wirtschaftlich überstehen.

«Ein verlagsunabhängiges Radio Raurach war für uns sehr wichtig.»

*Im Grunde hatten Hans-Ruedi Ledermann und Sie ein Interesse daran, dass es Radio Raurach gab und dass der Sender überlebte. Oder nicht?*
Das stimmt. Denn wir wussten: Wenn Radio Raurach die Segel streicht, kommt jemand anderes. Und ganz offen: Ich habe damals lieber mit dem kantigen, aber offenen Karl Flubacher verhandelt, als mit Erich Reber von der Basler Zeitung. Ein verlagsunabhängiges Radio Raurach war für uns sehr wichtig.

*Radio Raurach hat mehrfach Support von Radio Basilisk erhalten.*
Wie es sich auch gehört. Da war zum Beispiel die Frage des Senderstandorts. Radio Basilisk sendete vom Chrischona-Turm aus – einem ungleich besseren Standort als die Sissacher Fluh. So kam vom Eidgenössischen Verkehrs- und Energiedepartement EVED[19] die Anfrage, ob wir etwas dagegen hätten, wenn Radio Raurach auch auf den Chrischona-Turm komme. Das war weder in der Versuchsanordnung noch in der Baselbieter Konzession vorgesehen. Wir wehrten uns nicht, baten aber um Gegenrecht auf der Sissacher Fluh. Das war nicht ganz ernst gemeint, denn wer vom Chrischona-Turm sendet, kann das ganze Sendegebiet technisch bereits gut erreichen. Bundesrat Adolf Ogi fragte damals zur Sicherheit nach, ob wir uns wirklich bewusst seien, was es bedeute, wenn Raurach ebenfalls auf den Turm komme. Ich sagte, so habe Radio Raurach in technischer Hinsicht die gleich langen Spiesse wie Radio Basilisk und das ständige Gejammer aus dem Baselbiet damit hoffentlich ein Ende, entscheidend sei nun endlich nur noch das Programm.

*In technischer Hinsicht waren die Ellen mit dem Umzug auf St. Chrischona dann gleich lang. Aber das allein garantierte noch keinen Erfolg.*
Klar, die Akzeptanz in der Werbewirtschaft und die Ressourcen von Radio Raurach waren geringer als die unsrigen. Und klar, wir haben uns über die Fehler unserer Mitbewerber nicht wirklich aufgeregt.

Übrigens: Wir hatten durchaus auch unsere Probleme mit der Technik. Ich erinnere mich an die ersten Wochen und Monate, als wir sehr rasch auf grosse Akzeptanz in der Region stiessen. Der Sonntagsblick titelte: «Radio Basilisk ist der erfolgreichste Privatsender der Schweiz».[20] Gleichzeitig haben uns subalterne Vertreter der PTT (heute Swisscom) mit Billigung des EVED (heute UVEK) schikaniert, wo es nur ging. Ständig hiess es, wir seien unerlaubterweise über unser in der Versuchsanordnung definiertes Versorgungsgebiet hinaus zu empfangen. Überreichweite, so lautete der Vorwurf. Sogar in Rheinfelden seien wir zu empfangen. Die in Bern haben nicht begriffen, dass sich die Rheinfelder

19 Das Eidgenössische Verkehrs- und Energiewirtschaftsdepartement EVED wurde 1997 zum Eidgenössischen Departement für Umwelt, Verkehr, Energie und Kommunikation UVEK umbenannt.

20 «Radio Basilisk ist der erfolgreichste Privatsender der Schweiz.»

nicht nur in Richtung Aarau orientieren, sondern sich zur Grossregion Basel zugehörig fühlen. Und die Aargauer Regierung wollte damals ohnehin kein eigenes Lokalradio; Radio Argovia kam erst viel später. Unsere politische Argumentation gegenüber dem EVED war simpel: Es ist uns egal, sollten wir nicht mehr in Rheinfelden oder dem Laufental zu empfangen sein. Aber sorgt bitte endlich dafür, dass man Radio Basilisk in Bottmingen, Oberwil und anderen stadtnahen Gemeinden sauber hören kann.

Vom EVED kam da keinerlei Unterstützung, und so teilte ich an einem frühen Mittwochmorgen – ganz bewusst unmittelbar vor der wöchentlichen Bundesratssitzung – dem EVED-Generalsekretär *Fritz Mühlemann* mit, er solle Bundesrat Schlumpf doch bitte ausrichten, Radio Basilisk werde am folgenden Freitag um punkt 14 Uhr seinen Sendebetrieb einstellen. Der Auftrag, den Basilisk habe, sei unter den eingeschränkten technischen Bedingungen nicht zu erfüllen. Später an diesem Tag rief mich Mühlemann an und sagte sinngemäss: «Herr Heeb, Sie pokern sehr, sehr hoch. So etwas macht man mit einem Mitglied der Landesregierung nicht.» Ich erwiderte, was man mit Radio Basilisk mache, gehöre sich auch nicht, es bleibe dabei: «Mr schtelle ab!» … Tags darauf, am Donnerstag, kam die Mitteilung vom Departement, am Freitagmorgen würde die Sendeleistung massiv erhöht.

***Was aber, Christian Heeb, wenn sich das Departement Schlumpf nicht auf diese – sagen wir jetzt mal – «Erpressung» eingelassen hätte?***
Wir hätten abgestellt! Den Rest hätte dann hoffentlich die Bevölkerung gemacht. Dessen waren wir uns damals ganz sicher. Und das EVED – so vermute ich – ja wohl auch.

***Wie erklären Sie sich, dass zuerst Radio 24 und dann – legal – die privaten Lokalradiostationen auf derart fruchtbaren Boden in der Bevölkerung gefallen sind?***
Wir verdanken das nicht in erster Linie unserer Arbeit, sondern den Fehlern der Mitbewerber bereits vor Sendebeginn. In erster Linie einmal der SRG mit ihrer damaligen Unterversorgung in diesem Gebiet. Für Basel und Umgebung gab es ein kurzes Regionaljournal – aber nur unter der Woche und lediglich einmal pro Tag. Das war alles! Als wir kamen, haben wir Basel zur Hauptstadt der Welt erklärt und so das Vakuum mit Leben gefüllt. Selbst bei aussenpolitischen Ereignissen wurde immer nach dem Link zur Stadt und der Region gesucht. In der Themen-Gewichtung hat die Redaktion darauf abgestellt, ob etwas am Familientisch, in den hiesigen Beizen Gesprächsthema ist oder nicht.

Was beschäftigt die Menschen hier – das war unser Massstab. Dies konnte der amerikanische Präsident sein, oder genauso ein Rohrbruch am Wettsteinplatz.

*Ermöglicht wurde diese Liberalisierung durch die Rundfunkversuchsordnung – kurz RVO. Dieses Gesetzeswerk von damals setzte falsche Rahmenbedingungen.*
Auf jeden Fall. Es war von Anfang an geprägt durch die Verhinderungsübungen der Verleger und – wenn auch aus ganz anderen Gründen – dem politischen linken Lager.

*Mit dem Verleger der Basler Zeitung, Matthias Hagemann, haben Sie sich nicht sonderlich gut vertragen. Weshalb?*
Das hat sich inzwischen geändert. Seit einigen Jahren setzen wir uns gerne zusammen. Aber es stimmt, anfänglich war das Verhältnis – sehr vorsichtig ausgedrückt – nicht gerade das beste. Als *Matthias Hagemann* Verwaltungsratspräsident der Basler Zeitung wurde, traf er Riesenprobleme an. Er kämpfte um das Unternehmen, das war seine Pflicht. Es ging um die Existenz, also war man alles andere als zimperlich gegenüber uns und anderen, die sich in der Region Basel einbringen wollten. Raurach traf das übrigens auch. Nur bei uns fing das schon viele Jahre früher an: Etwa zwei Wochen, bevor der Bundesrat die Versuchskonzessionen erteilte, wurde ich von Verlagsleiter *Fritz Latscha* und CEO *Erich Reber* zu einem Essen eingeladen. Ich wisse ja, dass die BaZ hervorragende Beziehungen zum Bundesrat pflege, ein Vorentscheid sei dort nun gefallen – zugunsten des BaZ-Projekts Radio Rhywälle. Man zeige sich aber trotzdem bereit, mich mit der Führung des BaZ-Senders zu beauftragen und stattlich zu bezahlen ... falls ich bereit sei, das Gesuch Radio Basilisk zurückzuziehen. Ich fürchte, ich bin dann etwas laut geworden. Auch später haben sich Exponenten der BaZ immer wieder mit solchen Nettigkeiten um uns bemüht, aber auch mit knallharten Drohungen.

*Es ist ein offenes Geheimnis, dass die BaZ Radio Basilisk liebend gerne einverleibt hätte.*
Ja, sie haben es ständig versucht. Zum Zeitpunkt, als Hans-Ruedi Ledermann sehr krank wurde, hätte ich über 12 Millionen Franken aufnehmen müssen, um seine Beteiligung zu übernehmen. Das überstieg natürlich meine Möglichkeiten bei Weitem. Und das Risiko für den eigenen Anteil wäre immer noch vorhanden gewesen. So musste eine Lösung her. Das war nicht nur für mich eine sehr, sehr schwierige Zeit. Wir kamen überein, den Sender gemeinsam zu verkaufen, aber nur an jemanden, der die Selbstständigkeit von Radio Basilisk garantieren konnte und wollte.

«Wir verdanken den Erfolg nicht in erster Linie unserer Arbeit, sondern den Fehlern der Mitbewerber.»

Der ehemalige Kassensturz-Moderator und Chefredaktor der «Tat», Roger Schawinski (rechts), zusammen mit Christian Heeb im Radio 24-Studio in Cernobbio (Italien), aufgenommen am 19. November 1980.

*Das hätten Sie den Basler Zeitung Medien nicht zugetraut?*
Nie! Weshalb sollten sie auch? Hans-Ruedi Ledermann wollte aber trotzdem den Kontakt mit Matthias Hagemann und seinem CEO *Beat Meier* nicht völlig abbrechen. Das letzte Gespräch suchte Meier, es wurde von einem Basler Notar protokolliert. Egal, wie hoch das Angebot von jemand anderem laute, man sei bereit mitzubieten. Ich erklärte Meier, die BaZ werde meine Anteile nur über meine Leiche bekommen. Dann hat man es tatsächlich hinter meinem Rücken bei Hans-Ruedi direkt versucht. Wieder einmal musste ich da etwas laut werden. Wie auch immer: Wir haben dann Radio Basilisk für etwas mehr als 24 Millionen Franken an Tamedia[21] verkauft.

*Heute gehört dem Ex-Verleger der BaZ, Matthias Hagemann, das von Ihnen gegründete Radio Basilisk. Wie erträglich ist es für Sie, wenn Sie daran denken?*

21 Tamedia gehört mit Ringier und der NZZ zu den grössten Verlagshäusern der Schweiz.

> «Ich erklärte, die BaZ würde meine Anteile nur über meine Leiche bekommen.»

Ich kann sehr gut damit leben und habe nie mit Wehmut oder mit Bitterkeit zurückgeblickt. Im Gegenteil, ich habe Freude am heutigen Sender. Denn was ich wahrnehme, entspricht nicht dem, was Publica Data[22] publiziert. Praktisch überall, wo ich in der Region hinkomme, läuft SRF oder sehr oft Radio Basilisk.

*Sie sprechen die jüngsten Zahlen an, die besagen, dass Radio Basilisk von Radio Energy Basel erstmals überflügelt worden ist.*
Ja. Ich kenne persönlich niemanden, der sich regelmässig Radio Energy antut. Unabhängig vom Jahrgang. Das mag an meinem persönlichen Umfeld liegen, und ich muss auch zugeben: Radio Energy steht für alles, was ich als Journalist zutiefst verachte. Da kam Ringier daher und sagte: «Wir brauchen für unsere neue Entertainment-Strategie eine Konzession in Basel. Entweder wir kaufen Radio Basilisk oder wir kaufen euch.» Damals glaubte ich noch an die Durchsetzbarkeit des Radio- und Fernsehgesetzes, nahm aber trotzdem Kontakt auf mit Matthias Hagemann. Wir informierten uns fortan gegenseitig. Wenn einer von uns angeflirtet wurde, erfuhr dies der andere jeweils sofort. Viele Mails aus dieser Zeit habe ich aufgehoben. Hagemann war souverän.

*Ende 1994 wurde Radio Raurach saniert und das Aktienkapital aufgestockt.[23] Die Nachlassstundung wurde abgeschlossen. Mit wie viel haben Sie bzw. Radio Basilisk die Rauracher finanziell unterstützt?*
Es ist nie ein Rappen geflossen.

*Stimmt das?*
Ganz sicher. Ich schwöre es… Natürlich kann es sein, dass man irgendwann einmal die über uns bereits gebuchten Werbesekunden vor der eigentlichen Fälligkeit bevorschusst hat, oder so. Aber das waren Guthaben uns gegenüber, darüber hinaus ist kein Geld geflossen.

*Sie und Hans-Ruedi Ledermann haben mit Sicherheit über Radio Raurach gesprochen. Was hätten Sie anders gemacht, wenn Sie anstelle der Sissacher Radiomacher gewesen wären?*
Ganz ehrlich, darüber haben wir uns nie unterhalten. Wir hatten genug eigene Probleme. Ein Beispiel, das typisch ist für jene Zeit: Als einer meiner Mitarbeiter[24] Radio Basilisk verliess und bei Radio Raurach als Chefredaktor anheuerte, hatte er sich vom neuen Arbeitgeber zuerst einige Zeit einräumen lassen, um ein sogenanntes Sendehandbuch zu verfassen: die streng gehütete Bibel eines jeden

---

22 Die Publica Data AG ist eine Gesellschaft, die sich vollständig im Besitz der Mediapulse Stiftung für Medienforschung befindet. Ihre Aufgabe ist es, die Daten der Medien- und Publikumsforschung der Mediapulse Stiftung zu vertreiben. Es handelt sich vorwiegend um Daten aus der quantitativen Erforschung der Nutzung von elektronischen Radio- und TV-Medien in der Schweiz.

23 Daurch Vernichtung von 17 000 Namenaktien wurde das Aktienkapital von 1,7 Mio. Franken auf null gebracht; gleichzeitig wurde das Aktienkapital von neuen 17 000 Namenaktien (à 100 Franken) wieder auf 1,7 Mio. Franken aufgestockt.

24 Peter Küng wurde per 1. Januar 1988 Chefredaktor von Radio Raurach.

professionellen Senders. Noch am Tag, als er sein Handbuch vorlegte, erhielt ich es von Karl Flubacher stolz überreicht. Beim nächsten Treffen brachte ich ihm dann unser Werk mit: Das Raurach-Handbuch war über weiteste Teile, oft bis hin zur Interpunktion, eine Abschrift unseres Leitfadens. Copy paste. Darauf stellte Flubacher den angeblichen «Verfasser» selbst zur Rede. Wir – Hans-Ruedi Ledermann und ich – kamen zum Schluss, dass Radio Raurach mit den eingeschränkten personellen und finanziellen Ressourcen unser Handbuch ohnehin nicht umsetzen konnte. Punkt. Das war dann auch schon das einzige Mal, dass wir uns ernsthaft mit dem Programm von Radio Raurach auseinandergesetzt haben – aber nicht aus Arroganz, wirklich nicht!

*Nochmals einige Jahre später – wir schreiben das Jahr 2007: Sie haben eine Nachfolgestation von Radio Raurach, Radio Basel 1, selbst von der BaZ übernommen und zu Radio Basel umfunktioniert. Dies, nachdem Sie für Ihr eigenes Projekt vom Departement Leuenberger keine Konzession erhalten hatten. Zunächst: Weshalb wollten Sie es noch einmal wissen mit Radio?*
Ich war der Ansicht, dass unser Bundesamt den Monopolbestrebungen der Basler Zeitung nichts mehr entgegensetzte und mit seiner Politik sogar noch unfreiwillig förderte. Tatsächlich wuchs der Einfluss der BaZ auf beide massgeblichen Konzessionen der Region in diesen Jahren ganz massiv. Martin Wagner, Konzernanwalt der BaZ, gehörte Radio Basilisk, Matthias Hagemann und seine Cousine *Ruth Ludwig* hatten das Sagen bei Radio Basel 1. Beim Bakom[25] sagte man mir damals, nach der Ablehnung unseres Konzessionsgesuches für das Erwachsenenradio[26], man würde die Problematik durchaus sehen, aber Beweise, dass beide Sender unter der Kontrolle der BaZ stünden, fehlten. Das Bundesamt argumentierte auch, beide Sender seien sehr gut aufgestellt, was die wirtschaftliche Tragbarkeit und die Substanz anbelange. Zumindest in Bezug auf Liestal war das ein völliger Unsinn. Ich rekurrierte gegen den Entscheid. Kurz darauf rief mich *Martin Wagner* an und bat um ein sofortiges Treffen. Er teilte mir mit, Radio Basel 1 gehe es sehr schlecht; die BaZ wolle den Sender abstossen. Ich könne die Station übernehmen unter der Bedingung, dass ich meine Beschwerde – die beim Bundesverwaltungsgericht hängig war – zurückziehe.

*Warum haben Sie beim zweiten Anlauf für Ihr Projekt «Medien für Erwachsene» keine Konzession erhalten? Können Sie sich im Nachhinein einen Reim darauf machen?*
Ich vermute, der politische Druck aufs Departement bzw. aufs Bakom war – übrigens nicht nur in Basel – zu gross. Anders lassen sich die katastrophalen

«Wir hatten genug eigene Probleme.»

25 Das Bundesamt für Kommunikation Bakom wurde im Jahr 1992 als Teil des UVEK gegründet.

26 MFE, Medien für Erwachsene AG, bewarb sich am 4. Dezember 2007 mit dem Projekt «RBB, Radio, das mehr Basel bietet» um eine der beiden in der Region Basel ausgeschriebenen Konzessionen für ein Lokalradio mit Leistungsauftrag ohne Gebührenanteil.

> «Die Öffentlich-Rechtlichen haben sich den Privaten angepasst, nicht umgekehrt – und dies auf einem tiefen Niveau.»

Fehlentscheide der letzten Ausschreibung mit den für das Bakom teilweise verheerenden Korrekturen durch die Gerichte nicht erklären. Zum Teil haben die Veranstalter vor Ort die falschen Bereinigungen unter sich vorgenommen. Und dennoch dauern einige Rechtshändel auch heute noch an, nach all den Jahren! Interessant ist in diesem Zusammenhang übrigens Folgendes: Martin Wagner versicherte zu jener Zeit öffentlich, den Behörden und Regierungen gegenüber sogar schriftlich, er habe mit der BaZ rein gar nichts mehr zu tun, sei auch nicht mehr deren Konzernanwalt. Wir vereinbarten auf seinen Vorschlag für den Kauf von Radio Basel 1 dennoch unter uns die Unterzeichnung eines Vorvertrages; er hatte eine Vollmacht, ausgestellt von BaZ-Verwaltungsratspräsident Matthias Hagemann. Das Dokument wurde also auf Seiten der BaZ unterschrieben von Martin Wagner, der doch mit der Zeitung so gar nichts mehr zu tun hatte. Ich bat ihn auch gleich für Radio Basilisk zu unterschreiben, unter dem Vorwand, nur Basilisk könnte nun theoretisch diesen Deal noch anfechten. Wagner unterzeichnete ohne zu zögern mit der gleichen Tinte ein zweites Mal. Am frühen Morgen des folgenden Tages war ich so in der Lage, der Bakom-Spitze das notariell beglaubigte Dokument zu überreichen: Wagner handelte rechtskräftig für Radio Basel 1 und für Radio Basilisk. Das Thema, die beiden Sender hätten damals nichts miteinander zu schaffen gehabt, war damit vom Tisch – endgültig.

*Sie setzten mit Radio Basel auf Qualität und auf einen Wortanteil von 50 Prozent. Auch Roger Schawinski setzte – gegen jeglichen Trend – auf Qualitätsradio. Mit Radio 1 wollte er intelligente Wortsendungen mit einem Musikprogramm nur für Erwachsene machen. Sie beide, Schawinski und Heeb, machen seit 30 Jahren immer wieder Ähnliches. Wer schaut eigentlich bei wem ab?*

Was das Radio für Erwachsene anbelangt, war es so: Ich besuchte Roger Schawinski in Berlin, als er noch Sat 1-Chef war. Beim Schlummerbecher redeten wir uns wieder einmal ein, dass sich die Privatradios heute kaum noch unterscheiden. Wir waren uns einig, dass die Liberalisierung unter dem Strich, was die von uns gesuchte Meinungsvielfalt anbelangt, an den meisten Orten wenig gebracht hat – Qualitätsjournalismus leider oft schon gar nicht. Das Schlimme daran, so unser Urteil zu später Stunde: Die Öffentlich-Rechtlichen haben sich den Privaten angepasst, nicht umgekehrt – und dies auf einem tiefen Niveau. Beim Gespräch waren wir uns einig, dass man eigentlich ein Radio für mündige Hörer machen müsse. Wir nannten es Erwachsenenradio. Monate später dann, wir hatten inzwischen in Basel mit hochkarätigen Mitstreitern wie *Franz C.*

*Widmer* und den engagierten Programmbeiräten *Gisela Traub, Christine Wirz von Planta, Claude Janiak* und *Jean-Luc Nordmann* das Konzept für unser Radio für Erwachsene erarbeitet, rief mich Schawinski an und sagte, er werde nun ein Radio für Erwachsene in Zürich auf die Beine stellen. Ich gratulierte ihm. Zu Recht, immerhin läuft seines noch.

*Dass Radio Energy Basel jetzt aber sehr erfolgreich unterwegs ist und sogar erstmals Radio Basilisk punkto Reichweite überflügelt hat, zeigt doch im Nachhinein, dass die Leute ein solches Qualitätsradio gar nicht wollen.*
Gewollt hätten es im Frühjahr 2012 immerhin 100 000 Hörerinnen und Hörer pro Tag. Dies sind die offiziellen Zahlen. Hervorragende Werte, wenn sie denn stimmen. Den sogenannten Erfolg von Radio Energy hat mir bis heute niemand mit offiziellen Daten belegen können. Während dieses Gespräch stattfindet, wehrt sich der Basler Ableger des Senders bereits seit Monaten gegen jede Publikation von Reichweiten. Weshalb macht das ein Veranstalter, der doch angeblich so gute Zahlen vorzuweisen hat?

*Als Sie Radio Basel 1 von der Basler Zeitung kauften, verlegten Sie das Studio von Liestal in die Stadt Basel. Weshalb?*
Am Standort von Basilisk arbeiten viele Entscheidungsträger der Nordwestschweiz in Steinwurfnähe. Es ist ungleich einfacher, aus der Stadt ein Radio für die Region zu machen. Das wirtschaftliche, kulturelle und politische Zentrum dieser Region ist nun einmal Basel. Wie die Kollegen von der SRG wissen, wird es oft schon schwierig, jemanden für ein Interview aufs Bruderholz zu bekommen, geschweige denn nach Liestal. Die Basler Regierungsräte zum Beispiel haben gerne nach der Regierungssitzung noch rasch an der Rittergasse oder der Schiffländ vorbeigeschaut. Und unsere Leute waren blitzartig im Rathaus. Journalisten vom Regionaljournal haben es da nicht so leicht, auch sie drängen deshalb schon lange auf einen Umzug in die Stadt.

*Es gibt Stimmen, die sagen, der Umzug nach Basel sei medienpolitisch und atmosphärisch nicht gut gewesen. Denn mit diesem Umzug ging dem Baselbiet sein Lokalradio definitiv verloren …*
Da höre ich jetzt aber den Rampassen bei Ihnen. Adrian Ballmer, Medienminister im Baselbiet, sagte mir sinngemäss: Nach dem Wechsel sei mehr aus dem Baselbiet berichtet worden als vorher. Und der über alle Partei- und Kantonsgrenzen hinaus geachtete Baselbieter Ständerat Claude Janiak sieht dies genauso.

Von Basel nach Zürich: Hans-Ruedi Ledermann (Mitte) und Christian Heeb (rechts im Bild) verkaufen am 29. Mai 2002 Radio Basilisk an Tamedia. Zusammen mit Hans-Heinrich Coninx, VR-Präsident der Tamedia, sprechen Sie am 29. Mai 2002 zu den Medienvertretern.

*Sagen Sie uns doch bitte hier und jetzt, weshalb Sie Radio Basel verlassen haben oder verlassen mussten. War Radio Basel ein Fass ohne Boden?*

Die ambitiösen Pläne, die wir hatten, sind im heutigen Umfeld betriebswirtschaftlich nicht zu erreichen. Ich erlaube mir, an dieser Stelle nach drei Jahrzehnten ein erstes und einziges Mal darauf hinzuweisen, dass ich in all den Jahren nie auch nur einen Franken aus öffentlichen Geldern erhalten habe – im Gegensatz zu Radio Raurach. Ich wollte dies unter keinen Umständen, zu keiner Zeit. Wenn die Politik für die Medien Geld spricht, schafft sie Abhängigkeiten. So etwas sagt sich aus meiner Optik aber vielleicht etwas zu locker: Ich war immer – sowohl bei Basilisk als auch bei Radio Basel – zuständig fürs Geldausgeben (lacht). Fürs Beschaffen der Mittel waren andere besorgt. Wäre bei Radio Basilisk die finanzielle Verantwortung bei mir gelegen statt bei Hans-Ruedi Ledermann, hätte ich es vielleicht geschafft, das Unternehmen in den Ruin zu treiben.

Bei Radio Basel kamen Auseinandersetzungen mit dem alten Radio Energy, der Showdown an der Generalversammlung, die Auseinandersetzung mit *Jascha Schneider*, der für die sogenannten Kleinaktionäre kämpfte, die in Wirklichkeit aber als Feigenblatt für den französischen Unterhaltungskonzern herhalten mussten, dazu. Und eine böse Fehleinschätzung trotz genügender Warnungen meinerseits. Radio Basel war selbst nach Beseitigung der Altlasten des Vorgängers noch immer in den roten Zahlen. Mein Partner *Karl-Heinz Kögel* wollte den Einstieg von Energy via Ringier ernsthaft in Betracht ziehen. Alleine konnte ich das Schiff nicht über Wasser halten, und mit Energy das Boot zu teilen ist ein zu furchterregender Gedanke, selbst wenn das Wasser unter dem Kiel dort sehr seicht ist. Deshalb habe ich mich aufs feste Land zurückgezogen.

*Sie erwähnen immer wieder, dass Energy für alles steht, was sie verabscheuen. Werden Sie konkret.*
Es ist der Respekt vor dem Hörer, der bei Energy fehlt. Die Hörer, das war immer mein Ansatz, sind mindestens so gescheit wie wir Radiomacher.

*Sie wollen damit sagen, dass Energy seine Hörer nicht ernst nimmt.*
«Andrea, 26, Mini-Fahrerin, Single.» So definieren sie ihr Zielpublikum. Das wird der Belegschaft in sogenannten «Bootcamps» – zu Deutsch Umerziehungslagern – eingetrichtert.

*Wie viele Millionen haben Sie sich persönlich das Abenteuer Radio Basel kosten lassen?*
Wie nicht unüblich bei wirtschaftlichen Übergängen, ist es mir untersagt, über Unternehmenszahlen zu sprechen. Das klingt nach Ausrede, doch das Bakom und die Kantonsregierungen kennen selbstverständlich die Details – auch den Kaufpreis, der für Radio Basel 1 bezahlt wurde. Doch nach all den Gerüchten immerhin so viel: Vom Geld, das ich in die Hand genommen habe, ist fast alles wieder da. Im Sommer 2012 rief mich ein Journalist an und behauptete, wir hätten in zwei Jahren Radio Basel 10 Millionen Franken Verlust gemacht. Das wäre ja Wahnsinn! Wir hatten ein Betriebs-Budget inklusive Abschreibungen von gut 4 Millionen. Selbst wenn wir also nie auch nur einen Rappen Einnahmen generiert hätten, wären während meiner ganzen Zeit maximal 8 Millionen Franken Kosten entstanden. Aber es kamen natürlich beträchtliche Werbemittel rein. Tatsächlich haben wir, die Bereinigung der übernommenen Altlasten und die ausserordentlichen Rechtskosten eingerechnet, etwas über zwei Millionen Franken Verlust gemacht. Die Zahlen überstiegen zu keinem Zeitpunkt den budgetierten und vom Verwaltungsrat genehmigten Kostenrahmen auch nur um einen einzigen Franken. Doch der von der Publicitas in Aussicht gestellte Ertrag aus den Werbeeinnahmen wurde leider nicht erreicht.

«Wenn die Politik für die Medien Geld spricht, schafft sie Abhängigkeiten.»

«Radio Basel und Radio Basilisk haben – beide zusammen – deutlich weniger Umsatz gemacht als früher Basilisk alleine.»

*Christian Heeb, hat denn das Medium Lokalradio heute selbst im urbanen Umfeld keine wirtschaftliche Basis mehr?*
Wenn es so viel kostet wie mein letztes Projekt: Nein! Radio Basel und Radio Basilisk haben – beide zusammen – deutlich weniger Umsatz gemacht als früher Basilisk alleine. Eine so hervorragende Redaktion, wie es die von Radio Basel unbestritten war, ist billig nicht zu haben: If you pay peanuts, you get monkeys.

*Müsste man theoretisch die beiden Basler Radios zusammenlegen?*
Ja, wenn wir ehrlich sind, müsste es so sein. Weder Bakom noch UVEK hätten wohl etwas dagegen einzuwenden. Das Problem: Eine der beiden Konzessionen würde frei – und mit Sicherheit erneut vergeben. Dann beginnt das Theater wieder von vorne. Also müsste man nicht nur die Sender zusammenlegen, sondern auch die bisherigen zwei Voll-Konzessionen. Wenn man heute in einer Region wie Basel ein journalistisch anspruchsvolles Radio haben will, geht das bei mehr als einem ausschliesslich werbefinanzierten Veranstalter nicht wie bisher. Das habe ich schmerzhaft gelernt; in diesem Punkt bin ich mit Radio Basel gescheitert. Das heisst aber keineswegs, dass ein solches Qualitätsprogramm nicht einem Bedürfnis entspricht – die Akzeptanz der Hörer war ja vorhanden. Was also bedeutet das? Es muss endlich offen darüber gesprochen werden, ob einem Sender mit ernsthaften journalistischen Ansprüchen medienpolitisch ein Marktpartner zugemutet und sogar konzessioniert werden darf, dessen vorrangige Strategie Marketing und nicht Inhalt ist. Das hat der Gesetzgeber so nicht gewollt. Und wenn das Bakom-Tabuthema «Gebühren» jetzt auf den Tisch kommt, dann trägt ausgerechnet die Regulationsbehörde daran eine grosse Mitschuld.

*… Gebühren, die zum grossen Teil in die Kassen der SRG fliessen …*
Und genau deshalb stellt sich auch die Frage, ob Politik und SRG auch in Zukunft an ihrer grundsätzlichen Strategie festhalten, in den Regionen nur Regionaljournale anzubieten. Da ist nichts dagegen einzuwenden, Gott behüte. Doch statt mit Gebühren ein Voll-Programm wie Virus zu finanzieren, welches unter Ausschluss der Öffentlichkeit stattfindet, könnte man sich ja endlich überlegen, wo man dieses viele Geld sinnvoller einsetzen könnte. Es muss nicht zwangsläufig die SRG sein, die es künftig ausgibt.

*Welche Programme hören Sie heute?*
Jene der öffentlich-rechtlichen Anbieter. Ja, ich höre SRF 4, SRF 1, Deutschlandfunk – oft über Livestreams oder Podcasts, das funktioniert längst auch unterwegs.

*Versuchen wir, Bilanz zu ziehen. Heute sieht die private Radioszene anders aus als damals. Was sind für Sie die markantesten Unterschiede zwischen 1984 und heute?*
Damals hatten wir die echte Chance, unsere verkrustete Mediensituation in der Schweiz aufzubrechen und neue publizistische Plattformen zu schaffen. Dies gelang zunächst erstaunlich rasch. Die Zeitungsverleger begingen einen grossen Fehler, indem sie zunächst versuchten, die Liberalisierung zu bekämpfen, statt diese mitzugestalten. Zu Beginn haben sie die Lokalradios belächelt – Stichwort Quartierfunk, Wasserrohrleitungsbruchradio und dergleichen –, aber mit der enormen Akzeptanz änderte sich das schnell.

Und das wars dann aber leider auch schon. Heute befinden sich die privaten elektronischen Medien fast ausnahmslos in den Händen der grossen Verleger. Die Zusammensetzung des Vorstands des Verbands der Schweizerischen Privatradios[27] ist ein exaktes Spiegelbild dieser Situation. Da sitzen in der ersten Reihe «Verkäufer» – und nicht solche, denen die publizistischen Inhalte wichtig sind. Selbst der Präsident ist seit Jahren ein reiner Vermarkter. Matthias Hagemann stellt eine der wenigen Ausnahmen dar. Die Qualität der elektronischen Medien ist in 30 Jahren nicht wirklich besser geworden. Kreative Freiräume und Erfolg versprechende Perspektiven öffnen sich aber erstaunlicherweise überall dort, wo der Staat nichts mehr zu regulieren hat. Dank der durch die Privatradios geschaffenen Ausbildungsplätze gibt es zahlreiche junge Profis, die diese Chancen erfolgreich nutzen werden.

*Einen wichtigen Unterschied haben Sie vergessen: Die damalige Euphorie, ein richtiges Lokalradiofieber, sowohl bei den Radiomachern als auch beim Publikum – die ist weg!*
Deshalb wird es auch keinen Aufruhr mehr geben, wenn wieder einmal ein Radio am Abgrund steht. Früher war es relativ einfach: Du hast den Regler aufgemacht, dein Problem vorgebracht – und dann gingen die Leute auf die Barrikaden für ihren Sender. Es stimmt, diese Euphorie, die Nähe ist längst verflogen.

27 Der Verband Schweizerischer Privatradios (VSP) kümmert sich um wirtschaftliche, medienpolitische, technische und rechtliche Belange und wahrt die Interessen der angeschlossenen Privatradios.

# Christian Heeb – der Streiter

Radio Basilisk-Gründer Christian Heeb hat entscheidend zum Durchbruch und zur Etablierung der Lokalradios in der Schweizer Medienszene beigetragen. Dass er keiner Auseinandersetzung aus dem Weg ging, hat ihm dabei geholfen.
*Von Roger Thiriet*

Hören Sie heute um 17.50 Uhr unseren Sender, Herr Sigrist», verordnete Christian Heeb dem CEO der Basler Zeitung kurz und sec per Telefon. Und als der dann Radio Basilisk einschaltete, musste er sich in einem gepfefferten Kommentar anhören, wie mies seine Leute die neue Konkurrentin im lokalen Geschäft behandeln würden. Noch am selben Abend, erzählt der damalige Programmdirektor des Basler Radios 25 Jahre später, habe *Peter Sigrist* der Redaktion Besserung verordnet.

Das Beispiel ist kein Einzelfall. Der Mitgründer von Radio Basilisk verstand und inszenierte sich und sein Start-up als David, der sich gleich gegen mehrere Goliaths behaupten musste: Die Politik, deren Rundfunkversuchsordnung er für rundum untauglich hielt. Die PTT, welche die Radio-Newcomer nicht einmal die mickrigen Möglichkeiten der Rundfunkversuchsordnung voll ausschöpfen liess. Die SRG, die mit beiden kungelte, um die ungeliebte lokale Konkurrenz an der kurzen Leine zu halten. Und im lokalen Infight eben die Basler Zeitung, die schon mit einem eigenen Projekt um eine RVO-Konzession angetreten war und ihm später mit Radio Edelweiss das Lokalradioleben sauer machte.

**Ständig in Angriffsbereitschaft**
Fühlte sich der impulsive Pionier von einem dieser Giganten auf den Schlips getreten, fackelte er in der Regel nicht lange. Während sich harmoniesüchtige

Diplomaten in seinem Umfeld noch in taktischen Variantendiskussionen ergingen, blies der Chef zum Angriff: Zitierte angesichts von Empfangslöchern im Gundeli den Sendersteller ins Büro und gab ihm 48 Stunden Zeit, eine akzeptable Abstrahlungsleistung zu erreichen; andernfalls würde Radio Basilisk den Sendebetrieb einstellen und die Schuld seiner Firma geben. War sich nicht zu schade, zum Telefon zu greifen und persönlich einen Chefbeamten zusammenzustauchen, von dem ihm zu Ohren gekommen war, er habe seinen Sender als «Kinderradio» bezeichnet. Oder setzte sich gleich selber ans Mikrofon im Studio 1, um dem SRG-Generaldirektor wegen einer vermuteten Anti-Lokalradio-Intrige beim Bakom live den Tarif durchzugeben.

Die Aufzählung solcher Beispiele liesse sich beliebig fortsetzen. Vor allem in der Startphase des Lokalradiozeitalters lagen die Gelegenheiten für Auseinandersetzungen mit echten oder vermeintlichen Gegnern wie Kiesel am Wegrand. Der Charismatiker Heeb liess keinen liegen; Perioden längerer Harmonie schienen ihn zu frustrieren, bot sich eine Gelegenheit für einen saftigen Streit, blühte er auf.

Roger Thiriet, Publizist und Verwaltungsrat Radio Raurach von 1991–1994.

### «Hören Sie morgen unseren Sender, Herr Hagemann!»

Diese Freude an der Reibung prädestinierte Heeb auch zum idealen Leader der nationalen Lokalradio-Szene, als deren Verbandspräsident er jahrelang lustvoll die Laus in den Pelzen von SRG, PTT, Swisscom, EVED und Bakom spielte.

Radio Raurach bot dem Lokalmatador in den Anfängen kaum Angriffsfläche. Zu schwach und unbedeutend war der Landsender im regionalen publizistischen und kommerziellen Markt, zu beschäftigt Radio Basilisk mit eigenen und nationalen Problemen. Im Gegenteil: Mit Werbe-Kombitarifen und weiteren Kooperationen hinter den Kulissen bot der Fisch- dem Stadtmarkt[1] auch die helfende Hand, wenn es bei Letzterem mal wieder harzte.

Wenn sich Heeb über 94,5 oder später 107,6 MHz mit der lokalen Mitbewerberin anlegte, hatte das weniger mit dem Radio zu tun als vielmehr mit dem verhassten regionalen Monopolisten, zu dessen Beteiligungen sie als Radio Edelweiss ab 1995 gehörte. Und da hiess es dann mehr als einmal: «Hören Sie morgen um 07.20 Uhr unseren Sender, Herr Hagemann!»

---

[1] Radio Basilisk war (und ist) am Fischmarkt in Basel domiziliert, Radio Raurach war von Juli 1989 bis Ende September 2009 im Stadtmärt in Liestal zuhause.

**Von der Routine, immer auch spontan zu irgendeinem Thema etwas zumindest teilweise Schlaues sagen zu können, habe ich sehr profitiert.**
*Dieter Baur*

**Ein Hoch auf den Plattenspieler!**
*Marc Winkler*

**Manchmal wünsche ich mir, das Zeitrad für einige Stunden zurückdrehen zu können. Es waren für mich die kurzweiligsten Jahre, eine Zeit, die ich im Leben nie missen möchte.**
*Christoph Jenni*

**Prägend waren vor allem Kontakte zur damaligen Musikszene des Jazz-Rocks, die sich durch redaktionelle Arbeit und durch Interviews mit Musikern, zum Beispiel bei Konzert-Besuchen, ergaben.**
*René Hemmig*

**Unvergessen sind die Momente mit Moderator Rolf Wirz, in denen wir in der Frühschicht die Moderatoren der DRS-Nachrichten – und natürlich auch jene der lieben Konkurrenz von Basilisk – imitierten. Es gab einmal eine Phase, in denen ich meine Sprechblöcke vorgängig auf Band aufzeichnen musste, weil ich beim Anblick von Rolf am Moderationspult derartige Lachkrämpfe erlitt, dass das «live» nicht mehr ging.**
*Daniel Schaub*

**Raurach hat mir die Türen zur Baselbieter Politik geöffnet, die schliesslich zu einer 13-jährigen Tätigkeit bei der Wirtschaftskammer Baselland geführt hat.**
*Edi Borer*

**Von meiner Zeit beim Radio habe ich nach wie vor eine grosse Sicherheit, wenn ich Interviews geben muss.**
*Juri Stork*

> Als Sendeleiterin, Sprecherin und Musikverantwortliche in einer Person konnte ich meine Vision realisieren.
> *Lislott Pfaff*

Sehr viel hat es mir gebracht: die Scheu, auf fremde Menschen zuzugehen, zu verlieren und Selbstvertrauen zu gewinnen.
*Jan Kalvoda*

Ich bezeichne Radio Raurach auch gerne als meine Jugendsünde.
*Jürg Gohl*

Die Arbeit bei Radio Raurach war mein «Lehrplätz».
*Jean-Luc Wicki*

Im Siebedupf war recht viel angesagt, von Kaffeeklatsch in froher Runde, aktivem Mitmachen am Radio bis zu Quiz auf alle möglichen Arten, – und am Samstag ging es oftmals bis spät in die Nacht hinein.
*Dorli und Günter Schiller*

Irgendwie vermisse ich den besonderen «Kick» noch heute.
*Hanspeter Iselin*

Radio machen zu dürfen, war mehr als ein Geschenk.
*Martin Herzberg*

Wir waren ein wilder Haufen und haben Radio noch gelebt. Nicht wie heute, wenn ein paar «Marketing-Heinis» Einheitsbrei servieren und sich dann wundern, dass der iPod das gute, alte Radio ablöst.
*René Tobler*

Als Radsportexperte brachte ich den umstrittenen Technischen Direktor des Verbandes (heute Swiss Cycling) wegen mangelnder Fachkompetenz damals in arge Bedrängnis. Später quittierte er den Job.
*Rolf Blust*

# PRIMETIME

Wie es immer wieder gelang,
neue Geldmittel zu beschaffen.

Weshalb Radio Raurach kommerziell
auf keinen grünen Zweig kommen konnte.

Wieso das Verhältnis zwischen dem Kanton
Basselland und «seinem» Lokalradio ein
unterkühltes war.

# Stetes Senden am finanziellen Abgrund

Seit 30 Jahren Senden, stets am finanziellen Abgrund. Und das, ohne je wirklich Geld zu verdienen. Wie ist das möglich? Die Antwort verblüfft: Praktisch von Beginn weg hatten Stadtbasler Kreise finanziell ihre Finger mit im Spiel – allen voran die Basler Zeitung.

*Von Daniel Schindler*

Hoppla, jetzt haben wir eine Sendekonzession, wie bringen wir denn nun einen Radiosender zum Laufen?», werden sich der Baselbieter FDP Nationalrat *Karl Flubacher*, Rudolf Andreatta, der damalige Student *Robert Bösiger* und der spätere Geschäftsführer von Radio Raurach, *Marcel W. Buess*, gefragt haben, als der Bundesrat am 20. Juni 1983 dem Baselbieter Lokalradio-Projekt eine Sendekonzession erteilte. Denn jetzt mussten die enthusiastischen, aber unerfahrenen künftigen Radio-Leute schleunigst zu Geld kommen.

Zwar hatte der Förderverein zu diesem Zeitpunkt bereits rund 500 Mitglieder[1], von denen jedes 5 Franken (Einzelmitglied) bzw. 20 Franken (Kollektivmitglied) bezahlte. Aber das reichte bei Weitem nicht aus, auch nur annähernd in die Nähe eines regulären Sendebetriebs zu gelangen. So wurde am 4. August 1983, rund zwei Monate vor Sendebeginn, im Hotel Engel in Liestal die Radio Raurach Betriebsgesellschaft gegründet. 56 Genossenschafter hoben die Gesellschaft aus der Taufe, ganz nach dem Vorbild der Migros. Pro Anteilschein waren 100 Franken fällig. Politisch war das ein cleverer Zug, da das Baselbieter Lokalradio damit von Anfang an breit abgestützt war.[2]

### Viel Enthusiasmus – wenig Know-how

Finanziell war das aber nur ein Tropfen auf den heissen Stein. Hektik brach aus. Woher sollte weiteres Geld kommen? Die Antwort lag auf der Hand. Es handelte

---

[1] BaZ, 23. Juni 1983

[2] Zu den ersten Genossenschaftern gehörte unter anderem der damalige Gewerbeverband (heute Wirtschaftskammer) unter Hans Rudolf Gysin, der für alle angeschlossenen Verbände einen Anteilsschein zeichnete. Alleine dadurch flossen dem Radio mit der Zeit 10 000 Franken zu. Hinzu kamen Dutzende weitere Genossenschafter, viele davon Privatleute. Aber auch der Kanton Basel-Landschaft schoss gleich einmal 50 000 Franken ein, davon 10 000 Franken als Genossenschaftskapital und 40 000 Franken aus dem Lotteriefonds (vgl. Recherchegespräche mit Marcel W. Buess vom 15. April und 7. Mai 2013 [Recherchegespräche MWB]).

[3] Basellandschaftliche Hypothekenbank, ab 1986 Regiobank beider Basel, 1992 Fusion mit der Sparkasse Basel, 1996 Integration in die Schweizerische Bankgesellschaft (SBG), 1998 UBS.

[4] Seit 29. Juni 1998 UBS.

sich um ein lokales Radio, also wurden die lokalen Banken abgeklappert. Im Schreiben an die angefragten Banken (Basellandschaftliche Hypothekenbank[3]; Basellandschaftliche Kantonalbank, Liestal; Schweizerische Bankgesellschaft, Liestal; Schweizerischer Bankverein, Sissach[4]; Schweizerische Kreditanstalt, Gelterkinden[5]; Schweizerische Volksbank, Pratteln[6]) wurde das Investitionsbudget für die ersten drei Monate sowie das Jahresbudget 1984 aufgeführt. Jede angefragte Bank stellte einen Kontokorrentkredit von 50 000 Franken zur Verfügung, ausser der Volksbank, die 25 000 Franken bereitstellte.[7]

Von Anfang an gelang es nicht, die betriebswirtschaftlich erforderliche Werbung zu akquirieren. Der damalige Werbevermarkter, *Othmar Wild* vom Orell-Füssli-Büro (Ofa) in Liestal, hatte die grösste Mühe, Werbezeit zu verkaufen – nicht zuletzt deshalb, weil Radio Raurach mit dem Sendestandort Sissacher Fluh nur im Oberbaselbiet empfangen werden konnte, der Stadtbasler Konkurrent Basilisk jedoch von der Chrischona in die ganze Nordwestschweiz sendete. Der damalige Vizepräsident des Verwaltungsrates und spätere Geschäftsführer, Marcel W. Buess, sagt heute im Rückblick, dass man «zu wenig realitätsbezogen und zu blauäugig» an die Sache herangegangen sei.

Bereits im Februar 1984 sank die Auslastung des konservativ budgetierten Werbevolumens auf 2,74 Prozent – das war schlicht eine Katastrophe. 1984, im ersten vollständigen Sendejahr, wurden gerade mal rund 61 000 Sekunden Werbung gesendet. Im Durchschnitt auf die Hauptsendezeiten gerechnet, waren das also noch nicht einmal 24 Sekunden Werbung pro Stunde[8] – oder ein Werbespot zur Prime-Time.[9]

Die Nerven lagen blank. So liess sich Karl Flubacher in einem vertraulichen Gespräch mit einem Journalisten von Radio 24 zur Aussage hinreissen, Raurach werde wohl bald den Betrieb einstellen müssen.[10]

## «Reptilienfonds»: Die BaZ steigt klandestin ein

Angesichts des drohenden Endes lud Flubacher an einem Freitagnachmittag im März 1984 einige illustre Gäste zu sich nach Hause in Läufelfingen ein.[11] Klandestin und hinter verschlossenen Türen traf er sich im Vorfeld der Verwaltungsratssitzung vom gleichen Tag mit Marcel W. Buess, Rechtsprofessor und BaZ-Verleger *Hans-Rudolf Hagemann* sowie dem damaligen BaZ-CEO *Erich Reber*. Wie Buess heute sagt, zeigten sich Hagemann und Reber «ausserordentlich frustriert» darüber, dass das BaZ-Projekt Radio Rhywälle bei der Konzessionsvergabe nicht zum Zug kam, sondern Christian Heebs Radio Basilisk. Ordnungs- und medienpolitisch hätten sie darum kein Interesse daran, Raurach untergehen zu lassen.

5 Heute Credit Suisse.

6 Seit 1993 Credit Suisse.

7 Schreiben an die anvisierten Geldgeber, die Baselbieter Bankinstitute, von Marcel W. Buess vom 6. September 1983. Budgetiert wurden für die ersten drei Monate 410 000, für das ganze Jahr 750 000 Franken. Bereits zu diesem Zeitpunkt zeigte sich, dass auf allen Seiten viel Enthusiasmus vorhanden war – aber wenig Know-how. Denn am Schluss des Briefes folgt ein Post Scriptum: «Dieses Budget gilt sicher für das erste Geschäftsjahr. Je nach der Entwicklung der Werbeeinnahmen werden im Besonderen im Bereich der Personalkosten Anpassungen vorgenommen werden müssen, sodass dieser Posten ab dem zweiten Geschäftsjahr durchaus höher ausfallen kann.»

8 Jahresbericht des Verwaltungsrats für das Geschäftsjahr 1984.

9 Unzählige Werbesekunden wurden damals in sogenannten Gegengeschäften verbucht, ohne dass eigentliches Geld in den Radiosender floss.

10 Die entsprechende Meldung in der Presse liess nicht lange auf sich warten. Die Associated Press verkündete am 15. März 1984 den nahen Tod des Baselbieter Senders. An der Verwaltungsratssitzung am kommenden Tag soll Gast Christian Heeb, Inhaber und Chef von Radio Basilisk, gesagt haben, Roger Schawinski von Radio 24 habe alles Interesse daran, in Bern eine Lokalradio-Leiche zu präsentieren, um den Forderungen nach einer gesetzlichen Lockerung der Werberestriktionen Nachdruck zu verleihen.

11 Recherchegespräche MWB.

12 Im Protokoll der VR-Sitzung vom 16. März 1984 heisst es sybillinisch, private Kreise, die ungenannt bleiben wollten, hätten sich gegenüber Flubacher bereiterklärt, Radio Raurach «Überbrückungskapital in Darlehensform» zu gewähren.

13 Bankauszug Basellandschaftliche Hypothekenbank vom 18. Mai und Überweisungsorder vom 17. Mai 1984.

14 Als Gegenleistung sendete Radio Raurach laut Marcel W. Buess Werbespots über Lehrstellenförderung.

15 So wollte der damalige SP-Landrat und Raurach-Verwaltungsrat Walter Leber 1986 im Baselbieter Parlament mit einer Motion beantragen, dem Sender 400 000 Franken, in Form eines befristeten, zinslosen Staatsdarlehens, zur Verfügung zu stellen. Zwar reichte der Sissacher Lehrer seinen Vorstoss mangels politischer Unterstützung nicht ein, dafür aber etwas später der Landrat und Präsident des Fördervereins «Pro Radio Baselland», Rudolf Andreatta. Obwohl die Regierung die Motion entgegennahm, zog auch Andreatta den Vorstoss zurück, nachdem Raurach selber rund 800 000 Franken über ein Konsortium auftreiben konnte.

16 VR-Protokoll 24. Februar 1986. Im Rundschreiben an den Verwaltungsrat schreibt der Delegierte Marcel W. Buess: «Anlässlich der letzten Sitzung konnten wir provisorisch den erfolgreichen Abschluss der verschiedenen Gespräche in Aussicht stellen. In der

Man sei bereit, ein Darlehen von 150 000 Franken zu gewähren. Die Auflage: Das BaZ-Engagement durfte nicht öffentlich werden – auch nicht gegenüber dem Verwaltungsrat von Radio Raurach.[12] Darum wurde das Geld laut Buess an ihn und Flubacher auf ein Sonderkonto, das intern als «Reptilienfonds» bezeichnet wurde, überwiesen – als Darlehen, über das nur Buess und Flubacher verfügen konnten und dafür die Verantwortung trugen. Zur weiteren Tarnung wurde der Betrag nicht direkt von der BaZ, sondern von der Treuhandfirma Fides im Auftrag der BaZ-Tochter Parventa Finanz- und Handelsgesellschaft überwiesen.[13]

Nur wenige Monate später war der Gewerbeverband an der Reihe, um dem Radio mit einer Finanzspritze von 30 000 Franken über die Runden zu helfen.[14] Natürlich reichte das Geld der BaZ und des Gewerbeverbands nirgends hin. Wie bereits zu Beginn sollte wieder die Politik herhalten.[15] Schliesslich konnten unter der Koordination von Nationalrat *Paul Wyss* (BS) via Handelskammer Basel 1987 über ein Konsortium fast 800 000 Franken aufgetrieben werden (vgl. Kasten).[16]

| **Finanzaktion 1987** | |
|---|---:|
| Ciba-Geigy | 200 000 |
| Hoffmann-La Roche | 150 000 |
| Sandoz | 150 000 |
| Bankverein | 150 000 |
| Atel | 150 000 |
| Bâloise | 25 000 |
| **TOTAL** | **775 000** |

Das Geld wurde in einen sogenannten Sonderfonds einbezahlt und stand auf Abruf bereit. Die Abwicklung erfolgte wieder über den «Reptilienfonds». Die Details kannten abermals nur Buess und Flubacher. Einbezahlt wurde das Geld auch nicht auf dem üblichen Weg via Banküberweisung. Stattdessen gab es von der Bank Sarasin ausgestellte Checks. Pikant: Es handelte sich um Inhaberchecks. Wer auch immer einen solchen in die Hände bekommen hätte, hätte voll darüber verfügen können. Laut Buess flossen aus diesem Fonds bis 1990 kontinuierlich finanzielle Mittel in den Betrieb.[17] Zudem erhielt der Sender erneut Geld als sogenannte Zuwendung. Diesmal waren es 30 000 Franken[18], die der Verband der Industriellen Baselland einschoss[19].

Auch betriebswirtschaftlich hatte sich die Lage nun ein klein wenig beruhigt. Um dies zu erreichen, machte Raurach gemeinsame Sache mit dem Basler

Rivalen Basilisk. So bildete man einen Werbepool, der von der Zürcher Werbeverkäuferin und ofa-Tochter Gong bewirtschaftet wurde.[20] Der Clou: Radio Raurach übertrug Gong das alleinige Recht für den Werbeverkauf in der Schweiz und im Ausland. Im Gegenzug gab es fixe Zahlungen: 165 000 Franken im ersten, 795 000 Franken im zweiten, 900 000 im dritten und 960 000 Franken im vierten Vertragsjahr.[21]

Kam hinzu, dass in der Zwischenzeit auch Reber aus dem BaZ-Verwaltungsrat ausgeschieden war. Das Darlehen von 1984 an Buess und Flubacher wurde von den Baslern abgeschrieben. Auch die Banken verzichteten im Zuge der VR-Finanz-Sanierungsinitiative 1986/87 auf je 60 000 Franken. So schloss Raurach die Rechnungen 1989 und 1990 im leicht positiven Bereich ab.

Zwischenzeit werden die ausstehenden Entscheide gefällt und wir dürfen mit Genugtuung feststellen, dass die Aktion in der Grössenordnung von rund Fr. 800 000 zustande gekommen ist (exklusive Bankenverzicht!). Diese Mittel werden uns bis 1989 jeweils in Jahrestranchen zufliessen. In Absprache mit dem Hauptmotionär Dr. Rudolf Andreatta – wollen wir am Mittwoch 12. August die Öffentlichkeit via Presse informieren, dass die Motion abgeschrieben werden kann und Radio Raurach auf ein staatliches Darlehen in aller Form verzichtet.»

17 Die letzte Tranche – rund 300 000 Franken – wurden laut Marcel W. Buess für den Umzug der Studios von Sissach an den Stadtmarkt in Liestal verbraucht.

18 Gemäss Protokoll vom 5. Juni 1986 handelte es sich um eine Spende von 30 000 Franken zuhanden Konto Übertragungswagen.

19 Der Verband der Industriellen Baselland fusionierte am 1. Januar 1997 mit der Handelskammer Basel zur Handelskammer beider Basel.

20 Pressecommuniqué vom 7. Oktober 1986: «Werbepool der Basler Lokalradios gegründet», 25. September 1986; laut Protokoll vom 26.6.1986 wurden damals die verschiedenen Möglichkeiten diskutiert. Vertragsabschluss mit Gong war am 1. September 1986.

21 Bericht von Marcel W. Buess z. Hd. VR: «Die Zukunft von Radio Raurach» vom 18. Mai 1987 und Pachtvertrag mit Gong vom 1. September 1986 / Nachtrag vom 4. September 1986.

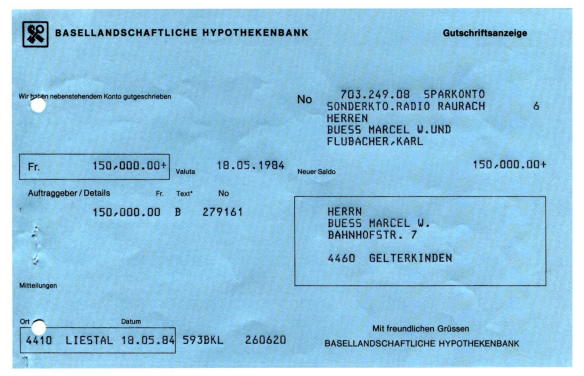

**Erstmals im Mai 1984 wurden einem Sonderkonto (intern «Reptilienfonds» genannt) 150 000 Franken überwiesen. Ausser Karl Flubacher und Marcel W. Buess durfte niemand wissen, von wem das Geld stammte – auch der Verwaltungsrat nicht. Verschleiert wurde auch die Transaktion selbst: So setzte die Basler Zeitung die Parventa Finanz- und Handelsgesellschaft Reinach als Absender des Geldes ein. Den Handel selber wickelte die FIDES Treuhandgesellschaft Basel ab.**

Am 27. Juli 1989 wurde vom Studio Sissach an das neue Domizil an der Rheinstrasse 16 in Liestal umgeschaltet. Das vom BaZ-Fotografen Peter Armbruster inszenierte Foto vom Umzug zeigt (von links): Meinrad Stöcklin, Chefredaktor Peter Küng, Verwaltungsratspräsident Karl Flubacher, Geschäftsführer Marcel W. Buess und Sekretärin Evelyn Lüscher.

## Radio Raurach wird Aktiengesellschaft

1991 markierte eine Wende beim notorisch klammen Sender. Eine Aktiengesellschaft wurde gegründet. Die bisherigen Genossenschafter wurden vollumfänglich in die neue Gesellschaft integriert. Es kamen 1,7 Millionen Franken Kapital zusammen. Erneut massgeblich mit an Bord: die Basler Zeitung (siehe Kasten).

Daniel Schindler, Journalist und ehem. Redaktor/Moderator Radio Raurach

### Radio Raurach Betriebs AG
Zusammensetzung des Aktienkapitals per September 1991[22]

| | |
|---|---:|
| Genossenschaft Radio Raurach | 384 200 |
| Basellandschaftliche Kantonalbank | 150 000 |
| Regiobank beider Basel | 150 000 |
| Telecolumbus AG, Baden | 124 000 |
| Basellandschaftliche Zeitung | 100 000 |
| Basler Zeitung | 100 000 |
| Chemische Industrie, vertreten durch die Basler Handelskammer | 100 000 |
| Rolf Eberenz, Reinach | 100 000 |
| Coop Schweiz | 50 000 |
| Direct Mail Company AG | 50 000 |
| Genossenschaft Migros Basel | 50 000 |
| Kantonaler Gewerbeverband Baselland | 50 000 |
| Regiobank beider Basel, z. Hd. öffentlicher Zeichnung nach Gründung | 50 000 |
| Verband Basellandschaftlicher Unternehmen | 50 000 |
| Volksstimme | 50 000 |
| Aare Tessin AG | 30 000 |
| Basler Woche Verlags AG | 30 000 |
| Schnelli AG/Birsfelder Anzeiger | 25 000 |
| Prattler Anzeiger Verlags AG | 25 000 |
| Elektra Baselland | 10 000 |
| Elektra Birseck | 10 000 |
| Verlag Hochuli AG | 10 000 |
| Mitglieder des Verwaltungsrats | 1 800 |
| **TOTAL** | **1 700 000** |

22 Aufstellung zuhanden Aktionärsversammlung vom 6. September 1991 und in der Folge zur Kenntnis genommen und als richtig befunden.

23 Recherchegespräch Jürg Schneider vom 4. April 2013.

24 Rücktrittsschreiben Andreatta (Archiv J. Schneider), Recherchegespräch Marcel W. Buess.

25 Handschriftlich adressiertes Schreiben an die Aktionäre, datiert mit Liestal im Juni 1994, von Rolf Lierau, dem Bevollmächtigten des VR. Darin nimmt er den VR in die Pflicht: «Der Gerichtsbeschluss muss als grosses Entgegenkommen gewertet werden für eine Unternehmung, die immer noch in der Versuchsphase steht. Dem Verständnis des Gerichts für die Besonderheit der Lage des Radio Raurach gebührt unser Dank und unsere Anerkennung. Dieses ausserordentliche Entgegenkommen des Obergerichts fordert aber uns Verwaltungsräte heraus, alles nur Erdenkliche zu tun, um uns des Vertrauens würdig zu erweisen: Radio Raurach braucht LIQUIDITÄT, um in den Genuss der Nachlassstundung zu kommen. Das heisst konkret, wir brauchen in den nächsten 2 Wochen ca. Fr. 200 000.–. Sind diese Mittel nicht aufzutreiben, bedeutet dies trotz Nachlassstundung Konkurs für Radio Raurach. Damit ist einer Verantwortlichkeitsklage gegen die Mitglieder des Verwaltungsrates die Türe geöffnet, und nach Lage der Dinge wird dieser Weg dann auch beschritten werden. Mit einer solchen Klage würde nicht nur politisch viel Porzellan zerschlagen werden, sondern auch das Objekt unseres Bemühens, Radio Raurach, zugrunde gehen. Finanziell steht auf dem Spiel, dass jeder

Plötzlich herrschte beim Sender so etwas wie Goldgräberstimmung. *Jürg Schneider*, Gründungsmitglied und damals im Verwaltungsrat bei Radio Raurach, erinnert sich: «Da kam auf einen Schlag viel Geld rein – sehr viel Geld. Einige Leute schienen dabei die Realität aus den Augen verloren zu haben und wurden übermütig.» Die finanziellen Mittel seien «wie Schnee an der Frühlingssonne geschmolzen». Unter anderem wurde kräftig in neue und teure Studiotechnik, sowie in eine ebenfalls teure EDV-Anlage investiert.[23]

Erschwerend kam hinzu, dass sich Werbevermarkterin Gong Anfang der 1990er-Jahre zurückzog. Damit mussten die Baselbieter Radiomacher die Werbung wieder selbst verkaufen. Doch warum sollte jetzt gelingen, was bereits am Anfang keinen Erfolg hatte? «Die Resultate unserer Verkaufsabteilung waren bei Weitem nicht ausreichend», sagt Buess heute. «Wir waren zu rasch gewachsen – und statt im Programm zu redimensionieren, bauten wir den Bereich teuer aus», räumt der damalige Geschäftsführer selbstkritisch ein. Die Folge: Ende 1993 wies Radio Raurach einen Verlustvortrag von 2,3 Millionen Franken aus – dies bei einem Aktienkapital von 1,7 Millionen. «Da wäre eigentlich der Gang zum Konkursrichter angezeigt gewesen», sagt Buess. Doch es kam anders. An der Verwaltungsratssitzung vom 28. April 1994 im «Engel» gab es einen Eklat: Verwaltungsratspräsident Andreatta verliess die laufende Sitzung und legte sein Amt per sofort nieder.[24] Geschäftsführer Buess folgte ihm.

Erneut drohte dem Radio das Aus. Verwaltungsrat *Rolf Lierau* informierte die Aktionäre über die Verschiebung der ordentlichen Generalversammlung für das Geschäftsjahr 1993.[25] Die zwei Inhaltspunkte: Nachlassstundung und Rettung der Sendekonzession. Am 5. Juli gewährte das Obergericht Baselland eine Nachlassstundung für zwei Monate.[26] Und die Stadt Liestal sprach dem Radio einen Beitrag à fonds perdu von 15 000 Franken zu[27] – angesichts der desolaten Finanzlage kaum mehr als eine Solidaritätsbekundung. Am 30. August wurde die Stundung bis zum 5. Januar 1995 verlängert, nachdem in letzter Sekunde am 30. August eine vom Gericht geforderte Bankgarantie von 600 000 Franken beigebracht werden konnte. Der Nachlassvertrag wurde am 7. September von der Gläubigerversammlung und per 29. November 1994 vom Obergericht genehmigt[28]. Die Nachlassdividende betrug gerade mal zehn Prozent des Saldos aller Ansprüche.

### Verwaltungsrat wird verkleinert und entpolitisiert

Nach dem Eklat im Verwaltungsrat wurde dieser radikal umgebaut und deutlich verschlankt.[29] Die neuen starken Männer an Bord: der Sissacher Metallbauer und Wirtschaftskammer-Präsident *Peter Tschudin*, der damalige BaZ-Finanzchef

*Peter Wyss* sowie *Martin Wagner*, Wirtschafts- und Medienanwalt. Wagner war auch für die Wirtschaftskammer tätig. «Das Sanierungsteam war eine kleine schlagkräftige Truppe», erinnert er sich heute.[30] Die Grundidee sei es gewesen, den Verwaltungsrat zu entpolitisieren. Darum habe man als interimistischen Geschäftsführer einen damals erfolgreichen Radiomanager an Bord geholt: *Christian Stärkle*, Geschäftsführer des finanziell gut aufgestellten Radio Argovia. Er sollte die erfolgreichen Marketingtools des Aargauer Senders auf Radio Raurach übertragen.

Das gelang laut Wagner aber nur teilweise: «Insbesondere dass Stärkle den Sekundenpreis für die Werbung massiv reduzierte, half betriebswirtschaftlich nicht weiter.» Woher das Geld damals sonst kam? Stärkle erinnert sich: «Eine erste Tranche erhielt man vom Bundesamt für Kommunikation, das den Anteil von rund 530 000 Franken am Gebührensplitting vorzeitig bezahlte.» Der Rest wurde von verschiedener Seite aufgetrieben, insbesondere *Hans Rudolf Gysin* habe damals beim Baselbieter Gewerbe «stark geweibelt».[31]

## 1,7 Millionen Kapitalschnitt – und wieder bezahlt die BaZ

Gerettet wurde der Sender in dieser Phase durch einen radikalen Kapitalschnitt. Die 1,7 Millionen Franken Aktienkapital wurden herabgesetzt, die Aktionäre verloren ihren Einsatz. Zeitgleich wurde das Aktienkapital gleich wieder auf 1,7 Millionen aufgestockt (vgl. Beitrag «Der berühmte seidene Faden» von Christian Stärkle, S. 112).[32] Brisant: Der entscheidende Geldbetrag kam erneut von der Basler Zeitung, die sich bereits zweimal an Raurach die Finger verbrannt hatte. Aus purer zeitlicher Not heraus überwies BaZ-Finanzchef Peter Wyss den Betrag von sich aus an Radio Raurach – ohne das Wissen Hagemanns. Damit gehörte der Baselbieter Sender kurzzeitig vollständig der BaZ-Gruppe. Das Donnerwetter an der Hochbergerstrasse, dem Sitz der BaZ, sei gewaltig gewesen, erinnert sich Wagner. Wyss sei zitiert worden, man habe ihm mit dem Rausschmiss gedroht. Denn die BaZ wollte nie Radio Raurach besitzen, sondern Radio Basilisk. (vgl. Beitrag «Das Landradio und die Stadtzeitung» von Christian Mensch, S. 156).[33]

Die Kohlen aus dem Feuer holte Martin Wagner, damals Chef des Rechtsdienstes bei der BaZ, indem er seinen Kollegen *Bernhard Burgener* von Highlight Communications zu Hilfe rief. Dieser habe eine Mehrheit der Aktien übernommen, die Minderheit habe man «an einem Nachmittag an Freunde und zugewandte Orte» verkauft, sagt Wagner heute. Der Sender wurde umbenannt in Radio Edelweiss[34], wechselte mehrmals den Besitzer – und immer mal wieder den Namen. Weil die BaZ trotz mehrmaliger Anläufe nicht an Christian Heebs Basi-

Verwaltungsrat mit FR. 15 000.– bis Fr. 20 000.– zur Kasse gebeten werden kann (heutiger Kenntnisstand). Ich fordere Sie daher auf, unmittelbar und sofort die dringendsten Mittel aufzutreiben, ansonsten die Konsequenzen recht unangenehm ausfallen werden.»

26 Revisorenbericht KMPG-Fides, 29. Mai 1995.

27 Briefverkehr in Kopieform (Archiv J. Schneider).

28 Bericht Revisionsstelle Ramseier Treuhand AG vom 24. Oktober 1994 sowie Geschäftsbericht 1994.

29 Per Generalversammlung vom 7. Dezember 1994 trat der ganze bisherige VR zurück. Darunter räumten, neben Andreatta und Buess, die ehemaligen politischen und teils auch wirtschaftlichen Schwergewichte Hans Rudolf Gysin, Mathis Lüdin, Hans-Rudolf Nebiker, Robert Piller, Jacques Gunzenhauser, Rolf Eberenz und Alfred Peter sowie Liselotte Schelble, Rolf Lierau, Roger Thiriet, Markus Bürgin, Reinhard Zeindler und Jürg Schneider ihren Platz (Handelsregister des Kantons Basel-Landschaft, 6. März 1995).

30 Recherchegespräch Martin Wagner, 30. April 2013.

31 Recherchegespräch Christian Stärkle, 5. April 2013.

32 Recherchegespräch Christian Stärkle, 5. April 2013.

33 Recherchegespräch Martin Wagner, 30. April 2013.

34 Handelsregister der Kantons Basel-Landschaft, 12. Februar 1996.

lisk herankam, und dieser schliesslich an die Zürcher Tamedia verkaufte, reichte Burgener das Baselbieter Radio im Jahr 2002 wieder an die BaZ zurück[35], die es in Radio Basel 1[36] umbenannte. Das Rebranding war wenig erfolgreich, schliesslich gab die BaZ den Sender 2009 an Christian Heeb weiter, der den Standort nach Basel verlegte und den Sender in Radio Basel umbenannte.[37] Es sollte ein Radio werden, das mit einem 5-Millionen-Budget (TA vom 23. Oktober 2009) mit 22 Mitarbeitenden ein Programm für Erwachsene senden würde. Im Rückblick scheint es, als sei das Baselbieter Radio hin und her gereicht worden – genau wie bei einem Schwarzpeter-Spiel.

Heeb bezahlte teuer. Ende 2010 kam es zu einer Kapitalherabsetzung von 850 000 auf 0 Franken. Zeitgleich wurde das Aktienkapital um 5 Millionen aufgestockt.[38] Mit an Bord waren damals unter anderem auch *Franz C. Widmer*, langjähriger Chefredaktor der Basellandschaftlichen Zeitung, bz-Verleger *Mathis Lüdin* sowie der deutsche Medien- und Touristikunternehmer *Karlheinz Kögel*. Das Projekt scheiterte. Zu teuer. Kögel übernahm die Anteile von Heeb. Die Idee eines Radios für Erwachsene war gestorben. Der Sender ging an Ringier, der daraus Energy Basel machte, das am 13. Januar 2012, quasi in fünfter Generation, auf Sendung ging.[39]

Um die finanzielle Situation rankten sich auch in jüngerer Zeit zahlreiche Gerüchte. So berichtete etwa das Internetportal Online Mediennews im Juli 2012, das Radio habe im Vorjahr unter dem Label Radio Basel zehn Millionen Franken Verlust geschrieben.[40] Und die bz Basel berichtete unter Berufung auf Kreise aus dem Radio, Karlheinz Kögel habe jeden Monat 300 000 Franken einschiessen müssen, nur um den Sender am Laufen zu halten. Insgesamt weise die Gruppe einen Verlust von rund 10 Millionen Franken aus. Kögel verzichte auf eine Millionenforderung.[41] Diese Zahlen hat Christian Heeb jedoch stets heftig dementiert. Auch im Interview in diesem Buch (vgl. «Als wir kamen, haben wir Basel zur Hauptstadt der Welt erklärt» S. 74) spricht er von einem Verlust von rund zwei Millionen Franken, die sein Sender gemacht habe.

**Millionen verbrannt**
Heute steht fest: Wer immer mit dem Sender zu tun hatte, verbrannte sich die Finger: In den ersten Jahren waren es die lokalen Banken, Industrie- und Gewerbebetriebe sowie Verbände, und schon früh konnte auch die BaZ ihre finanziellen Beteiligungen vergessen. Dann kamen die Aktionäre der Radio Raurach Betriebs AG an die Reihe. Und schliesslich mussten sogar die Medienprofis Christian Heeb und Karlheinz Kögel entnervt das Handtuch werfen.

35 Handelsregister der Kantons Basel-Landschaft, 12. November 2002.

36 Handelsregister der Kantons Basel-Landschaft, 3. Oktober 2003.

37 Handelsregister der Kantons Basel-Landschaft, 2. November 2009.

38 Handelsregister der Kantons Basel-Landschaft, 25. Februar 2011.

39 Radioszene.de vom 10. Januar 2012.

40 Online Media News 2. Juli 2012.

41 bz Basel, 8. Juli 2012.

Den Grund für das ständige Schlingern ortet Wagner darin, dass der Sender von Anfang an falsch konzipiert war, nämlich als ein politisches statt ein kommerzielles Projekt: «Lange war der Verwaltungsrat beinahe wie der Bankrat einer Kantonalbank bestückt.» Doch es brauche Medienprofis, auch im Verwaltungsrat. «Und vor allem darf man nicht dauernd den Namen ändern. Wenn eine Marke einmal steht, sollte man sie nicht mehr umbenennen», so Wagner.[42]

Wie das vorliegende Kapitel deutlich macht, wurde mit dem Sender über die Jahre ein Vermögen verbrannt – je nach Rechnungsart und Sichtweise zwischen 20 und 30 Millionen Franken. Pikant: Um die ersten rund drei bis vier Millionen Franken aufzuzehren, benötigten die Radio-Laien aus dem Baselbiet mehr als zehn Jahre. Ein Vielfaches davon wurde erst danach in den Sender gesteckt.

42 Recherchegespräch Martin Wagner, 30. April 2013.

# Der berühmte seidene Faden

Auch dank Radio Argovia kam für Radio Raurach die Rettung vor dem Konkurs im letzten Moment.
*Von Christian Stärkle*

Freitag, 6. Mai 1994: Im Hotel Engel in Liestal stellt der Verwaltungsrat der Radio Raurach Betriebs AG die Weichen für die Zukunft. Geschäftsführer Marcel Buess leitet den ersten Teil der Sitzung, Rolf Lierau notgedrungen den zweiten. Entschuldigt sind neben Präsident *Rudolf Andreatta* die anderen Mitglieder *Rolf Eberenz, Jacques Gunzenhauser, Hans-Rudolf Nebiker* und *Jürg Schneider*. Anwesend sind *Hans Rudolf Gysin,* Rolf Lierau, *Mathis Lüdin, Alfred Peter, Robert Piller, Liselotte Schelble, Roger Thiriet* und *Reinhard Zeindler*.[1]

Marcel Buess berichtet dem Gremium, dass die Geschäftsleitung die Kontrolle über die Finanzen und das Personal weitgehend verloren habe. Die April-Gehälter von *André Moesch, Hans-Ueli Zürcher* und jenes von ihm selber seien nicht bezahlt. Im Weiteren fordert Buess den Verwaltungsrat auf, auf die negativen Veröffentlichungen in den Medien zu reagieren und zu deklarieren, dass die Verkaufsabteilung absolut intakt sei. Der Rumpfverwaltungsrat erfährt weiter, dass sich die AHV-Ausstände aus den Jahren 1993 und 1994 auf über 125 000 Franken belaufen.

Die Lage war also sehr ernst. Tage zuvor, am 28. April 1994, war es an der (nicht protokollierten) Verwaltungsratssitzung zum grossen Eklat gekommen: Rudolf Andreatta trat als Präsident per sofort zurück, und so bestimmte der Verwaltungsrat an der Sitzung vom 6. Mai als Interimspräsidenten bis zur Generalversammlung Rolf Lierau. Seine Bezeichnung lautete gemäss Protokoll «Bevollmächtigter des Verwaltungsrates». Er hält denn auch fest, dass das Radio grundsätzlich saniert werden müsse, dies aber innerhalb von zwei Monaten nicht möglich sei.

Hans Rudolf Gysin beantragt, ein Aussenstehender müsse einen umfassenden und lückenlosen Status von der Radio Raurach Betriebs AG erstellen; er schlägt den Direktor der BTG Treuhand AG in Basel, Urs Baumann, vor. Er res-

[1] Verwaltungsratsprotokoll vom 6. Mai 1994.

pektive der Gewerbeverband Baselland würden für die Kosten bis zur Höhe von 10 000 Franken aufkommen (sie betrugen im Endeffekt ein Mehrfaches).

Der Verwaltungsrat stimmt diesem Antrag zu und der interimistische Präsident Rolf Lierau stellt die Zahlungsprioritäten klar: erstens AHV-Beiträge und Sozialleistungen, zweitens Gehälter der fest angestellten Mitarbeitenden und drittens Ausgaben, die zur Aufrechterhaltung des Betriebes unabdingbar sind. Zum Abschluss der Sitzung deklariert Gysin, dass das Gewerbe bereit sei, bei einer Sanierung von Radio Raurach mitzuwirken, sofern es eine reelle Möglichkeit gäbe, das Radio weiterzuführen. Nach rund vier Stunden ist die denkwürdige Sitzung vorüber; vereinbart wird absolutes Stillschweigen.

Christian Stärkle, Unternehmer und ehem. interimistischer Geschäftsleiter Radio Raurach

## Was der Verwaltungsrat am 6. Mai (noch) nicht wusste

Der Verwaltungsrat kannte die Finanzproblematik. Noch nicht klar war damals, ob der Grund dafür die mangelnden Einnahmen waren oder eine zu grosszügige Ausgabenpolitik. Wie so oft lag die Wahrheit in der Mitte. Auffallend waren zwei Dinge: die relativ geringen Löhne und die Spesenabrechnungen. So wurden folgende Aufwendungen gefunden:[2]

| Datum | Betrieb | Ort | Betrag in Fr. |
|---|---|---|---|
| 27.02.1993 | Red Rose Nightclub | Basel | 760.00 |
| 26.03.1993 | Restaurant Rössli | Augst | 980.00 |
| 08.04.1993 | Cigarren Weber | Zürich | 570.00 |
| 30.04.1993 | Dirndl Ecke | München | 659.20 |
| 30.04.1993 | Dirndl Ecke | München | 658.75 |
| 02.05.1993 | Dürnbräu | München | 543.15 |
| 17.05.1993 | Fitness+Sauna Handschi | Basel | 330.00 |
| 21.05.1993 | Nachtclub Copacabana | Rheinfelden | 1 092.40 |
| 21.05.1993 | Nachtclub Copacabana | Rheinfelden | 182.05 |
| 21.05.1993 | Nachtclub Copacabana | Rheinfelden | 728.25 |
| 29.05.1993 | High Sol. | Basel | 1 000.00 |
| 30.05.1993 | Golden Pascha | Wehr | 724.00 |
| 30.05.1993 | Golden Pascha | Wehr | 2 534.00 |
| 30.05.1993 | Golden Pascha | Wehr | 5 792.00 |
| 26.08.1993 | Fitness+Sauna Handschi | Basel | 1 050.00 |
| 20.10.1993 | High Sol. | Basel | 275.00 |
| 18.11.1993 | Singerhaus Night Club | Basel | 260.00 |
| Total | | | 18 138.80 |

2 Kontoauszüge der Eurocard vom 20. März 1993 bis 19. November 1993. Die Details sind dem Autor bekannt. Aufgrund des Persönlichkeitsschutzes werden sie aber nicht veröffentlicht.

Grundsätzlich kann es egal sein, wo und zu welchem Zeitpunkt von wem wie viel Spesen gemacht werden. Sie sind aber dann relevant, wenn ganze Gewerborganisationen – in diesem Fall jene aus dem Kanton Basselland, die sich beim Sender stark engagierten – und insbesondere die Gebührenzahler (Radio Raurach erhielt zu jenem Zeitpunkt 1994, 306 818 Franken Gebühren- und Subventionsgelder) tangiert werden.[3] Im konkreten Fall ist klar, dass gemäss Subventionsgesetz mit diesen Geldern keine privaten Interessen hätten befriedigt werden dürfen. Zudem stellt sich die Frage, ob nicht die Aktionäre in ihren Vermögensrechten geschmälert wurden.

Wie dem auch sei: Ebenfalls wusste der Verwaltungsrat nicht, dass Schweizer Radio DRS den Programmübernahme-Vertrag mit der Radio Raurach Betriebs AG am 5. Dezember 1994 künden würde.[4] Zu jenem Zeitpunkt übernahm Raurach in seinem Programm die DRS-Nachrichten. Damit stand fest, dass Radio Raurach nun das Programm auf den 1. Januar 1995 ändern und ab diesem Zeitpunkt die Nachrichten selbst produzieren oder von einem andern Dritten übernehmen müsste. Auch wusste der Verwaltungsrat zu jenem Zeitpunkt noch nicht, dass die Jahresrechnung 1993 mit einem Bilanzverlust von 2,362 Millionen Franken zu genehmigen sein würde.[5]

**Nachlassstundung: Das Gesuch**

In dieser Situation gab es zwei Optionen: den Konkurs oder den Nachlass. Doch aufgrund des politischen Willens des Kantons Basel-Landschaft und des kantonalen Gewerbes gab es einen einzigen gangbaren Weg: das Gesuch um gerichtliche Nachlassstundung. So wurde am 21. Juni 1994 das Gesuch um Nachlassstundung beim Obergericht des Kantons Basel-Landschaft eingereicht. Vertreten wurde die Radio Raurach Betriebs AG durch die Advokatur Bürgin, Schaub, Wagner & Zimmermann, Basel.[6] Dem Gesuch lagen folgende Rechtsbegehren zugrunde: «1. Es sei der Gesuchstellerin gemäss Art. 295 SchKG eine Nachlass-Stundung von vorerst vier Monaten zu bewilligen. 2. Es sei Urs Baumann, Direktor der BTG Treuhand Basel, als Sachwalter zu bestellen.»

Begründet wurde das Gesuch damit, dass der provisorische Jahresabschluss für das Geschäftsjahr 1993 eindeutig aufzeige, dass die Gesuchstellerin massiv überschuldet sei und deswegen die Bilanz deponieren müsse. Auch abgesehen von den notwendigen Wertberichtigungen, welche der Treuhänder habe vornehmen müssen, habe die Gesuchstellerin von Anfang an bis heute stets mit erheblichen Verlusten gearbeitet. Der operative Verlust 1993 müsse mit schätzungsweise rund 400 000 Franken veranschlagt werden.

3 Verfügung des Bakom vom 29. August 1994.

4 Kündigung vom 5. Dezember 1994. Doch schon im Juni 1992 wusster der Verwaltungsrat, dass DRS die Zusammenarbeit gelegentlich zu Künden gedenkt.

5 Traktanden und Anträge zur ordentlichen Generalversammlung der Radio Raurach Betriebs AG vom 7. Dezember 1994.

6 Gesuch um Nachlassstundung beim Obergericht des Kantons Basel-Landschaft vom 22. Juni 1994 in Sachen Radio Raurach Betriebs AG.

Der erste Verwaltungsrat nach Abschluss des Nachlassverfahrens (von links): Peter Tschudin, Martin Wagner, Peter Wyss und Christian Stärkle. Letzterer wurde auf Betreiben der Basler Zeitung nie im Handelsregister eingetragen.

### Nachlassstundung: Der Entscheid des Obergerichts

Das Obergericht entschied nach nur zwei Wochen.[7] Es fasste den Sachverhalt ausführlich zusammen. Das Gericht hielt u. a. fest, dass das Grundkapital 1,7 Millionen Franken betrage, bestehend aus 17 000 voll liberierten Namenaktien zu 100 Franken. Der Abschluss für das Geschäftsjahr 1991 habe einen Verlust von knapp 233 000, und jener fürs Folgejahr gegen 453 000 Franken betragen. Unter Berücksichtigung des Verlustvortrags aus dem Vorjahr habe sich ein Bilanzverlust von 686 000 Franken ergeben.

Zahlreiche Indizien hätten beim Verwaltungsrat Zweifel aufkommen lassen, ob die Zielsetzung einer ausgeglichenen Rechnung per 1994 erreicht werden

[7] Beschluss des Obergerichts des Kantons Basel-Landschaft vom 5. Juli 1994 (Verf. 34-94/370; D94/146) in Sachen Radio Raurach Betriebs AG betreffend Nachlassstundung.

könne, schreibt das Obergericht weiter. Im Gegenteil seien am Anfang des Geschäftsjahres 1994 die finanziellen Probleme und die damit verbundenen administrativen und organisatorischen Mängel offenkundig geworden. Auch die Medien hätten die schlechte finanzielle Lage ausführlich geschildert. Urs Baumann, Direktor der BTG Treuhand Basel, sei vom Verwaltungsrat beauftragt worden, das Rechnungswesen der Gesuchstellerin genau zu prüfen mit dem Ziel, möglichst rasch den provisorischen Abschluss für das Geschäftsjahr 1993 und einen möglichst aktuellen Status zu erstellen.

Beim provisorischen Abschluss für das Geschäftsjahr 1993 habe Baumann die auf Grund seiner Kontrollen gewonnenen Erkenntnisse berücksichtigt, was zu massiven Wertberichtigungen geführt und das Resultat verschlechtert habe. Im Weiteren, so das Gericht, habe Baumann die Ausstände zusammengestellt und einen approximativen Status per 20. Juni 1994 sowie ein Budget nach Sanierung erstellt. Auf Grund des provisorischen Abschlusses 1993 zeige sich eindeutig, dass die Radio Raurach Betriebs AG heute massiv überschuldet sei und die Bilanz beim Richter deponieren müsste.

Obwohl die Radio Raurach Betriebs AG an sich den Konkurs anmelden müsste, hätten sich aus dem Kreis verschiedener Grossaktionäre Bestrebungen gezeigt, sie zu sanieren und weiterzuführen. Ins Auge gefasst werde ihre Weiterführung in der jetzigen Form und Durchführung eines Nachlassverfahrens mit Prozentvergleich. Für die Weiterführung des Betriebs solle die Struktur verbessert und effizienter gestaltet werden, insbesondere müsse der Verwaltungsrat wesentlich verkleinert werden. Auch wolle man sich auf weniger Grossaktionäre als bisher konzentrieren. Weiter müsse ihr das für einen Neustart notwendige Betriebskapital zugeführt werden.

Das Obergericht hielt weiter fest, dass die Löhne der Mitarbeitenden während der Nachlassstundung aus dem Betriebsertrag bezahlt würden. Die gegenüber den 16 angestellten Personen erfolgte vorsorgliche Kündigung ermögliche eine flexible Personalpolitik und entsprechende Einsparungen. Die Bezahlung der Zweitklass-Forderungen der AHV, der FAK, der BVG-Versicherung und der UVG- und KTG-Versicherung in der Höhe von rund 258 000 Franken werde durch eine unwiderrufliche Bankgarantie, die von einem oder mehreren Grossaktionären beigebracht werde, sichergestellt. Dritt- und Viertklass-Forderungen bestünden keine. Für die Fünftklass-Forderungen würde eine Dividende von 10 Prozent offeriert. Gemäss Kreditorenliste und Status beliefen sich diese auf Grund eines inoffiziellen Schuldenrufs des Treuhänders auf 1,185 Millionen Franken.

## Das Radio als staatspolitische Notwendigkeit

Das Obergericht erkannte die Sachlage und die politische Situation. Und es akzeptierte die staatspolitische Notwendigkeit, dass eine direkte Demokratie zur Meinungsbildung Medien braucht. Das Obergericht erwähnte dies in seinen Erwägungen zwar nicht explizit. Seine Erwägungen lassen aber diesen Schluss zu: «Zugunsten der Gesuchstellerin fällt weiter ins Gewicht, dass es sich bei ihr nicht einfach um eine kommerzielle Firma handelt, sondern um eine Institution, die einen festen Sitz im Kulturleben des Kantons Basel-Landschaft hat. Das Verschwinden von Radio Raurach würde von einer breiten Öffentlichkeit bedauert.»

Und weiter heisst es im Urteil des Gerichts: «Es ist auch zu beachten, dass im Fall eines Konkurses eine allfällig danach gebildete Auffanggesellschaft höchst wahrscheinlich nicht damit rechnen könnte, dass ihr die Betriebskonzession erteilt wird. Im Weiteren könnte, wenn auch eine Redimensionierung im Personalbereich unumgänglich ist, bei Fortführung der Gesuchstellerin, ein erheblicher Teil der bei ihr bestehenden Arbeitsplätze erhalten bleiben.»

«Trotz grosser Bedenken», wie es hiess, kam das Obergericht «in Berücksichtigung der kulturellen Bedeutung» des Senders zum Schluss, der Gesuchstellerin noch eine Chance einzuräumen.[8] Der Entscheid im Wortlaut: «1. Der Radio Raurach Betriebs AG wird die Nachlassstundung bewilligt für zwei Monate. 2. Als Sachwalter wird eingesetzt: Urs Baumann, Betriebsökonom HWV und Direktor der BTG Treuhand, c/o BTG Treuhand, Wallstr. 1, Postfach, 4001 Basel. 3. Der Sachwalter hat sich für seine Kosten separat Deckung zu verschaffen.»[9]

## Neue Mittel, höhere Erträge ...

Fieberhaft suchte eine kleine Gruppe um Verwaltungsrat und Nationalrat Hans Rudolf Gysin nach neuen Investoren und auch nach möglichen Geschäftsführern. Unter diesem Aspekt kam es am Abend des 12. Juli 1994 im Haus des Gewerbes in Liestal zu einer Besprechung zwischen Eduard Greif, Peter Tschudin, Hans Rudolf Gysin, Martin Wagner und Christian Stärkle.

Folgende Themen wurden angegangen und entsprechende Beschlüsse gefasst:[10]
1. Man war sich einig, die Betriebskonzession erhalten zu wollen, was aber mit einer Auffanggesellschaft nicht gehen würde. Radio Raurach müsse um jeden Preis gerettet werden.
2. Über den Köpfen der «Retter von Raurach» schwebte ein Damoklesschwert: Man befürchtete, das Radioteam könne unter Umständen die Arbeit niederlegen und so den Sender lahmlegen. Für diesen Worst Case wollte man sich

[8] Beschluss des Obergerichts des Kantons Basel-Landschaft vom 5. Juli 1994 (Verf. 34-94/370; D94/146) in Sachen Radio Raurach Betriebs AG betreffend Nachlassstundung; 6 f.

[9] Beschluss des Obergerichts des Kantons Basel-Landschaft vom 5. Juli 1994 (Verf. 34-94/370; D94/146) in Sachen Radio Raurach Betriebs AG betreffend Nachlassstundung; 7.

[10] Beschlussprotokoll vom 12. Juli 1994.

Gewerbeverbandsdirektor und Nationalrat Hans Rudolf Gysin (FDP) war die treibende Kraft hinter der IG zur Rettung von Radio Raurach.

11 Präsentation der KPMG Fides vom 1. September 1994.

absichern. Radio Argovia sicherte zu, sein Programm für eine bestimmte Zeit zur Verfügung zu stellen und Personal auszubilden.

3. Eduard Greif, so glaubte man in der Runde gemäss Protokoll, wäre ein geeigneter Geschäftsführer; er müsse nur durch Christian Stärkle aufgebaut werden.
4. Der Gewerbeverband Baselland wollte sein Potenzial vollumfänglich zur Verfügung stellen.

In der Zwischenzeit bildete sich unter der Führung von Hans Rudolf Gysin definitiv eine Interessensgemeinschaft zur Erhaltung von Radio Raurach. Die Gründungssitzung fand am 20. Juli 1994 statt. Die IG hatte zum Ziel, die Rettung von Radio Raurach bzw. der Betriebs AG im Auftrag des Verwaltungsrates aktiv an die Hand zu nehmen. Als Motor der IG fungierten die Hauptinitianten *Peter Tschudin* (Sissach), Hans Rudolf Gysin (Pratteln) und der Jurist *Martin Wagner* (Maisprach). Als Know-how-Lieferanten engagierten sie zusätzlich noch *Christian Stärkle*, den Geschäftsführer von Radio Argovia. Dieses Quartett versuchte nun das Schiff Radio Raurach wieder flottzumachen. Bei der IG waren zudem die Hauptaktionäre sowie Vertreter der Basler Wirtschaft (Gewerbeverband Baselland, Regiobank beider Basel, Basellandschaftliche Kantonalbank, Basler Zeitung usw.) vertreten.[11]

Es waren drei verschiedene Betätigungsfelder zu bearbeiten, um die Zukunft von Radio Raurach zu sichern: die Neugeldbeschaffung, die Ertragssteigerung sowie die Programmänderung. Bezüglich der Beschaffung von neuen Mitteln war das Ziel klar: Das Aktienkapital von 1,7 Millionen Franken musste abgeschrieben werden und im gleichen Zeitrahmen wieder auf denselben Betrag erhöht werden – ein nicht ganz leichtes Unterfangen im Lichte des dannzumaligen Rufes von Radio Raurach. Das Konzept Radio Basilea hielt aber Ende August

1994 Folgendes fest: «Es ist festzuhalten, dass mehr Interessenten vorhanden als Aktien zu vergeben sind.»[12]

Unter der Leitung von Hans-Ueli Zürcher musste der Ertrag bei Radio Raurach praktisch per sofort gesteigert werden. Mit einer derartigen Presse um den Nachlass usw. war dies nicht ganz einfach. Trotz allem, Zürcher und seine Crew machten einen hervorragenden Job. Sie steigerten den Ertrag aus dem Verkauf von Werbezeit im regionalen Bereich um knapp 12 Prozent per Ende Juli 1994 mit rund 800 000 Franken gegenüber dem Vorjahr (715 000 Franken). Bemerkenswert ist dies vor allem, weil die nationalen Werbeeinnahmen in der gleichen Zeitperiode nur noch 184 000 Franken betrugen; dies entsprach einem Rückgang von rund 26 Prozent. Der lokale Markt musste also die nationalen Einbussen wettmachen.[13] Dies gelang, und auch die laufenden Kosten konnten aus dem Ertrag gedeckt werden.

## … und ein verbessertes Programm

Die Umbenennung von Radio Raurach in «101,7» war eine von vielen Massnahmen, mit denen die Radiomacher in Liestal eine neue Ära einläuten wollten. Sie waren überzeugt: Nach den stürmischen Zeiten waren die Hoffnungen auf einen positiven Neuanfang berechtigt.

«Das Baselbiet ohne 101,7 wäre wie das Wallis ohne Matterhorn», «Macht weiter so», «Ihr seid super»: Ein Hörertag am 1. Juni 1994 zeigte den Radiomachern in Liestal eine tiefe Verbundenheit ihrer Hörerschaft und eine in dieser Form noch nie da gewesene Sympathiebekundungen für das krisengeschüttelte Lokalradio. Rund 1500 Hörer griffen nach Angaben der PTT an diesem Tag zum Telefon, um der «Stimme für das Baselbiet» Mut zuzusprechen. Doch nur etwa zweihundert Raurach-Treuen gelang es, ihre guten Wünsche über den Sender tatsächlich loszuwerden. Viele übermittelten Anregungen und Ratschläge auch per Fax an die Redaktion. «Was soll man denn sonst hören?», fragte ein verzweifelter Raurach-Fan.

Für einen Hörer aus Lampenberg war die Sachlage klar: «Nid abbaue, sondern usbaue.» Davon konnte Chefredaktor André Moesch im Moment jedoch nur träumen.

Als bisher schwärzester Tag dürfte wohl der 5. Juli 1994 in die Raurach-Geschichte eingegangen sein: Dass dem Lokalsender die Nachlassstundung gewährt wurde, werteten die Radiomacher nämlich als politischen Entscheid, der wohl kaum einem anderen Unternehmen in ähnlich desolatem Zustand gewährt worden wäre.

Die Wochen unmittelbar vor und nach der Nachlassstundung erwiesen sich

12 Konzept Radio Basilea, Christian Stärkle, vom 30. August 1994, 5f.

13 Wochenmeldung Umsätze Radio Raurach per 31. Juli 1994 von Hans-Ueli Zürcher.

aus finanzieller Sicht als ausserordentlich schwierig. Sämtliche Gelder aus den Werbeeinnahmen mussten zur Tilgung der Schulden aufgewendet werden. Es gab auch schier ausweglose Situationen – etwa als die Elektra Sissach drohte, den Strom abzustellen oder die PTT die Annahme sämtlicher Post verweigerte.

Die Mitarbeitenden erhielten ihre Löhne entweder verspätet oder in Raten. Der Juli-Lohn 1994 war das erste Gehalt seit Monaten, das pünktlich und vollumfänglich ausbezahlt werden konnte. Die ausgebliebenen oder verspäteten Lohnzahlungen waren für die Mitarbeitenden jedoch kein Grund, die Arbeit beim Baselbieter Sender einzustellen.

Das Programm konnte entsprechend angepasst werden. Die Programmschaffenden identifizierten sich zu 100 Prozent mit dem Baselbieter Radio, was unter den gegebenen Umständen nicht einfach selbstverständlich war. Und es bewarben sich sogar neue Leute.[14]

### Die Zeit nach der Nachlassstundung

Am 23. September 1994 verkündete Sachwalter Urs Baumann, dass der Nachlassvertrag zustande gekommen sei.[15] Er wies in seinem Schreiben darauf hin, dass er zur Bedingung seines Sachwalterberichtes machen müsse, dass das künftige Konzept zusammen mit der notwendigen Finanzierung vorliege. Baumann präzisierte, welche Unterlagen er erwarte.

Erstens sei dies die Bestätigung, dass die Kapitalherabsetzung anlässlich der geplanten Generalversammlung tatsächlich zustande kommen werde: «Gemäss OR Art. 732 bedürfte die Kapitalherabsetzung eines besonderen Revisorenberichtes. In diesem Fall kann jedoch darauf verzichtet werden, weil das Obergericht vor der Generalversammlung die Zustimmung zum Nachlass-Vertrag geben wird, wodurch der Revisorenbericht meines Erachtens hinfällig wird.» Zweitens sei es die Zusicherung, dass die Kapitalerhöhung damit zustande kommen werde.

Zur Beurteilung der Zukunftschancen sei drittens das künftige Konzept mit entsprechenden Budgets erforderlich, schrieb Baumann. Und zwar deshalb, weil das Obergericht zu beurteilen habe, ob das Unternehmen nachlasswürdig sei, sodass sich die Geschichte mutmasslich nicht wiederholen sollte. Damit, so Urs Baumann, sei der Nachlass zustande gekommen.

### Die Neuausrichtung mit Radio Basilea

Das unter dem Namen Radio Basilea Ende August 1994 von Christian Stärkle erstellte Konzept[16] wurde bei der Interessensgemeinschaft eingereicht. Dieses wurde weiten Kreisen zur Vernehmlassung unterbreitet. Das Konzept beinhalte-

14 Basellandschaftliche Zeitung vom 19. August 1994, 15f.

15 Schreiben von Urs Baumann an die Interessensgemeinschaft zur Erhaltung von Radio Raurach vom 23. September 1994.

16 Konzept Radio Basilea vom 30. August 1994.

# Helfen Sie mit: Retten Sie RADIO RAURACH 101,7

VON MAURO PAOLI

**Noch immer steht es schlimm um das Baselbieter Lokalradio Radio Raurach. Zwar hat das Obergericht Baselland der Radio Raurach Betriebs AG Nachlasstundung gewährt, aber die Zukunft des Senders ist ungewiss. Die Mitarbeiterinnen und Mitarbeiter von "101,7" werden nun selbst aktiv, um Geld zu beschaffen. Und der Basler Bebbi hilft mit.**

Unter dem Motto «Radio Raurach bruucht's!» wurden ab dem 1. Juni 1994 Unterschriften gesammelt. Anlass dazu war ein «Hörertag», an dem Hörerinnen und Hörer Gelegenheit hatten, Anregungen, Lob und Tadel einzubringen. Ziel der Petition war es gemäss Radio Raurach-Chefredaktor André Moesch, den Nachweis zu erbringen, «dass für das Radio ein Bedürfnis besteht». Adressat der Unterschriftensammlung war der Verwaltungsrat der Radio Raurach Betriebs AG. Die Zeitung Basler Bebbi druckte am 22. Juli 1994 diesen Hilferuf ab.

te drei Phasen: Phase I bis zum Ende der Nachlassstundung, Phase II ab Ende der Nachlassstundung bis zur Neuformierung und Neuorganisation (Umbenennung) sowie dem Neustart mit dem neuen Radio (Basilea) am 1. März 1995, Phase III mit der Erteilung der definitiven Konzession mit äquivalentem Sendegebiet wie Radio Basilisk.[17]

Zu jenem Zeitpunkt stand fest, dass das «neue» Radio folgende Prämissen zu erfüllen habe: Der Kanton Baselland brauche ein Identifikationsmedium, das den gesamten Kanton abdecke. Doch fehle ihm ein eigentliches Zentrum, sodass heterogene Kräfte nach Basel sowie in die Kantone Aargau und den Solothurn zögen. Die Baselbieter würden sich kaum kennen, stellte das Konzept fest. Insbesondere den Jungen fehle eine gemeinsame Identifikation.

Genau hier lag die Chance des Baselbieter Radios, und das Konzept hielt dies auch explizit fest: Radio Raurach könne als mediale Klammer im Kanton wirken. Die Kommunikation unter der Bevölkerung werde so gefördert, das Zusammengehörigkeitsgefühl gefördert und der Kanton könne in entscheidenden Fragen als Einheit auftreten. Zur wirtschaftlichen Lebensfähigkeit eines Radios brauche es rund 100 000 Hörer, die täglich ihr Radio hörten, hält das Papier weiter fest. Deshalb müsse das Gebiet mit einem Sendeplatz auf dem St.-Chrischona-Turm erweitert werden.[18]

Das Konzept zeigte zu jenem Zeitpunkt auch auf, wo die Mängel lagen und was geändert werden musste: «Der alte Name Radio Raurach hat sehr wenig mit den beiden Basel zu tun. Die Frequenz 101,7 kann jederzeit geändert werden. In der Folge ist ein Name zu suchen, der es ermöglicht, eine Identifikation mit dem Sendegebiet herzustellen und der zudem auch von längerer Dauer ist. Radio Basilea ist lediglich ein unverbindlicher Vorschlag, der aber im Ansatz wiedergibt, was die Theorie von einem Namen verlangt (Rundfunkmarketing)». Das Konzept sollte 1995 dann aber nur teilweise umgesetzt werden.

### Generalversammlung wagt den Neuanfang

Wer einen wahren Ansturm von Aktionären zur ordentlichen Generalversammlung von Radio Raurach vom 7. Dezember 1994[19] oder barsche Proteste gegenüber den Verantwortlichen des Senders erwartet hatte, sah sich getäuscht: Ruhig genehmigten die 80 – von insgesamt rund 1000 – anwesenden Aktionäre im Liestaler KV-Saal alle Anträge. Vertreten waren vorab die Grossaktionäre, während viele Vertreter aus Gemeinden und Vereinen und ebenso viele Kleinaktionäre fehlten. Die anwesenden Raurach-Eigentümer vereinigten 66 Prozent des Aktienkapitals auf sich.

Die Jahresrechnung 1993 schloss mit einem saftigen Verlust von 1,7 Millio-

17 Seit April 2007 sind die Sendegebiete Basilisk und Raurach (heute Energy Basel) deckungsgleich, vgl. http://www.Bakom.admin.ch/rtv_files/7_1.pdf, abgerufen am 14. Mai 2013.

18 Konzept Radio Basilea vom 30. August 1994, 3f.

19 Einladung vom 14. November 1994 zur Generalversammlung vom 7. Dezember 1994.

nen Franken, der laut Jahresbericht einen ausserordentlichen Aufwand von einer Million enthielt. Zusammen mit den Defiziten der Vorjahre war ein Bilanzfehlbetrag von 2,4 Millionen vorzutragen. Die Versammlung genehmigte diese Rechnung diskussionslos. Nur gerade 128 Aktienstimmen wollten den Verwaltungsrat nicht entlasten, 7625 Stimmen enthielten sich.

Die Werbeeinnahmen, der wichtigste Ertragsposten, lagen im Geschäftsjahr 1993 mit 1,3 Millionen Franken um 12 Prozent unter jenen des Vorjahres. Demgegenüber erhöhten sich die ordentlichen Betriebskosten um 14 Prozent. Im Betriebsertrag von 2,2 Millionen waren 221 000 Franken Bundesbeiträge enthalten. Es handelte sich insbesondere um Erträge aus dem Gebührensplitting.

Die Aktionärsversammlung stand ganz unter dem Motto «Neuanfang». Sie setzte das bisherige Aktienkapital von 1,7 Millionen Franken auf null herab und erhöhte es sogleich wieder auf denselben Betrag. Hauptverantwortlich für den Neustart war der Verwaltungsrat, der sich noch aus vier Personen zusammensetzte. Der rund viermal grössere alte Verwaltungsrat trat auf diese Generalversammlung hin zurück. Die Versammlung wählte neu Peter Tschudin (Präsident der IG zur Erhaltung von Radio Raurach), *Peter Wyss*, alt Finanzverwalter des Kantons Basellandschaft, Rechtsanwalt Martin Wagner und Argovia-Chef Christian Stärkle.[20]

In diesen turbulenten Zeiten, zwei Tage vor der GV, kündigte Schweizer Radio DRS definitiv den Programmübernahme-Vertrag auf den 31. Dezember 1994.[21] Der Intervention des damaligen Nationalrats *Christian Miesch* war es zu verdanken, dass die Kündigungsfrist immerhin bis zum 31. März 1995 erstreckt wurde.[22] Am 1. April 1995 startete dann endgültig das neue Programm.

20 Christian Stärkle wurde nie als Verwaltungsratsmitglied von Radio Raurach im Handelsregister eingetragen. Die Basler Zeitung fürchtete, dass er zum verlängerten Arm der AZ-Mediengruppe (damals noch Aargauer Zeitung und Badener Tagblatt) würde.

21 Kündigungsschreiben Schweizer Radio DRS vom 5. Dezember 1994.

22 Verlängerung des Programmübernahme-Vertrages mit Radio Raurach vom 19. Dezember 1994.

# Der kommerzielle Misserfolg war schon in der Konzeption begründet

Wieso war Radio Raurach als Werbemedium nicht gefragt? Die Spiesse waren ungleich lang, und die eigenen Versäumnisse gross. Zu diesem Urteil gelangen Branchenkenner.
*Von Robert Bösiger*

1 Im Schreiben des Verwaltungsrats vom 25. April 1984 an ofa Orell Füssli Werbe AG nimmt der Verwaltungsrat kein Blatt vor den Mund: «Der Verwaltungsrat ist enttäuscht, dass die ofa die Erwartungen, von denen Radio Raurach in guten Treuen ausgehen konnte, nicht einmal annähernd imstande war zu erfüllen und damit den Pachtvertrag zumindest moralisch gesehen bislang in keiner Weise erfüllt. Es liegt nicht in der Verantwortung der Betriebsgesellschaft, dass die bisher von der ofa getätigten Vorleistungen vorderhand nicht gedeckt werden können, sondern in der mangelhaften Leistung Ihrer Verkaufsorganisation.»

2 Am 15. März 1984 verbreitete die Nachrichtenagentur AP die Meldung vom baldigen Ende von Radio Raurach; sie bezog sich auf einen Beitrag bei Radio 24. Auslöser war ein Gespräch von Verwaltungsrat Karl Flubacher mit einem Mitarbeiter von Radio 24. Flubacher dementierte die Meldung und sagte: «Man hat mich hereingelegt. Ein vertrauliches Gespräch wurde auf schändliche Weise missbraucht.»

**15** Minuten Werbezeit. Dass die Verordnung über lokale Rundfunk-Versuche (RVO) zu Beginn des Lokalradio-Feldversuchs den Stationen vorschrieb, Werbespots maximal in diesem Umfang täglich auszustrahlen, wirkte womöglich trügerisch. So manche Stationsverantwortliche wiegten sich in falscher Sicherheit, die knappe Werbezeit verkaufe sich dann locker. Entsprechend optimistisch präsentierten sich die ersten Budgets – auch bei Radio Raurach. Und als der grosse Tag kam, der 1. November 1983, waren Freude, Aufbruchstimmung und Euphorie gigantisch. Die Werbekunden, so die herrschende Überzeugung, würden dann freiwillig anstehen.

Doch auch nach den ersten Wochen blieben diese weitgehend aus. Im Gegenteil: Bei Radio Raurach wurde die Liste der auszustrahlenden Spots immer kürzer. Drei Monate nach dem Start lag die Auslastung des Werbevolumens bei knapp drei Prozent. Die Ernüchterung war gross, und brutal war die Erkenntnis, dass offenbar niemand auf das Radio als neuen Werbeträger gewartet hatte.[1] Langsam ahnte man, dass da irgendetwas nicht glücklich aufgeleist worden sein musste. Und, kaum richtig auf der Welt angekommen, machten erste Gerüchte über ein frühes Aus von Raurach die Runde.[2]

### Radio Basilisk – die Musik spielte in Basel
Von Sissach aus, wo sich der Sender befand, blickten die Rauracher staunend Richtung Basel. Da war dieses erfolgreiche Radio Basilisk, jene Station, die vom

Die ofa Orell Füssli Werbe AG hatte grosse Erfahrung im Verkaufen von Printanzeigen. Doch um neu ab 1983 Radiowerbung zu verkaufen, fehlte das Know-how.

> «Radio Raurach musste rasch erkennen, dass man nur mit dem lokalen Markt hätte budgetieren dürfen.»
> *Bruno Oetterli*

ersten Tag an punkten und zulegen konnte. *Christian Heeb*, damals schon ein gewiefter Mann im Radiobusiness, hatte zusammen mit seinem gut vernetzten Geschäftspartner *Hans-Ruedi Ledermann* ein Radio aus der Taufe gehoben, das von Beginn an alle Vorteile auf seiner Seite wusste: Radio Basilisk war dort zuhause, wo die Musik spielte – in der Stadt und ihrem Speckgürtel. Die beiden hatten eine Crew zusammengestellt, die mehrheitlich aus Radio-erfahrenen Mitarbeitenden bestand. Der Sender strahlte ein professionell gemachtes, trendiges und frisches Programm aus. Heebs Maxime, Basel zur «Hauptstadt» der Welt zu erklären, garantierte Basilisk von Beginn an eine grosse Reichweite – und Kunden, die die Radiowerbung für sich entdecken wollten, gerade auch aus dem Baselbiet.

Hinzu kam, dass der Stadtbasler Sender schon vom ersten Tag an punkto Sendestandort bevorzugt war. *Rainer Keller*, damals im Team von *Armin Walpen* zuständig für die Bearbeitung der Konzessionsgesuche, erinnert sich: «Der Standort von Radio Basilisk auf dem St.-Chrischona-Turm war eigentlich nicht RVO-konform, weil der Sender damit ein Mehrfaches des zugelassenen Gebiets bestreichen konnte.»[3] Kurz: Das Gravitationszentrum in der Region Basel lag eindeutig in der Stadt, auch wenn dies in Sissach in den ersten Monaten, trunken vor Euphorie, noch niemand so richtig wahrhaben wollte.

### Einige externe Faktoren…

Abgesehen von der Tatsache, dass die Basilisken vieles richtig machten, gab es eine Handvoll weiterer, nicht beeinflussbarer Gründe, weshalb Radio Raurach in kommerzieller Hinsicht von Beginn an einen besonders schweren Stand hatte. Die nationalen Werbekunden hielten sich bei der Radiowerbung generell zurück, wie *Bruno Oetterli*, Schweizer Pionier in Sachen Radiowerbung, sagt.[4] Die Lokalradios seien damals noch nicht als nationaler Werbeträger anerkannt gewesen, unter anderem auch deshalb, weil die Versorgungslücken (noch) zu gross waren. Erst in einer zweiten Phase, mit der Konzessionierung von weiteren Radioprojekten insbesondere im Mittelland, konnten diese geschlossen werden.

Doch dann begann das zu spielen, was im Printbereich längst die Regel war: Die nationalen Kunden bzw. die mandatierten Agenturen setzten primär auf das Dreieck Zürich-Basel-Bern und in zweiter Linie auf Luzern und St. Gallen. Die anderen Regionen gingen leer aus. Während Radio Basilisk damit gesetzt war, fiel Radio Raurach durch die Maschen. Erst später, ab September 1986, als sich Heeb und Ledermann zur Rettung von Raurach (oder besser: zur Vermeidung

---

[3] Recherchegespräch vom 26. April 2013 in Bern.

[4] Schreiben vom 25. April 2013.

eines neuen Konkurrenten nach einem möglichen Aus des Landschäftler Senders) zu einem «Zwangspool» Basilisk-Raurach[5] überreden liessen, fiel für Raurach etwas ab.

Kein Interesse zeigten gemäss Oetterli die internationalen Kunden; diese hätten sich an der Qualität von ausländischen Sendern wie SWF 1, SWF 3 in Deutschland, Europe 1 in Frankreich oder Oe 3 in Österreich orientiert. Kein Lokalradio helvetischer Provenienz konnte da mithalten. Übrigens auch nicht hinsichtlich der Tarifgestaltung, wie *Hans-Ueli Zürcher* von The Cover Media festhält: «Da der Sekundenpreis der Schweizer Privatstationen gegenüber den deutschen oder den französischen Radiostationen oft mehr als doppelt so hoch lag, waren deutsche oder französische Werbetreibende auf Schweizer Stationen kaum vertreten.»[6] Dies galt vor allem für Sender nahe der Grenze – wie Raurach und Basilisk.

So mussten die Verantwortlichen von Radio Raurach nach wenigen Monaten erkennen, dass sie im Grunde genommen nur mit dem lokalen Markt hätten budgetieren dürfen. Der nationale Markt konnte – weil nicht beeinflussbar – höchstens einen willkommenen Zustupf einbringen. Dazu Bruno Oetterli: «Wem es gelang, den Umfang des nationalen Umsatzes auf maximal 30 Prozent zu beschränken, der durfte hoffen, Überlebenschancen zu haben. Die anderen Stationen, und es war die Mehrheit, kämpfte von Anfang an mit finanziellen bzw. Liquiditätsproblemen.»

## … und viele hausgemachte Fehler und Versäumnisse

Der kommerzielle Misserfolg von Radio Raurach war schon in der Konzeption begründet, und dies gleich in mehrfacher Hinsicht: Der Standort Sissach erwies sich als zu peripher, das Programm war zu breit und – vor allem – ziemlich handgestrickt, und dem Verkauf wurde anfänglich zu wenig Gewicht beigemessen. Und, als vierter Grund: Der Sender war ein politisches Konstrukt und keines, das nach soliden betriebswirtschaftlichen Grundsätzen funktionierte.

Beginnen wir beim dritten Punkt, dem Verkauf: *Othmar Wild*, der als Chef der ofa Orell Füssli Werbe AG nun plötzlich neben Printanzeigen noch Radiospots von Liestal aus verkaufen musste, fehlte das Know-how im Bereich Radio. Der Print-Verkaufsprofi sollte Kunden Radiospots beliebt machen, die ihrerseits lieber einmal abwarten wollten, wie sich das Radio entwickelt. Im Nachhinein betrachtet erweist es sich als Fehler, dass das Projektteam und der Verwaltungsrat das Hauptaugenmerk auf das Programm und die Technik legten, den Marketing- und Verkaufsaspekt aber erwiesenermassen vernachlässigten.

«Für die relevanten Werbetreibenden war Sissach einfach nicht die richtige Adresse.»
*Hans-Ueli Zürcher*

5 Radio Basilisk und Radio Raurach bildeten ab 1. Oktober 1986 einen «Zwangspool», indem man jeweils nur bei beiden Sendern Radiospots hat laufen lassen können.

6 Schreiben vom 9. April 2013.

> «Als klar von Basilisk abgegrenztes Programm hätte es womöglich funktionieren können.»
> *Dieter Wullschleger*

Für Bruno Oetterli, Hans-Ueli Zürcher und *Dieter Wullschleger*[7] steht fest, dass der rasche Aufbau einer Eigenvermarktung womöglich eine Trendumkehr hätte bewirken können. Erst acht Jahre nach Sendebeginn, ab 1. Oktober 1991, übernahm der Sender den Werbezeitverkauf komplett in eigener Regie.

Als Nachteil erwies sich der gewählte Standort Sissach. Der Bezirkshauptort im Oberbaselbiet war in kommerzieller Hinsicht fern und ungünstig. Für die relevanten Werbetreibenden war Sissach «einfach nicht die richtige Adresse», wie sich Zürcher ausdrückt. Der Umzug nach Liestal mit Sendebeginn am 27. Juli 1989 verbesserte dann zwar die Wahrnehmung etwas, aber so rasch wollte sich der dem Landsender anhaftende «Stallgeruch» nicht verflüchtigen. Und, so der ehemalige ofa-Marketingleiter Fridolin Bieger: «Der Umzug nach Liestal kam zu spät. Aus kommerzieller und publizistischer Sicht waren wir nicht da, wo die Musik spielt.» Zudem hätte parallel zu diesem Umzug auch einiges an Programm und Ausrichtung ändern müssen, glaubt er.[8] Radio Basilisk sei dannzumal noch immer als wesentlich trendiger, angesagter und urbaner wahrgenommen worden – vor allem auch bei den Werbetreibenden.

Ja, das Programm: Radio Raurach war angetreten mit dem Anspruch, für alle und jeden etwas zu bringen. Der Sender versuchte dies mit vergleichsweise knappen personellen und finanziellen Ressourcen – dies war nicht zu überhören. Hans-Ueli Zürcher: «Ist das Programm nicht professionell genug, haben die besten Verkäufer Mühe, das Produkt zu vermarkten.» Gerade in den Anfangsjahren hätte der Kontrast Basilisk-Raurach grösser nicht sein können. Doch schon bald versuchte Raurach krampfhaft, Basilisk zu kopieren. Ein Fehler, ist Dieter Wullschleger überzeugt: «Als alternatives, klar von Basilisk abgegrenztes Programm hätte es womöglich funktionieren können.»

### Immer drei Schritte im Rückstand

Auf nationaler Ebene wurde Radio Raurach als «eine von vielen» Stationen wahrgenommen, wie sich Fridolin Bieger ausdrückt. Als Sender, auf den man bezüglich Radiowerbung getrost habe verzichten können. Umso mehr, als auch in den nationalen Medien immer mal wieder negative Schlagzeilen zu lesen waren. Kurz: Raurach haftete zwischenzeitlich ein Loser-Image an. Dieter Wullschleger und Hans-Ueli Zürcher vergleichen lieber mit dem Stadtsender, auch deshalb, weil sie beide über die Jahre sowohl bei Basilisk als auch bei Raurach im Dienst standen. Das Duo Heeb/Ledermann habe von Anfang an auf einen starken Verkauf gesetzt. Gute, erfahrene Leute hätten ein professionell gemachtes Radio vermarkten können. Wullschleger: «Hinter Basilisk stand eine Vision; darunter

[7] Recherchegespräch vom 29. April 2013 in Münchenstein.

[8] Recherchegespräch vom 24. April 2013 in Basel.

# Radiowerbung in der Schweiz
*1989*

ein Ziel und ein Interesse. Bei Raurach hingegen waren es allzu viele Partikularinteressen.»

Tatsächlich war der (mehrheitlich aus Politikern zusammengesetzte) Verwaltungsrat von Radio Raurach immer in der Defensive und drei Schritte im Rückstand. Die primäre Aufgabe bestand darin, zu überleben und ständig neue Mittel zu beschaffen. Erst in zweiter Linie reagierte man, passte an, ging Konzessionen ein oder restrukturierte wieder einmal. Und weil all die Jahre hindurch der Sanierungsbedarf de facto immer vorhanden war, liessen sich auch Namens- und Strategieänderungen nicht verhindern. Etwas, was sich auf dem Werbemarkt eher negativ auswirken musste. Das alles, vermutet Bruno Oetterli, habe letztlich nicht zur Professionalität, zur Glaubhaftigkeit und zur Nachhaltigkeit beigetragen.

*Einspruch*

# Wirtschaftliche Leidensgeschichte

*Von Matthias Hagemann*

Matthias Hagemann ist Besitzer von Radio Basilisk und war als ehemaliger Verwaltungsratspräsident der Basler Zeitung Medien auch streckenweise Mitbesitzer von Radio Edelweiss.

Die Tatsache, dass Radio Raurach und seine Nachfolgesender Radio Edelweiss, Radio Basel 1 und Radio Basel wohl nie auch nur ein Jahr Gewinn machten – ich weiss dies mit Sicherheit von Radio Basel 1 und Radio Basel, für die Vorgänger vermute ich es –, könnte einen dazu verleiten, die Gattung Lokalradio generell infrage zu stellen. Nichts wäre jedoch falscher als dies.

Das Scheitern von Radio Raurach und seinen Nachfolgern liegt ausschliesslich in einem grundlegenden Konstruktionsfehler begründet: Raurach war ein politisches Projekt, kein wirtschaftlich fundiertes. Der Kanton Basel-Landschaft, der sich seit 1833 vorwiegend in Abgrenzung zur Stadt definiert, wollte sein eigenes Radio, wie er auch seine Zeitung, seine Spitäler und vieles andere wollte und will, und nun immer häufiger feststellen muss, dass dies nicht bezahlbar ist. Die Konzession für «euses» Radio entsprach somit politischem Wunschdenken, nicht ökonomischer Realität. Im Kleinen spiegelt sich hier das, was im Grossen die heute wirklichkeitsfremde Kantonstrennung den Steuerzahlern Jahr für Jahr mit ein paar Nullen mehr zumutet: Milliardenverluste. Politische Identität rein durch Negation ist teuer erkauft. Auch Raurach und die Folgesender kosteten viele Millionen Franken. Immerhin: Es bezahlten nicht die Steuerzahler, sondern hauptsächlich die Aktionäre, die dieses Risiko freiwillig eingegangen waren.

Die Nordwestschweiz, das Konzessionsgebiet der beiden Basler Sender Basilisk und Raurach ff., umfasst rund eine halbe Million Einwohner und bietet offensichtlich eine solide wirtschaftliche Existenzgrundlage für nur einen rein kommerziellen Sender. Dies ist seit seiner Gründung Radio Basilisk. Wenn wir den Blick auf andere Regionen richten, sehen wir dieses Faktum bestätigt. Im Aargau gibt es Radio Argovia, in Solothurn Radio 32, in der Ostschweiz Radio FM1, im Raum Luzern Radio Pilatus. Alle diese Sender haben ein Monopol in ihren Räumen und arbeiten gemäss meinen Informationen solide. Wo es mehrere kommerzielle Sender in einer Region gibt, hat mindestens einer davon Mühe, so in Bern und in Zürich. Das Millionen-Zürich erweist sich auch hier als Spezialfall, existieren doch in seinem Einzugsgebiet mit Radio 24, Radio Energy Zürich und Radio Zürisee drei gut gehende Sender; erst die Nummer 4, Roger Schawinskis Radio 1, und die Nummer 5, der Jugendsender

Radio 105, müssen hart kämpfen. Betrachtet man diese Fakten, erkennt man, dass die Erteilung von zwei Lokalradiokonzessionen in der Region Basel für rein kommerzielle Sender seinerzeit, wirtschaftlich betrachtet, schlicht ein Fehler war und dies bis heute ist.

Insofern entspricht es der ökonomischen Logik, dass die Raurach-Konzession heute als Energy Basel daherkommt. Wenn es überhaupt möglich ist, in dieser Region ein zweites kommerzielles Radio neben Basilisk zu betreiben, das mindestens ausgeglichene Zahlen erzielen kann, dann nur unter zwei Voraussetzungen. Erstens muss ein Grosskonzern dahinterstehen, der die zu deckenden Investitionen stemmen kann. Dies ist mit Ringier heute der Fall. Der Konzern investiert Millionen und viel Know-how in das Marketing seiner Radiosender, was für einen Einzelaktionär kaum möglich wäre. Zweitens muss das andere Basler Radio in einen Senderverbund integriert sein. Diesen liefert Energy. Die Energy-Stationen sind auf die Schweiz angepasste Franchisen aus Frankreich und basieren auf einem Modell, das hohe Personalkosten in der Zentrale in Zürich und sehr tiefe in den Filialen in Basel und Bern vorsieht. Entsprechend liefert die Zentrale auch den Löwenanteil an Programminhalten und Marketing und stemmt die grossen Events.

Die konzessionsrechtlichen Grenzen werden dabei möglichst ausgeschöpft, sodass Energy je länger, je mehr zu einem nationalen kommerziellen Sender wird, der juristisch an drei Lokalradiokonzessionen aufgehängt ist. So ist es meiner Vermutung nach möglich, in den Filialen in Bern und eventuell auch Basel kostendeckend zu arbeiten und im Verbund Gewinne zu erzielen.

Der politische Widerstand gegen Energy Basel, der sich vor allem in der Person von Ständerat Claude Janiak artikulierte, war somit einerseits berechtigt. Energy Basel wird langfristig kein echter Lokalsender sein können, sondern der Filialbetrieb einer nationalen Senderkette werden. Eigentlich müsste Energy Schweiz eine eigenständige Konzession als nationaler kommerzieller Sender erhalten, wie es im Fernsehbereich beispielsweise bei 3+ der Fall ist, anstatt sich als Ansammlung von Lokalsendern ausgeben zu müssen. Andererseits dürfte man in der Politik zur Kenntnis nehmen, dass – wirtschaftlich betrachtet – nach der Leidensgeschichte der letzten Jahrzehnte wohl nur diese Konstruktion die Arbeitsplätze des zweiten kommerziellen Senders der Region sichern kann. Arbeitsplätze für junge Menschen im Mediensektor sind ein wertvolles Gut. Dies wäre zu bedenken, bevor man sich gegen Energy Basel und gegen Ringier zur Wehr setzt.

Die Geschichte der zweiten Lokalradiokonzession der Region von Raurach zu Energy führt also vor allem zu einer Erkenntnis: Medien ohne wirtschaftliche Grundlage haben keine lange Lebensdauer. In der momentanen Medienlandschaft Basel, die von vielen Leuten als ausgesprochen spannend bezeichnet wird, deren Leitmedien aber mit Ausnahme von Radio Basilisk nicht aus der freien Wirtschaft finanziert sind, sondern entweder staatlich oder mäzenatisch, ist diese Erkenntnis von einiger Brisanz. Der heutige Zustand wird nicht von Dauer sein.

# Ein neuer Chefredaktor sucht die Wende

Radio Raurach sollte mit einem neuen Chefredaktor endlich auf Erfolgskurs gehen. Der «Basiliske» Peter Küng nahm die Herausforderung an. – Ein Erinnerungsstück.
*Von Peter Küng*

Ende 1988, nach fünf Jahren als Moderator bei Radio Basilisk, entschloss ich mich, eine neue berufliche Herausforderung anzunehmen und beim Nachbarsender Raurach anzuheuern. Zuvor hatte ich meine medialen Sporen bereits beim Schweizer Radio, dem Solothurner Regionalfernsehen, bei Radio 24 und beim Ringier-Verlag abverdient.

Eigentlich war es ja purer Zufall, dass ich als bekennender Stadtbasler ausgerechnet beim Baselbieter Landradio landete, indem nämlich Raurach-Redaktor Peter Keller mich telefonisch anfragte, ob ich jeweils an Wochenenden Lust hätte, beim Baselbieter Radio als Freelancer einzuspringen. Und als mir schliesslich noch der damalige Raurach-Chef Marcel W. Buess mitteilte, dass er sich «einen so routinierten Radiomann» durchaus auch als neuen Chefredaktor und Programmverantwortlichen vorstellen könnte, war meine Neugier geweckt.

So traf ich mich kurzerhand mit Raurach-Verwaltungsratspräsident Karl Flubacher in der Mittenza in Muttenz. Ein weiteres Treffen mit dem gesamten Verwaltungsrat fand wenige Tage später im Bad Eptingen statt. Kurz darauf stand fest: Ab dem 1. Januar 1988 war ich Verantwortlicher für das Programm von Radio Raurach.

**Ein äusserst kühler Empfang**
Ich werde es nie vergessen: Beim ersten Treffen mit den bestehenden Raurach-Teammitgliedern in den damals nüchternen Studio-Räumlichkeiten in Sissach empfand ich die Atmosphäre als eisig und abweisend. Die Mehrzahl der Redaktions- und Moderationsmitglieder machten mir unmissverständlich klar,

Im September 1990 erhielt Radio Raurach aus den Händen von BLT-Verwaltungsratspräsident und Regierungsrat Eduard Belser den Linienbus Nr. 2 geschenkt. Das 1969 in Dienst gestellte, 12 Meter lange Gefährt hatte 520 000 Kilometer auf dem Zähler und musste zuerst für 30 000 Franken verkehrstauglich gemacht werden. Ab April 1991 ging Raurach damit auf Tour. Treibende Kraft für diesen Übertragungsbus war Chefredaktor Peter Küng.

dass man nicht auf mich gewartet hätte und – trotz mieser Hörerzahlen – schon wisse, wie man «richtig Radio macht …».

Es war wohl gerade diese massive «Kampfansage» des bestehenden Teams, welche mich motivierte, die Herausforderung anzunehmen, aus dem «Radio Saukrach» – wie der Sender damals im Volksmund genannt wurde – ein erfolgreiches Lokalradio zu machen. Marcel W. Buess war mir bei der Umsetzung der neuen Programmstrukturen eine grosse Hilfe. Er unterstützte mich vor allem bei den unumgänglichen Anpassungen im personellen Bereich.

Nach und nach wurden neue Mitarbeitende für Moderation und Redaktion rekrutiert. Es folgten versierte Techniker für das Team von Jürg Schneider, einem der Mitgründer von Radio Raurach.

Mittels eines detaillierten «Sendehandbuchs» wurde das Programm von Radio Raurach in Rekordzeit auf den erwünschten einheitlichen Kurs gebracht. Die Vorgaben waren in diesem Arbeitsinstrument so unmissverständlich formuliert, dass alle Mitarbeitenden genau wussten, was zu tun ist und was erwartet wurde. In gemeinsamen Wochensitzungen wurde das Programm zudem analysiert, nötigenfalls auch kritisiert und korrigiert.

Peter Küng, ehem. Journalist und Chefredaktor Radio Raurach

### Hörerzahlen im Aufwind

Äusserst motivierend für die Mitarbeitenden war, dass sich schon nach kurzer Zeit die Hörerzahlen rapide nach oben bewegten. Erst verdoppelten wir die ursprünglichen Zahlen, später steigerten wir sie noch weiter. So konnten wir mit unserem Werbepartner Gong ein vorteilhaftes Abkommen in Form von Pauschalbeträgen abschliessen. Werbechef Dieter Wullschleger setzte diese Vorgaben um. Rückblickend betrachtet erwies es sich als grosser Vorteil, dass wir von Radio DRS (heute SRF) zur vollen Stunde die Nachrichten live übernehmen durften. Im Anschluss an diese vorwiegend nationalen und internationalen Meldungen folgten dann die von der Raurach-Redaktion erarbeiteten regionalen Mitteilungen und Berichte – eine perfekte Ergänzung.

Mein grösstes Erfolgserlebnis erlebte ich im Sommer 1989, als Radio Raurach an der Generalversammlung bekannt geben konnte, dass man – erstmals seit der Gründung – «schwarze Zahlen» schreiben konnte. Nun war auch der Verwaltungsrat, der meinen Massnahmen zu Beginn eher skeptisch gegenüberstand, von der neuen Strategie überzeugt und zeigte sich zufrieden.

### Der Sprung nach Liestal

Ein weiterer und logischer Schritt bestand im Umzug des Studios von Sissach an die Rheinstrasse 16 im Kantonshauptort Liestal. Damit war Radio Raurach hautnah am politischen, gesellschaftlichen, kulturellen und wirtschaftlichen Geschehen des Landkantons. In dieser Zeit entstand auch das Prädikat «Euses Radio». Die Baselbieter drückten damit ihre Verbundenheit mit «ihrem» Radio aus, welches schwerpunktmässig den regionalen Bezug zum Kanton Basel-Landschaft in den Vordergrund stellte.

Nach und nach wurde das Programm ausgebaut: Live-Aussenübertragungen und Publikumsspiele («Heute bei…», Firmenporträts), Hörer-Wettbewerbe («Goldrausch im Baselbiet», Reisen, Autonummern-Poker), Rubriken («Schulschatzsuche»), Comedy («Paul und Pauline»), Open Airs (Country Festival Bubendorf) und Spezialsendungen («Sunntigs-Chilbi») fanden ihr Publikum.

Es war ausgerechnet eine dieser populären Aussenübertragung im Sommer 1990, welche meine Tätigkeit bei Radio Raurach abrupt beendete, indem mich Paul Trefzer, damals Direktor der Migros Basel, am Rande einer Live-Sendung mit der Anfrage überraschte, ob ich an einem Job als PR- und Kultur-Verantwortlicher interessiert sei. Unterdessen 39 Jahre alt, war mir klar, dass ich dieses einmalige Angebot nicht ablehnen durfte.

# Kampf und Krampf

Misswirtschaft und politische Seilschaften anstelle professioneller Geschäftsführung brachten den Sender 1994 an den Rand des Ruins. Das Team um Chefredaktor André Moesch kämpfte um den Erhalt seines Senders, bis die umstrittene Geschäftsleitung abgesetzt wurde. Doch damit kamen auch neue Aktionäre und neue Konzepte.
*Von André Moesch*

The Long And Winding Road» von den Beatles – das letzte Stück in meiner letzten Sendung bei Radio Raurach. Ein melancholischer Song über die oft gewundenen Wege im Leben, viele Streicher, Paul McCartneys fast weinerliche Stimme. Etwas dick aufgetragen, ich gebe es zu, inszenierte Melancholie, aber es passte zu meiner Stimmung damals in diesem Herbst 1994, als ich meinen Posten als letzter Chefredaktor von Radio Raurach verliess, um bei DRS 3 neu anzufangen. Ich hatte gekämpft für diesen Sender, gekämpft gegen einen Polit- und Wirtschaftsfilz, der vom Radiomachen nichts verstand.

Wie war es so weit gekommen? 1991 war Radio Raurach in Aufbruchsstimmung: Aus der ehemaligen Genossenschaft wurde eine Aktiengesellschaft, breit abgestützt und mit frischem Kapital versehen. Im selben Jahr holte mich *Marcel W. Buess*, der damalige Geschäftsführer, als Chefredaktor ins Team. Für mich als jungen Radiojournalisten waren die Voraussetzungen verlockend, die Buess mir damals im noblen Ambiente der Bar des Hotels Euler in Basel beschrieb: Die Erweiterung des Sendegebietes Richtung Basel stand an, man suchte den Erfolg, wollte modernes Lokalradio machen.

So stürzte ich mich mit Enthusiasmus in den neuen Job. Das war auch nötig: Raurach war damals noch weitgehend geprägt vom Programmansatz, es allen recht machen zu wollen. Es gab die abendlichen Spezialsendungen für verschie-

1994 stand Radio Raurach kurz vor dem Ruin. Ein Artikel von Marc-André Giger in der Wirtschaftszeitung «Cash» brachte das Kartenhaus aus Misswirtschaft und Politfilz zum Einsturz.

dene Interessen. Im Tagesprogramm suchten sich die Moderatoren ihre Musik selbst zusammen, nach eher rudimentären Vorgaben. Und dazwischen Wortbeiträge zu allem und jedem, viele und lange Live-Interviews, Gesprächsrunden und minutenlange, von einer Liste heruntergelesene Veranstaltungshinweise zu Turner-Unterhaltungen, Bazars und Metzgeten in der Landbeiz. Das war alles sehr lokal und sehr sympathisch, erfüllte aber wohl die Hörbedürfnisse der Menschen nur zum Teil, wie die damals noch eindrücklich hohen Marktanteile der deutschen Sender bewiesen.

André Moesch, ehem. Redaktor und Geschäftsleiter Radio Raurach

**Ein Team will den Erfolg**

Das Werkzeug für den Erfolg war da: Ein junges, kleines, engagiertes Team mit Namen, von denen man noch hören sollte: *Rolf Wirz, Jean-Luc Wicki, René Häfliger, Rainer Luginbühl, Meinrad Stöcklin, Isabelle Wilhelm, Michael Köhn*, um nur einige zu nennen. An unsere Aufgabe gingen wir durchaus etwas naiv, dafür mit umso grösserem Einsatz heran. Radio Raurach stand im langen Schatten des sehr erfolgreichen und national bekannten Stadtsenders Radio Basilisk. Unter der Führung von *Christian Heeb* und dessen Geschäftspartner *Hans-Ruedi Ledermann* waren die «Basilisken» dem Landsender um Jahre voraus. Der Ehrgeiz unseres jungen Teams war es, dem grossen Bruder Paroli zu bieten. Und tatsächlich sollte sich schon bald zeigen, dass Radio Basilisk nicht unangreifbar war.

Auch ohne ausländische Berater und teure Hörerstudien war den Raurach-Machern dieser Tage klar, was es für den Erfolg im Hörermarkt brauchte: eine wesentlich klarere Ausrichtung des Programms auf die Bedürfnisse des Zielpublikums und ein besseres, sprich weniger provinzielles Image. Das hiess ausmisten beim Musikprogramm, aber auch bei den Wortbeiträgen, immer unter dem Motto «weniger ist mehr». Radio Raurach vertrieb das «Jekami» aus den Studios und die Auswirkungen waren bald spürbar: Bereits 1992 machten die Hörerzahlen von Radio Raurach einen deutlichen Sprung nach oben. 110 000 regelmässige Hörer wurden gezählt, die Werte von Radio Basilisk waren in Reichweite.

Ein Glück für mich als junger Chefredaktor war der Umstand, dass Geschäftsführer Marcel W. Buess vom Radiomachen eigentlich nichts verstand. So liess er mir inhaltlich weitgehend freie Hand, und ich konnte auch das eine oder andere Tabu anpacken. Zum Beispiel den Sendernamen: Radio Raurach tönte ziemlich hölzern, war regional einschränkend und war mit seinen R und dem krachenden «ch» alles andere als ein Ohrenschmaus.

Den Sendernamen deshalb aber ganz zu ändern, damit wäre ich wohl nicht durchgekommen. Die etwas bauernschlaue Lösung des Problems setzten wir Anfang 1993 um: Im neuen Logo prangte fett die Hauptfrequenz 101,7 und Radio Raurach stand bloss noch klein darüber. Und auch in den vom Baselbieter Soundkünstler P. J. Wassermann produzierten neuen Signeten sang der Chor fröhlich: «hunderteiskommasiiiibe». Der strategische Weg war eingeschlagen, das ehemalige Oberbaselbieter Radio war auf Expansionskurs. Dazu passte auch der neue Slogan: «101,7 – das Radio für die Region».

**Dunkle Wolken**
Doch die finanzielle Situation des Senders geriet zunehmend in Schieflage. 1991 war nicht nur der Schritt von der Genossenschaft zur Aktiengesellschaft erfolgt, sondern auch zur Eigenvermarktung. Zuvor hatte die Orell Füssli Werbe AG als Werbevermittlerin mit schöner Regelmässigkeit die vereinbarten Umsatzzahlen abgeliefert, nun hiess es, sich mit eigenen Leuten im hart umkämpften Werbemarkt zu behaupten. Dem kleinen Radio aber blies ein eisiger Wind entgegen. Als im März 1992 alt Nationalrat *Karl Flubacher* verstarb, der jahrelange politische Schutzpatron des Radios, erschien dies wie ein böses Omen. Bereits am Ende dieses Jahres war der Verlust auf 685 000 Franken angewachsen.

Was lief schief? Es waren nicht die Mitarbeiter, es war auch nicht der Markt, der nicht funktionierte. Es war die oberste Führung, die versagte. Der Geschäftsführer Marcel W. Buess, der den Posten 1985 als bisheriger Verwaltungsratsdelegierter übernahm, war mit der schwierigen Situation überfordert. Anstatt sich Hilfe zu holen oder nur schon seinen eigenen Geschäftsleitungskollegen reinen Wein einzuschenken, sonderte sich Buess immer mehr ab.

Auch der 15-köpfige, mehrheitlich aus Politikern bestehende Verwaltungsrat unter seinem Präsidenten Rudolf Andreatta (FDP) versagte; er nahm seine Kontrollfunktion schlicht nicht wahr. Dazu trug auch die Organisation bei: Ein fünfköpfiger Verwaltungsratsausschuss, in dem Buess und Andreatta dominierten, behandelte die meisten Geschäfte. Der Gesamtverwaltungsrat befasste sich lange nur oberflächlich mit diesen. Noch an seiner Sitzung vom 21. Oktober 1993 glaubte er, alles sei mehr oder weniger unter Kontrolle. Es sollte anders kommen: Wie sich erst viel später zeigen sollte, war der kumulierte Verlust bis Ende 1993 bereits auf fast 2,4 Millionen Franken angewachsen, aber mit buchhalterischen Kniffen nicht so ausgewiesen worden.

Bereits Monate zuvor hatten sich die schlechten Vorzeichen verdichtet. Im Frühjahr 1993 beschwerten sich freie Mitarbeiter immer öfter beim Chefredaktor

**Kämpferisches Team:** Die jungen Radiomacher um Chefredaktor André Moesch versuchten mit allen Mitteln, ihren Sender zu retten. Die Illustration stammt aus der Raurach Zyttig Nr. 2/1993. Es war gleichzeitig die letzte Printpublikation im Rahmen der Radio Raurach News.

über ausstehende Honorarzahlungen, was vom Geschäftsführer jeweils mit fantasievollen Ausreden quittiert wurde: Der Zahlungsauftrag sei wohl untergegangen oder die Bank habe wieder einmal geschlampt. Immer häufiger landeten aber auch Reklamationen über andere, nicht bezahlte Rechnungen in der Redaktion, und den Mitarbeitern wurde bewusst, dass die Firma ein ernsthaftes finanzielles Problem hatte.

### Die letzte Chance

Vielleicht wäre jetzt noch Zeit gewesen, das Steuer herumzureissen, wenn Marcel W. Buess Verwaltungsrat, Geschäftsleitung und Mitarbeiter eingeweiht und hinter einem harten Spar- und Sanierungsplan versammelt hätte. Doch er mauerte weiter. Für die damalige Führungscrew *Hans-Ueli Zürcher*, der den Verkauf leitete, *Werner Blatter*, welcher sich um Events und Marketing kümmerte, und mich als Chefredaktor wurde die Situation immer schwieriger. Dass Buess die offensichtlichen Probleme nicht wahrhaben, geschweige denn gemeinsam anpacken wollte, nagte an unserer Loyalität.

Und irgendwann gebot es die Verantwortung gegenüber den Mitarbeitern zu handeln: Wir suchten das vertrauliche Gespräch mit dem Verwaltungsratspräsidenten Rudolf Andreatta, einem, wie wir meinten, erfahrenen Manager in der Basler Chemie, der mit solchen Situationen umzugehen in der Lage sei. Das Resultat war ernüchternd. Kurz nachdem wir uns verabschiedet hatten, war Buess über alles im Bild. Wir hatten die Polit-Seilschaft zwischen dem Geschäftsführer und seinem Präsidenten unterschätzt.

Die Stimmung im Betrieb während der folgenden Wochen war «eisig». Uns war klar: Wir mussten nicht mehr nur gegen Marcel W. Buess antreten, sondern auch gegen den Verwaltungsratspräsidenten. Damit blieb nur noch der Weg, die weiteren Verwaltungsräte über die wahre Situation bei Radio Raurach zu informieren. Die Belegschaft verfasste einen Brief an den Verwaltungsrat[1], Einzelgespräche wurden geführt. Und tatsächlich begannen einige Verwaltungsräte, unangenehme Fragen zu stellen, so zum Beispiel *Roger Thiriet*, der die Interessen der Basler Zeitung vertrat, und Jürg Schneider.[2]

Es kam Bewegung in die Sache, im Oktober 1993 entschied der Verwaltungsrat nach heftiger Diskussion und gegen die Meinung des «Ausschusses», sein Mitglied, FDP-Landrat und Unternehmer Rolf Eberenz mit einer Überprüfung der Buchhaltung zu beauftragen.

**«Kreative Buchführung»**
Davon bekam das Team des Radios nichts mit. Vielmehr versuchte der Geschäftsführer seine Position mit Machtdemonstrationen zu festigen. Ende September 1993 entliess er den Musikchef *Rainer Luginbühl*. Ich wurde verwarnt, weil ich mich gegen den Entscheid stellte. Mir war klar: Buess wartete auf eine Gelegenheit, auch mich zu entlassen. Doch dazu sollte es nicht kommen. Mittlerweile war unser Sender in den Fokus der Printmedien geraten, und so häuften sich die Anfragen von Journalisten. Am 22. April 1994 erschien in der Wirtschaftszeitung Cash ein ganzseitiger Artikel[3], welcher das Schicksal der Polit-Seilschaft Buess-Andreatta besiegeln sollte. Der Beitrag zeichnete schonungslos das Bild eines Führungsversagens; gesprochen wurde auch von «kreativer Buchführung».

Der Verwaltungsrat begann das Ausmass des Debakels nach der Überprüfung der Buchhaltung zu ahnen. Am 29. April 1994 trat Verwaltungsratspräsident Rudolf Andreatta per sofort zurück. Der zum Bevollmächtigten ernannte

---

1 Brief an den Verwaltungsrat vom Oktober 1993.

2 Es gab auch interne Bemühungen, Licht ins Dunkel zu bringen. Verwaltungsrat Jürg Schneider liess sich von Rolf Wirz, Hans-Ueli Zürcher und André Moesch dokumentieren. Schneider machte im Verwaltungsrat den Vorstoss vom 4. Januar 1994. Zur Sprache kam u. a. ein Fax vom 20. Dezember 1993 mit den Zinsforderungen von 11 312 Franken (1.1.–31.12.1993) des nie in der Buchhaltung erschienenen GONG-Darlehens über 200 000 Franken. (Die Zahl ist auf dem Fax falsch ausgewiesen; effektiv handelte es sich um 150 000 Franken.) Auf dem Tisch des Verwaltungsrats landete so ein Dossier mit 28 Fragen, 3 Anträgen und Belegen. Dieses wurde an der Sitzung vom 17. Januar 1994 aus Zeitgründen auf die Sitzung vom 9. März vertagt. Jürg Schneider ist überzeugt, dass diese «interne» Initiative stark mitgeholfen hat, den Stein ins Rollen zu bringen. Er sagt: «Plötzlich hatte ich im Verwaltungsrat ‹Freunde›, die vorher nicht einmal meinen Namen kannten. Obwohl mein Vorgehen der ‹Mittel- und Informationsbeschaffung› zum Teil protokollwürdig verurteilt wurde, schien es plötzlich grosse Teile des Verwaltungsrats zu interessieren, was eigentlich im Betrieb läuft.»

3 Artikel von Marc-André Giger, Cash vom 22. April 1994.

Rolf Lierau forderte Buess zum Rücktritt auf. Jetzt kamen weitere Unterlagen ans Licht und Lierau musste feststellen, dass die Radio Raurach Betriebs AG konkursreif war. Ende Mai wurde Marcel W. Buess' Gehalt aufgrund seines «offensichtlich beträchtlichen Verschuldens», wie der Verwaltungsrat feststellte, per sofort storniert.[4] Aber auch alle anderen Mitarbeiter erhielten – wegen der wirtschaftlichen Situation – die vorsorgliche Kündigung.

**Die Stunde der Profiteure**

Das letzte Kapitel von Radio Raurach war aufgeschlagen. Gab es noch Chancen auf eine Rettung? Juristisch konnte nur eine gerichtlich bewilligte Nachlassstundung den Konkurs verhindern: Wenn die Gläubiger auf den grössten Teil ihrer Guthaben verzichteten und neues Aktienkapital in Aussicht stand, dann konnte die Schliessung des Senders – und damit eine Neuausschreibung der Konzession – verhindert werden.

In dieser Situation zeigte sich noch mal das Herzblut der Mitarbeiter: Mögliche Geldgeber wie der Investor René C. Jäggi wurden angegangen und die «Höreraktie» wurde erfunden. In der Gratiszeitung Basler Bebbi wurden unter dem dramatischen Titel «Rettet Radio Raurach!» Zeichnungsscheine platziert und tatsächlich konnte das Team schliesslich Zahlungsversprechen über rund 250 000 Franken präsentieren. Dieses Geld wollte allerdings niemand: Nachdem das Baselbieter Obergericht am 5. Juli 1994 die Nachlassstundung gewährt hatte, die Gläubiger 90 Prozent ihrer Forderungen und die bisherigen Aktionäre ihr gesamtes Kapital abgeschrieben hatten, wurden die Karten hinter den Kulissen neu gemischt.[5] Neue Aktionäre witterten ihre Chance und da war ein kämpferisches Team eigentlich nur im Weg.

Als Sanierer wurde Radio Argovia-Chef *Christian Stärkle* geholt, der so etwas wie einen Filial-Betrieb seines Aargauer Radios im Sinn hatte. An den längst ausgearbeiteten Programmplänen des Teams hatte er dagegen kein Interesse – was die Sympathiewerte zwischen uns zwei ziemlich rasch sinken liess. Zwar hatten wir das unselige Wirken der «Polit-Seilschaft» beendet und der Konkurs war in letzter Sekunde abgewendet worden. Doch die idealistischen Vorstellungen vom Baselbieter Radio für die Region waren nun definitiv verflogen. Für mich war es Zeit, Abschied zu nehmen. Die Strasse bei Radio Raurach war «long and winding», aber lehrreich gewesen.

[4] Verwaltungsratsprotokoll vom 25. Mai 1994.

[5] Entscheid des Baselbieter Obergerichts vom 5. Juli 1994.

# Ein Opfer restriktiver Rahmenbedingungen?

Heute wissen wir: Unter Druck der Verleger haben die Gesetz- und Konzessionsgeber vor 30 Jahren ein wirtschaftliches Scheitern von Sendern wie Radio Raurach bewusst in Kauf genommen.
*Von Jascha Schneider*

Roger Schawinski hat vielleicht das Radio erfunden – ganz bestimmt hat er jedoch nicht das erste Lokalradio in der Schweiz gegründet. Anfang der 1920er-Jahre des letzten Jahrhunderts bildeten sich nämlich in der Schweiz sogenannte Radioclubs[1], die Rundfunkversuche mit selbst gebastelten Sendern und Empfängern durchführten. Der Bund erkannte die Bedeutung des damals rasch wachsenden Mediums und legte als politisches Ziel eine nicht kommerziell ausgerichtete Radiolandschaft mit verschiedenen privaten Anbietern fest. Diese Strategie war Ausdruck einer anti-liberalen Grundhaltung, die mehr als siebzig Jahre später nur noch Medienminister Moritz Leuenberger mit seiner Medienpolitik zu übertreffen vermochte.

Ungeachtet dessen nahm 1923 der erste konzessionierte private Schweizer Radiosender, die welsche Programmgesellschaft «Utilitas»[2], den Betrieb auf. Im Verlauf der kommenden Jahre folgten zahlreiche private Lokalsender in der ganzen Schweiz. Die Finanzierung des Sendebetriebs erwies sich sehr bald als grosses Problem, nicht zuletzt auch deshalb, weil den Sendern Werbung verboten war und die Radios wegen der unerbittlichen Lobbyarbeit der Verleger publizistisch stark eingeschränkt wurden.

Auch die Einführung der Rundfunkgebühr konnte die finanzielle Lage der Programmveranstalter nicht wesentlich verbessern, weshalb 1931 das Projekt Regionalradio mit der Gründung der SRG als gescheitert erklärt wurde. Die Rahmenbedingungen waren einfach zu restriktiv gewesen.

1 Pünter Otto, Schweizerische Radio- und Fernsehgesellschaft 1931 bis 1970, Bern 1972, 13.
2 Schanne Michael, Der Service Public der SRG SSR idée suisse: Nutzenbilanz 2001, Bern 2001, 16; vgl. auch Konzession der Utilitas vom 10. Januar 1923.

## Feindbild von Verlegern und SRG

Für Radio Raurach sollte sich diese Geschichte wiederholen. Zwar sah es zunächst anders aus: In den 1980er-Jahren gelang dem Lokalradio der Durchbruch. Mehr oder minder sanft hatte das Volk zuvor gegen das staatlich verordnete Rundfunkmonopol opponiert. Die Freude und Euphorie um die Piraten von Radio 24 war gross. Die privaten Veranstalter wie Radio Raurach zahlten aber für ihre Konzessionen einen hohen Preis und mussten grosse Einschränkungen in ihrer wirtschaftlichen und programmlichen Handlungsfreiheit in Kauf nehmen.

Jascha Schneider, ehem. Mitarbeiter Radio Basel und Medienanwalt

Anders wäre es damals allerdings nicht möglich gewesen, eine politische Mehrheit zu finden. Die Sender schluckten die bittere Pille: So war es zu Beginn lokalen Radios untersagt, Gewinn zu schreiben. Die letzte Revision des Radio- und Fernsehgesetzes[3] überstanden haben Reliquien wie Werbezeitbeschränkungen, Programmauflagen («Service Public Regional»), Werbeverbote und Gebietsbegrenzungen. Es stellt sich aus heutiger Sicht die Frage, ob Radio Raurach ohne diese restriktiven Gesetzesbestimmungen mehr Erfolg beschieden gewesen wäre.

Nachdem das Lokalradio in den 1920er-Jahren ein erstes Mal gescheitert war, erstaunt es, dass der Gesetzgeber auch in den 1980er- und 1990er-Jahren denselben Fehler nochmals beging und dem Lokalradio eine freie wirtschaftliche Entfaltung verwehrte. Radio Raurach und die Programmgemeinschaft «Utilitas» verbindet, dass jeweils starke politische Kräfte am Werk waren, welche die lokalen Radios bekämpften. In den 1920er-Jahren waren es die Verleger, welche die Politiker für ihre Interessen erfolgreich vor den Karren spannten. In den 1980er- und 1990er-Jahren gelang dieses Meisterstück der SRG.

Der Kampf drehte sich letztlich um die Hoheit über den Äther und das damit verbundene Meinungsmonopol. Der Gewinner dieser Schlacht konnte die gesellschaftliche Deutungshoheit für sich beanspruchen. Die als Steigbügelhalter fungierenden Politiker erhofften sich von ihrer Klientel wohlwollende Berichterstattung. Es erscheint daher fast schon müssig, sich mit der Frage zu beschäftigen, ob liberalere Rahmenbedingungen Radio Raurach den wirtschaftlichen Erfolg gebracht hätten.

Fakt ist: Ein wirtschaftliches Scheitern von Sendern wie Radio Raurach wurde bewusst in Kauf genommen. Mehr Liberalismus lag in der Schweiz damals einfach nicht drin. Hätten die SRG und ihre damaligen Politik-Adlaten geahnt, welche Büchse der Pandora durch die Liberalisierung des Regionalfunks geöffnet wurde, wäre der Kampf wohl noch unerbittlicher geführt worden.

3 Revision des Radio- und Fernsehgesetzes vom 24. März 2006 (SR 784.40), in Kraft ab 1. April 2007.

### Weniger Geld, dafür mehr Baselbiet

Besonders einschneidend waren die Gebietsbeschränkung und die mit der Zuteilung des Konzessionsraums verbundenen programmlichen Auflagen.[4] Wären diese Restriktionen Radio Raurach nicht auferlegt worden, wäre es sicherlich möglich gewesen, kommerzieller am Markt zu agieren. Der Sender hätte sich dann aber zwingend vermehrt auch nach Basel orientieren müssen und hätte somit seine lokale Verankerung im Baselbiet aufgegeben.

Man darf nicht vergessen, dass die eigentliche Stärke des Senders gerade in dieser Baselbieter Verankerung lag: Radio Raurach förderte die Identifikation des oberen und unteren Baselbiets mit dem Landkanton und trug in erhöhtem Ausmass zur Meinungsbildung in seinem Konzessionsgebiet bei. Auch die zahlreichen Gemeinden hatten die Möglichkeit, für ihre Anliegen Gehör zu finden.

Mit anderen Worten: Radio Raurach hätte kommerziell sicherlich erfolgreicher sein können, hätte der Sender weniger Programmauflagen einhalten müssen und sein Empfangsgebiet nach freiem Ermessen vergrössern können. Der Sender hätte dann aber möglicherweise auch ein völlig anderes Programm veranstaltet – kommerzieller und urbaner, vergleichbar mit dem heutigen Radio Energy.

Immer wieder trifft man auch auf das Argument, dass eine Aufhebung der Werbezeitbeschränkung Radio Raurach mehr potenzielle Werbesekunden und somit mehr finanzielle Mittel ermöglicht hätte. Ich teile diese Auffassung nicht. Die Ökonomen kennen ein Phänomen, welches sich Güterknappheit nennt und den Preis der betroffenen Waren in die Höhe treibt. Es überrascht nicht, dass die

4 Vgl. Art. 21 ff. aRTVG.

---

## Vernachlässigte Interessen der Kleinanleger

Mehr als einmal hatte die Baselbieter Bevölkerung «ihr» Radio Raurach gerettet und Volksaktien erworben. Vom Verkauf an die BaZ erhofften sich die Kleinstaktionäre[1], eine nachhaltige Lösung für das Baselbieter Radio gefunden zu haben. Diese Mitwirkung der Volksaktionäre beschränkte sich aber auf die Teilnahme an der Generalversammlung – inklusive Bier, Cervelat und einem Händedruck der Verlegerfamilie Hagemann.
Als die Kleinstaktionäre aus ihrem Dornröschenschlaf erwachten und sich nach dem Verkauf des Senders an Christian Heeb und Karlheinz Kögel[2] ein letztes Mal auf die Hinterbeine stellten, war es bereits zu spät. Sie hatten nicht realisiert, dass sie ihren

1 Bestehend aus zahlreichen Baselbieter Privatpersonen und Unternehmen.

2 Bericht in persoenlich.com vom 27. Mai 2009: «Radio Basel 1 an Christian Heeb verkauft».

beiden «Basilisken» Christian Heeb und Hans-Ruedi Ledermann sich dieses ökonomische Gesetz zu Nutze machten. Es gelang ihnen, die Sekundenpreise für Radiowerbung in der Region Basel bis Ende der 1990er-Jahre geschickt auf höchstem Niveau zu halten – und zwar entgegen dem Trend in den anderen Schweizer Regionen.

### Im Windschatten des «Basilisk-Effekts»

Von diesem «Basilisk-Effekt» profitierte indirekt auch Radio Raurach. Mehr potenzielle Werbesekunden hätten möglicherweise in der Region einen Preiszerfall der Radiowerbung zur Folge gehabt. Ob im Falle einer Aufhebung der Werbezeitbeschränkung unter dem Strich ein Nettoertrag von mehreren Millionen Franken übrig geblieben wäre, um das Programm von Radio Raurach ohne Verlust finanzieren zu können, ist daher wohl eher fraglich.

Nicht ausser Acht lassen darf man, dass die Region Basel für zwei kommerzielle Radiosender ein äusserst kleines Versorgungsgebiet darstellt. Die Konkurrenz aus dem In- und Ausland war und ist gross. Richtig ist gewiss: Weil die gesetzlichen Rahmenbedingungen zur Zeit von Radio Raurach dermassen restriktiv waren, war es kaum möglich, dass beide regionalen Sender in der Region Basel ihr Programm kommerziell erfolgreich bestreiten konnten.

Kurz: Eine liberalere Gesetzgebung hätte Radio Raurach sicherlich mehr wirtschaftliches Entfaltungspotenzial und allenfalls sogar ein Überleben ermöglicht. Radio Raurach wäre dann jedoch ein anderer Sender gewesen, der sich an eine andere Zielgruppe und an anderen Grundwerten orientiert hätte.

---

Einfluss vollständig verloren hatten und sie die BaZ bloss aus taktischen Überlegungen im Boot behielt.
Die auf die BaZ folgenden Eigentümer (Radio Basel) «he(e)belten» in der Folge die Volksaktionäre endgültig aus, weil sie ihnen lästig wurden und Mitsprache forderten.[3] Da half auch ein Zusammenschluss mit dem Mediengiganten und Minderheitsaktionär NRJ nichts mehr. Am Ende kam es zu einem Kapitalschnitt, die Kleinstaktionäre wurden aus der Aktiengesellschaft gedrängt.[4] Auf diese Weise verschwand nicht nur der «Bund der Minderheitsaktionäre», sondern auch der letzte Hauch Baselbiet.
*Jascha Schneider*

3 Bericht in persoenlich.com von Markus Knöpfli vom 11. August 2010: «Radio Basel – Aufstand einiger Minderheitsaktionäre».

4 Vgl. BaZ vom 16. Dezember 2010: «Radio Basel produziert tiefrote Zahlen», BaZ vom 5. März 2011: «Radio Basel in den Händen von Heeb und Kögel».

# Das Radio und sein Kanton

Radio Raurach verstand sich immer als Baselbieter Radio. Unterstützung durch die Heimat erhielt der Sender allerdings erst, als es schon zu spät war.
*Von Philipp Loser und Michael Rockenbach*

Radio Raurach – darin sehe ich nicht nur ein lokales Rundfunkprogramm, sondern den ersten Aufschrei eines neuen Medienzeitalters, ein Zeichen, dass die Zukunft schon begonnen hat, ein beginnendes Aufhorchen nach einer Stimme unserer Heimat, ein Kleinod, ein Juwel, das unseren Kanton in seiner Eigenheit bestärkt und nicht zuletzt eine neue Stütze für unser föderalistisches Bewusstsein darstellt.» Dies schreibt Matthias Wyssmann 1982 in einem Leserbrief in der Volksstimme[1] – ziemlich genau ein Jahr, bevor die ersten Lokalradios ihren Sendebetrieb aufnahmen.

Die Stimme unserer Heimat also, ein Juwel gar und nichts weniger als die Bestärkung unserer Heimat. Noch bevor Radio Raurach auch nur einen Ton gesendet hatte, waren die Erwartungen an die jungen Radiomacher immens.

Um diese hohen Erwartungen, geäussert von Matthias Wyssmann in diesem Leserbrief, zu verstehen, muss man sich in die Entstehungszeit von Radio Raurach zurückversetzen. Das Baselbiet zu Beginn der 1980er-Jahre war mediales Brachland. Es gab die Basellandschaftliche Zeitung, es gab die Volksstimme, es gab die Basler Zeitung und es gab das Regionaljournal, das einmal pro Werktag ein paar Minuten regionale (und vornehmlich baslerische) Informationen verbreitete. «Wir hatten damals eine völlig verkrustete Medienstruktur in der Region», sagt Radiopionier Christian Heeb, der damals mit Radio Basilisk auf Sendung ging, «da war keine Substanz vorhanden.»

In dieses Vakuum stiess Radio Raurach, das seine Verbundenheit zum Baselbiet bereits im Namen und bei der Wahl des Sendestandorts im Oberbaselbiet wie ein Banner vor sich her trug. «Das typisch baselbieterische Denken gab es schon vor

---

[1] Leserbrief von Matthias Wyssmann in der Volksstimme vom 11. November 1982.

[2] Versand von Robert Bösiger vom 14. Mai 1982 an die Lokalpresse. Titel der Mitteilung war: «Radio Raurach – Das Lokalradio für's Baselbiet».

[3] Die angeblich linke SRG war auch der Ursprung der heutigen UBI. Deren aktueller Präsident Roger Blum rekapituliert die Entstehungsgeschichte: «Die SVP stellte in den 1970er-Jahren ein dickes Dossier über die politische Einseitigkeit der SRG zusammen. Gestützt auf dieses SVP-Dossier intervenierten Nationalrat Erwin Akeret und Ständerat Fritz Krauchthaler mit SRG-kritischen Interpellationen. Flankierend dazu wurde die ‹Schweizerische Fernseh- und Radio-Vereinigung› gegründet, deren Präsident Nationalrat Prof. Walther Hofer wurde – der so genannte ‹Hofer-Club›. Der ‹Hofer-Club› stellte immer wieder Sendungen an den Pranger. Als Abwehrmass-

Radio Raurach», sagt der ehemalige Regierungsrat Hans Fünfschilling im Rückblick, «aber Raurach gab diesem Denken eine Stimme. In diesem Sinne war Radio Raurach vielleicht nicht identitätsstiftend. Aber ganz sicher identitätsfördernd.»

Es war ein Parteikollege von Fünfschilling, der für diese symbolhafte Überhöhung des «Lokalradios fürs Baselbiet»[2] mitverantwortlich war: Karl Flubacher aus Läufelfingen, Gemeinderat, Landrat, Nationalrat. Ein Bauunternehmer, ein Heimatverbundener – und Mitinitiant und erster Verwaltungsratspräsident von Radio Raurach. Nur dank den Verbindungen von Flubacher nach Bundesbern erhielt Raurach eine der begehrten Konzessionen.

Flubacher blieb nicht der einzige Politiker im Umfeld von Radio Raurach – bis zur Übernahme von Christian Heeb und der Umbenennung in Radio Basel sassen in den verschiedenen Gremien immer wieder lokale Politiker. «Nach dem Untergang der Parteipresse suchten die Politiker neue Plattformen. Lokale Radiostationen waren in den 1980er-Jahren ein gefundenes Fressen», sagt der Medienwissenschaftler Roger Blum. Besonders bürgerliche Politiker warfen ein Auge auf die aufblühende Privatradio-Landschaft. Damals wie heute galt die dominierende SRG in konservativen Kreisen als «linkes Medium». «In den 1970er-Jahren gab es eine ganze Anzahl von Radio- und Fernsehsendungen, die im Sinne der 68er-Bewegung die Verhältnisse kritisch hinterfragten. Dies störte die Bürgerlichen», sagt Blum.[3] Viele bürgerliche Politiker hätten darum die Lokalradios als Chance begriffen, ein Gegengewicht zur angeblich linken SRG aufzubauen.

## Identitätsstiftende Nähe

Die Hoffnungen der Politiker waren zweigeteilt: Zum einen suchten sie eine Plattform für ihre Botschaften (wie sie es immer tun), und zum anderen wollten sie mit den Lokalradios die Identität des eigenen Kantons stärken.

Radio Raurach darf in diesem Kontext als Musterbeispiel gelten. Natürlich berichtete das Radio nicht ständig über die Geschichte des Kantons, die eigene Kultur, die eigene Politik. Obwohl eine Studie aus dem Jahr 1984 dem Radio eine vergleichsweise hohe regionale Berichterstattung attestierte[4], fand die Stärkung der eigenen Identität eher beiläufig statt. Durch den Dialekt, durch den Standort mitten im Oberbaselbiet, durch die Nähe zu seinen Hörern.

Das fiel selbst einem Laufentaler auf, einem, der zu den grössten Fürsprechern von Radio Raurach gehörte. SVP-Landrat Georges Thüring machte sich in verschiedenen Vorstössen im kantonalen Parlament für das Radio stark. Eben weil es Heimatgefühle in ihm weckte. «Das Radio war an Festen präsent, berichtete über allerlei Interessantes, über Beizeneröffnungen oder neue Geschäfte –

Philipp Loser (oben) und Michal Rockenbach, Redaktoren TagesWoche

nahme setzte Bundesrat Willy Ritschard eine Beschwerdekommission ein (die so genannte ‹Kommission Reck›), aus der dann 1984 die UBI entstand (Unabhängige Beschwerdeinstanz für Radio und Fernsehen), ebenfalls mit Oskar Reck als Präsident. Ritschards Nachfolger Leon Schlumpf sorgte nicht nur für eine verfassungsmässige Abstützung des Beschwerdeverfahrens, sondern auch für die Einführung privater Radios (1983). Viele bürgerliche Politiker sahen in den Privatsendern eine Chance, ein Gegengewicht zur angeblich linken SRG aufzubauen.» (Quelle?)

4 Media-Studie der ofa, 15. Oktober 1984.

Die Radio Raurach-Crew winkt vom Balkon des Regierungsgebäudes in Liestal hinab ins Land. Radio Raurach stand damals (die Aufnahme wurde im Spätherbst 1988 gemacht) im ersten Jahr, seit Chefredaktor Peter Küng von Radio Basilisk hinzugestossen ist. Auf dem Bild zu sehen (hintere Reihe, von links): Dieter Wullschleger (Werbung), Marcel Born und Harald Sohns.
Mittlere Reihe (von links): Chistoph Steinmann, Felix Anderwert, Marcel Allemann, Marcel W. Buess, Peter Küng und Gérard Kaufmann (Werbung).
Vordere Reihe (von links): Daniel Fornaro, Patty Jost (Werbung), Jürg Schneider, Chris Jenni, Beatrix Wyss, Esther Räuftlin und Markus Schneiter. Es fehlt Susanne Hänggi (Moderation).

und genau das vermittelte Gefühle für die Heimat.» Auch wenn man die Politiker des eigenen Kantons für einmal nicht nur in der lokalen Zeitung las, sondern im lokalen Radio hörte, habe das die Verbundenheit mit dem eigenen Kanton und seinen Vertretern erhöht. «Als Baselbieter fühlt man sich von den Medien häufig wie ein Hinterwäldler behandelt und nicht ernst genommen. Das schadet der Politik und mehr noch dem Kulturleben, dem die Medien wichtige Impulse verleihen können.»

Obwohl bei der Gründung von Radio Raurach bürgerliche Politiker massgeblich beteiligt waren, und obwohl die heimatstiftende Funktion von Raurach von den gleichen Politikern immer wieder betont wurde, tat sich das offizielle Baselbiet zu Beginn schwer mit dem Lokalradio aus Sissach. Noch vor dem Sendestart am 1. November 1983 schickten die Nationalräte Karl Flubacher und Hans-Rudolf Nebiker (SVP), dessen Tochter später bei Radio Raurach arbeitete, einen Bettelbrief an die Baselbieter Regierung: «Im Weiteren bitten wir Sie zu prüfen und zu erwägen, inwieweit der Kanton das einzige Baselbieter Lokalradio in Form von jährlich wiederkehrenden Zuwendungen (zum Beispiel aus dem Lotteriefonds) konkret unterstützen kann, so dass Radio Raurach nicht gänzlich den stets schwankenden Einnahmen aus dem Verkauf von zulässiger Werbezeit ausgeliefert ist.»[5]

Der Brief fiel anscheinend auf fruchtbaren Boden. Einen Monat später orientierte Alfred Oberer den Verwaltungsrat von Radio Raurach über sein Gespräch mit Regierungsrat Paul Nyffeler (FDP). Anscheinend bestehe die Mög-

5 Brief an den Regierungsrat des Kantons Basel-Landschaft, 25. Oktober 1983.

## Im Clinch

Die Seite «Aktuell» der Zeitung Nordschweiz vom 30. Januar 1986 war starker Tobak. Unter dem Titel «Grosse Töne eines kleinen Lokal-Senders» berichtete das Blatt über einen Clinch zwischen dem Radio Raurach-Verwaltungsrat und der Baselbieter Regierung. Der Sender, so hiess es, fühle sich von der Kantonsregierung «verlassen und verraten». Deshalb sei nun aus mit dem Frieden: «Magistrale Verfehlungen» würden künftig nicht nur kritisch betrachtet, sondern auch ans Tageslicht gebracht, zitierte Journalist Peter Kleiber ein Papier des damaligen Verwaltungsratsdelegierten Marcel W. Buess an den Verwaltungsrat.[1] Auf rund 130 Zeilen breitete er den Konflikt genüsslich aus und zitierte Buess: «In falscher Rücksichtnahme hat unsere Redaktion Möglichkeiten nicht ausgenutzt, kritische Beiträge über das Tun und Handeln der Regierung respektive einzelner Regierungsräte zu bringen. Diese schier fahrlässige Schonzeit ist nun vorbei. Die Kantonsregierung muss lernen, uns ernst zu nehmen.»[2]

Klar war, dass das «Buess Papier» über bis heute unbekannte Wege nach draussen zur Nordschweiz fand. Es war für den internen Gebrauch bestimmt, hatte aber einen realen Hintergrund: Mit Schreiben vom 6. Februar 1985 gelangte der Raurach-Verwaltungsrat nämlich an die Baselbieter Regierung mit der Bitte um eine «zweckgebundene, einmalige Zuwendung aus dem Lotteriefonds». Wenige Tage zuvor hatte man in Sissach die erste Betriebsrechnung mit einem Defizit von rund 370 000 Franken abgeschlossen. Zum Pech von Radio Raurach machte kurz darauf im Kanton Bern die Finanzaffäre Schlagzeilen, und der Landrat verschärfte die Vergabe von

lichkeit, dass sich der Kanton mit 10 000 Franken in Anteilsscheinen und mit 40 000 Franken à fonds perdu aus dem Lotteriefonds beteilige.[6] Den guten Nachrichten aus Liestal folgte allerdings langes Zögern und Zaudern.

## Vertröstungen und schöne Worte

Die Geschichte von Radio Raurach war seit Sendestart im November 1983 auch eine Geschichte des haarscharf verhinderten finanziellen Kollapses. In einem Verwaltungsrats-Protokoll vom April 1985 ist folgendes Zitat des Radiomitbegründers und damaligen Geschäftsführers Robert Bösiger nachzulesen: «Mit Stand von heute verfügt Radio Raurach (seit der Auszahlung der letzten Löhne) über KEINE verfügbaren Mittel mehr. Die Kreditlimiten sind sogar um rund 15 000 Franken überschritten.»[7]

Es ist nicht die letzte Bemerkung in den Dokumenten des Senders, die die desaströse Situation in der Buchhaltung von Radio Raurach beschreibt. «Aus heutiger Sicht muss man festhalten: Raurach hatte nie eine Überlebenschance. Dafür gibt das Oberbaselbiet alleine wirtschaftlich einfach nicht genug her», sagt Christian Heeb.

Damals hofften die Radiomacher auf den Kanton und die Regierung – und wurden enttäuscht. Aus der 1983 versprochenen Beteiligung des Kantons wurde nichts. Immer wieder wurde der Verwaltungsrat vertröstet. Es folgten eine Aussprache mit dem Gesamtregierungsrat 1986, verschiedene Motionen im Landrat,

6 Verwaltungsrats-Protokoll vom 17. November 1983.

7 Verwaltungsrats-Protokoll vom 30. April 1985.

---

Lotteriefonds-Geldern.[3] Auf Grund der neuen Bestimmungen könne Radio Raurach leider kein Geld mehr zur Verfügung gestellt werden, beschied der Regierungsrat den Radioverantwortlichen.[3] Das kam Buess in den falschen Hals, er schrieb an den Gesamtverwaltungsrat u. a.: «Man hat Radio Raurach Versprechungen gemacht, und jetzt ist man unter dem Vorwand fadenscheiniger Gründe nicht gewillt, den einzigen Sender des Kantons zu unterstützen.»

Die Indiskretion sorgte bei der Regierung für Unverständnis und Ärger. Innerhalb der Radiogremien gab es rote Köpfe und gegenseitiges Misstrauen. Weil ich selbst kurz zuvor die Kündigung eingereicht hatte, galt ich für einige als verdächtig und musste mich heftig zur Wehr setzen. Das klärende Gespräch zwischen einer Delegation des Verwaltungsrats und der Regierung fand Wochen später statt; Marcel W. Buess entschuldigte sich in aller Form. Noch heute allerdings ist es ein Geheimnis, auf wessen Konto die Indiskretion damals ging.

*Robert Bösiger*

1 Der Brief an den VR ist datiert vom 8. November 1985.

2 Beitrag in der Nordschweiz, Ausgabe vom 30. Januar 1986.

3 Ziffer 5 der «Grundsätze für die Verwendung der Gelder aus dem Lotteriefonds», am 24. September 1985 beschlossen von der Regierung des Kantons Basel-Landschaft.

4 Schreiben des Regierungsrats des Kantons Basel-Landschaft vom 5. November 1985.

eine erneute Aussprache und dann der endgültige, negative Bescheid: Regierungsrat Paul Nyffeler liess in einem offenen Gespräch durchblicken, dass ihm ein Rückzug der Motion Rudolf Andreatta, mit der Raurach um Staatshilfe gebeten hatte, aus staatspolitischen Gründen am liebsten wäre.[8] Der Verwaltungsrat konnte dem Wunsch des Regierungsrats entsprechen – dank privater Initiative und Sponsoren, einer Umschuldung der bestehenden Schuldverhältnisse und neuen Einnahmemöglichkeiten kam Radio Raurach um Staatshilfe herum.

### Bruch mit der Heimat

Auf den Staat und den eigenen Kanton angewiesen war das Radio erst zehn Jahre später, als es dem totalen Untergang nur ganz knapp entging. In dieser Stunde der höchsten Not, der drohenden Nachlassstundung, hatte das Obergericht ein Einsehen. «Zugunsten der Gesuchstellerin fällt weiter ins Gewicht, dass es sich bei ihr nicht einfach um eine kommerzielle Firma handelt, sondern um eine Institution, die einen festen Sitz im Kulturleben des Kantons Basel-Landschaft hat. Das Verschwinden von Radio Raurach würde von einer breiten Öffentlichkeit bedauert», heisst es im Gerichtsbeschluss des Baselbieter Obergerichts vom 5. Juli 1994, mit dem das Gericht dem angeschlagenen Radio eine sehr vorteilhafte Nachlassstundung gewährte.

Kurz nach dem Gerichtsbeschluss wurde auch die öffentliche Hand aktiv: Die Stadt Liestal sprach im August 1994 15 000 Franken à fonds perdu für die Nachlassstundung – die Politiker liessen zum ersten Mal ihren Worten auch Taten folgen. Doch da war es bereits zu spät.

Die Nachlassstundung war der Beginn des langsamen Abschieds vom «Baselbieter Lokalradio». Ein Jahr später verschwand zuerst der Name: Über Nacht hiess Raurach plötzlich Radio Edelweiss. Die Umbenennung war der erste Bruch mit dem Heimatkanton – ein damals aktiver Regierungsrat nennt den neuen Namen heute «grässlich». Dabei war die Umbenennung nicht nur ästhetisch fragwürdig, sie kappte auch die offensichtlichste Verbindung zum Baselbiet. Zwar nannte sich Radio Edelweiss im Untertitel «Das Nordwestschweizer Radio aus dem Baselbiet», aber der erste Bezug zur Heimat war verloren.

### Schwieriges Loslassen

Ganz gekappt wurden die Verbindungen ins Baselbiet 14 Jahre und zwei Namenswechsel später. Christian Heeb übernahm 2009 die ehemalige Raurach-Konzession, nannte seinen Sender neu Radio Basel und sendete von Basel aus. «Mir war immer klar, dass es aus dem Oberbaselbiet nicht funktionieren

8 Verwaltungsrats-Protokoll vom 23. Januar 1983.

kann. Der Sissacher interessiert sich für Basel, kaum aber umgekehrt. Das soll nicht despektierlich klingen, das ist einfach eine Tatsache.»

Der Prozess während des Umzugs nach Basel zeigte ein letztes Mal die Verbundenheit des ehemaligen Sissacher Senders mit seinen politischen Vertretern und seinem Heimatkanton. Es war in erster Linie der damalige Medienminister Adrian Ballmer, der im Namen seiner Regierung um den Verbleib des Senders im Baselbiet kämpfte. Bei der Anhörung zur Konzessionsvergabe im Februar 2008 hielt die Baselbieter Regierung fest: «Der Ort, wo recherchiert, redaktionell entschieden und produziert wird, prägt die journalistischen Inhalte entscheidend. Ein zentrales Anliegen des Regierungsrates ist daher, dass ein Hauptstudiostandort eines der beiden vollwertigen Lokalradios in Liestal oder in dessen näheren Umgebung verbleibt.»

Als im Verlauf der Verhandlungen klar wurde, dass der Standort des neuen Senders keinen Einfluss auf die Vergabe der Konzession haben würde, rechtfertigte sich der Regierungsrat im Landrat. In einer Antwort auf eine Interpellation von Georges Thüring hiess es im April 2010 – Radio Basel sendete längst aus den Studios an der Münchensteinerstrasse in Basel –, dass sich der Kanton in den Gesprächen gegenüber dem Bund stets für den Standort Liestal eingesetzt habe. «So verwies er u. a. darauf, dass ein Standort im Baselbiet einen Mehrwert gegenüber anderen Konzessionsbewerbern darstellen könnte. Beispielsweise hat das damalige Radio Raurach Mitte der 1990-Jahre den Vorzug gegenüber dem RadioX erhalten, weil es in Liestal stationiert und speziell auf die Bedürfnisse des Kantons Basel-Landschaft ausgerichtet war.»

Es war einer der letzten grossen Auftritte des selbst ernannten «Berufsbaselbieters» Adrian Ballmer. In einer mündlichen Ergänzung zur schriftlichen Beantwortung der Interpellation machte Ballmer eine kurze «Tour d'Horizon» durch die Baselbieter Medienlandschaft. Er lobte die neue Strategie der Basler Zeitung, bedauerte den Ersatz des BZ-Logos durch die Abkürzung AZ bei der ehemaligen Basellandschaftlichen Zeitung und wünschte sich zum Schluss eine «starke Baselbieter Regionalzeitung mit einem Baselbieter Verleger».

Der Wunsch nach einem lokalen Medium, mit Standort im Baselbiet, mit dem Baselbiet im Namen, er ist seit den Anfängen von Radio Raurach in den frühen 1980er-Jahren der Baselbieter Politik erhalten geblieben. Gescheitert ist der Wunsch, egal ob nach einem regionalen Radio, einer regionalen Zeitung oder einer regionalen Fernseh-Station, immer an der profanen Wirtschaftlichkeit. Oder in den Worten von Christian Heeb: «Wirtschaftlich gibt das Baselbiet einfach nicht mehr her.»

**Haben sich für Radio Raurach im Kantonsparlament eingesetzt (von oben): Landräte Walter Leber (SP), Rudolf Andreatta (FDP) und Georges Thüring (SVP).**

*Einspruch*

# Anfang und Untergang

*Von Barbara Umiker*

Radio Raurach war ganz zu Anfang kein bürgerliches Projekt. Es gab auf der Achse Sissach–Gelterkinden drei junge Männer, die in Baselbieter Nachahmung von Roger Schawinskis Radio 24 «pirätlet» haben. Will meinen: Von irgendeiner Baselbieter Fluh aus sendeten sie Radiowellen mit ihrem Programm.

Gleichzeitig gab es im Baselbiet die relativ frisch gegründeten Jungfreisinnigen JFBL – damals ein agiles, sich meist von der Mutterpartei abgrenzendes Trüppchen. Umso mehr, als einige Mitglieder auch aktiv bei den Jungliberalen Schweiz JBS (der Juniororganisation der FDP Schweiz und grössten Jugendpartei der Schweiz) in verantwortlicher Position mitwirkten. So entstanden Beziehungen zu Jungen anderer Kantone, auch der Romandie und des Tessins, die alle schon Erfahrungen im Umgang mit dem Monopol der SRG hatten.

Die JFBL organisierte – ein Frevel, denn Roger Schawinski war nirgends sehr wohlgelitten – ein Podium in der Mittenza zum Thema «SRG-Monopol». Teilgenommen haben unter anderem Leo Schürmann, der Generaldirektor der SRG, Christian Heeb, der damals noch mit Roger Schawinski vom Pizzo Groppera aus sendete, Mäni Weber (der nicht nur als Fernseh- und Radiomoderator sehr charmant, sondern auch sehr gescheit war) und ein «Pirat» von der Sissacher Fluh. Die Veranstaltung war sehr erfolgreich – und zum ersten Mal wurde das Thema auch medial in unserer Region in Szene gesetzt. So konnten auch die etablierten Parteien (deren Mitglieder und Exponenten mehrheitlich gesetzteren Alters waren) die Frage nach Privatradios nicht mehr links liegen lassen.

Und hier war sie denn auch: die Verbindung zwischen den «Piraten» und der Politik, der JFBL. Beiden gemeinsam war der Ärger über Monopole und über die Meinung, was Kultur zu sein habe (nämlich klassische oder Ländlermusik, hochstehende Literatur oder verordnete Besinnlichkeit an gewissen Tagen). Auch das Aufzwingen von Althergebrachtem wurde nicht mehr akzeptiert: Warum gab es am Sonntagmittag nach den Nachrichten nur klassische Musik, wo blieben die Themen und die Musik für die Jungen? Warum fanden Politik und Kultur radiofonisch nur in der Stadt Basel statt? Gemeinsam war den Jungen und den meisten Parteien im Baselbiet ebenso, dass man tatkräftig darangehen wollte, etwas zu ändern.

Barbara Umiker, ehem. Mitglied Programmkommisson und freie Mitarbeiterin

So war es logisch, dass sich die JFBL an ihre politischen «Alten» wandte. Karl Flubacher war von Anfang an dabei – wie auch Alfred Oberer. Dass es dabei darum gegangen sein soll, der vermeintlich linken SRG ein bürgerliches Medium entgegenzusetzen, wage ich zu bezweifeln. Denn um eine möglichst breite Unterstützung für die Einreichung des Konzessionsgesuchs für Radio Raurach zu finden, wurden Kontakte zu wirklich allen politischen, kulturellen und wirtschaftlichen Kreisen aufgenommen. Auf einem ganz anderen Blatt steht geschrieben, wie sie dann konkret darauf reagiert haben.

Die Schreibende erinnert sich noch gut an ein Telefongespräch, das sie mit Eduard Belser, dem damaligen Präsidenten des Baselbieter Gewerkschaftsbundes, führte: Er wollte nichts wissen von einem Lokalradio, meinte, das Monopol der SRG sei in Ordnung, Baselland brauche nichts Eigenes. Damit war die Position der linken Parteien und Gruppierungen definiert. Welche Chance sie sich damit vergeben haben, zum Beispiel gemeinsam gegen den heutigen Mainstream und Einheitsbrei in den Medien anzugehen, werden dereinst die Geschichtsschreibenden zu erforschen haben.

Radio Raurach war ein Pionierradio auf Baselbieter Art: Wenn ich daran denke, wie bunt das Programm war, wie viele Berufene und Selbstberufene Sendungen machen konnten, von Marcel Borns Hausfrauenstunde über einen Stammtisch zu Erziehungsfragen bis hin zu Musik aus der Mottenkiste und zum wöchentlichen Wunschkonzert (garantiert immer dabei: «Dr Schacherseppli» und «s'Guggerzytli») – der Sender brachte Leute zusammen, die sich sonst nie kennengelernt hätten, auch aus dem Ober- und Unterbaselbiet, Junge und Alte.

Warum gibt es Radio Raurach nicht mehr? Das liegt in vielem begründet, etwa im Sog, den Städte auf junge Menschen ausüben, in den geänderten Formen des Musikkonsums (damals gab es meist Langspielplatten, erst später CDs – heute ist das alles veraltet) oder im Wirtschaftsdenken (dass nicht eine ausgeglichene Rechnung das Ziel sein soll, sondern die Gewinnsteigerungen). Und nicht zuletzt: Die Politik wurde von der Geburtshelferin zur Bestatterin von Radio Raurach. Nachdem sich linke Parteien und Organisationen ohnehin nie mit Radio Raurach identifizieren konnten oder wollten, begann der langsame, aber stetige Abgesang vermutlich bereits mit der Watrag-Geschichte, einem Zwist im bürgerlichen Lager. Hauptprotagonisten waren Karl Flubacher und Paul Nyffeler, der damalige Finanzdirektor und «Medienminister» in der Regierung. Die Geschichte trieb einen Keil in die FDP, zerstörte Freundschaften und schadete dem Sender. Denn letztlich musste der unermüdliche Kämpfer Karl Flubacher kapitulieren. In meinen Augen haben sich später auch die Regierung und die Verantwortlichen der Verwaltung zu wenig für Radio Raurach eingesetzt.

Es bleiben wunderbare Erinnerungen, zum Beispiel an Chancen, die so heute nicht mehr möglich wären, an einen Common sense zwischen jungen Erwachsenen aller Schattierungen, an eine Zeit, in der nichts unmöglich war und in der man sich im ganzen Kanton zusammengehörig fühlen konnte.

# Das Landradio und die Stadtzeitung

Doppelte Scham liegt über der Geschichte, die sich zwischen Radio Raurach und der Basler Zeitung abgespielt hat. Die Scham eines chronisch defizitären Radios, das sich der Stadtzeitung an den Hals warf, nur weil diese Geld hatte. Und die Scham einer Zeitung, die stets nur auf das Landradio schielte, weil es lange Zeit dessen attraktivere Stadtschwester nicht erhielt.
*Von Christian Mensch*

Ungleicher hätten die Radiogeschichten in den beiden Basel nicht beginnen können. Im Stadtkanton erhielt *Christian Heeb* 1983 die Lokalradiokonzession für sein Radio Basilisk. Heeb, ein Radioprofi mit exzellenter Stimme, hatte das Handwerk in Baden-Baden bei SWF 3 gelernt und war vom Privatradio-Virus beseelt, seit er mit *Roger Schawinski* vom Pizzo Groppera Radio 24 produzierte. Heeb wollte in Basel so erfolgreich sein wie sein Vorbild Schawinski in Zürich und hatte dazu mit *Hans-Ruedi Ledermann* einen Partner zur Seite, der den ökonomischen Sachverstand mitbrachte. Ganz anders Radio Raurach, das von Anbeginn ein politisches Manifest war. Berufsbaselbieter sahen es als ihre Pflicht, dass auch der Landkanton ein eigenes Radio hatte. Und sie sahen sich durch die damalige Bundespolitik gestärkt, die in falsch verstandenem Föderalismus praktisch jedem Kanton ein eigenes Radio zugestand.

In den 1980er-Jahren war es für die Basler Zeitung noch kein Problem, weder am einen noch am anderen Radio beteiligt zu sein. Der mediale Konzentrationsprozess, in dem sich die regional dominierenden Zeitungsunternehmen jeweils das Lokalradio und später auch das Lokalfernsehen einverleibten, setzte erst in den 1990er-Jahren ein. Zum einen hatten sich die Lokalradios hoffnungslos verschuldet und waren auf Finanzspritzen angewiesen. Zum anderen mutierten die traditionellen Zeitungsverlage allmählich zu multimedialen Unternehmen.

Die stille Einverleibung des neuen Mediums Radio in die tradierten Machtstrukturen der Grossverlage funktionierte in vielen Regionen reibungslos, nicht aber in Basel: Die Zeitungsfusion von 1976 zwischen der National-Zeitung und den Basler Nachrichten zur Basler Zeitung hatte jede Annäherung zwischen den Mediengattungen blockiert. Augenfälligstes Resultat ist die Stiftung Kabelnetz (neu Stiftung Telebasel), deren politische Funktion von Anbeginn darin bestand, die Basler Zeitung vom regionalen Fernsehmachen fernzuhalten.[1]

Christian Mensch, Medienjournalist und Autor

## Das Dreiecksverhältnis

Das Verhältnis der Basler Zeitung zu Radio Raurach ist nur als Teil eines Dreiecksverhältnisses zu verstehen, wobei Basilisk der dritte Part zukommt. Radio Raurach war stets in der Rolle des Getriebenen; treibend war die Hassliebe zwischen der Zeitung und dem Stadtradio. So wie in Zürich Roger Schawinski (Radio 24) und die Tamedia (Tages-Anzeiger) gebärdeten sich auch die Basler als publizistisch unversöhnliche Konkurrenten – und suchten doch immer wieder die Zusammenarbeit.

Ende der 1980er-Jahre war am Rheinknie wieder einmal Tauzeit. Radio Basilisk und die Basler Zeitung koordinierten ihre Bemühungen, um doch noch einen Fuss ins TV-Geschäft setzen zu können. Eine gemeinsame Firma wurde gegründet.[2] Die Annäherung ging so weit, dass die Zeitung in der Radioholding einen Minderheitspakt übernahm samt Vorkaufsrecht, sollten die Basilisk-Gründer Heeb und Ledermann eines Tages aussteigen wollen. Der Makler im Hintergrund war der umtriebige Anwalt und Treuhänder *Fritz Schuhmacher*, der sich ebenfalls beteiligte. Politisch war die Absprache so brisant, dass der Vertrag über das Vorkaufsrecht nur in einem Exemplar ausgefertigt und bei Schuhmacher deponiert wurde. Es schien nur eine Frage der Zeit, bis Radio Basilisk der Basler Zeitung gehört.

Währenddessen kämpfte Radio Raurach ums überleben. In regelmässiger Folge wurde das Aktionariat angegangen, um die Löcher in der Betriebsrechnung zu stopfen. Um ihren Obulus gebeten wurden auch die Basellandschaftliche Zeitung und anteilsmässig für ihre Baselbieter Abonnenten die Basler Zeitung. Allerdings wurde es immer schwieriger, Baselbieter Unternehmer für diese undankbare Aufgabe zu gewinnen. In dieser Situation gelangte Hans Rudolf Gysin, Chef der Wirtschaftskammer Baselland, an den Verleger der Basler Zeitung, *Hans-Rudolf Hagemann*, mit der Aufforderung, substanziell beim Landradio zu investieren.

1 Vgl. etwa Christian Mensch, Der Sonderfall «Telebasel», Basler Zeitung, 27.12.2007.

2 Jürg Bürgi. Keine Hurrlibuben. Klartext 6/88.

Eine Notwendigkeit bestand für die Basler nicht, da sie davon ausgingen, eines Tages Radio Basilisk übernehmen zu können. Doch Gysin setzte Druck auf, wie der damalige BaZ-Konzernchef *Peter Sigrist* erzählte, der sich einer paradoxen Situation gegenübersah: Einerseits wurde sein Unternehmen ständig als städtische Monopolistin kritisiert, das den Landmedien das Leben schwer mache. Andererseits lag nun der Vorwurf der unterlassenen Hilfestellung für das Not leidende Landradio in der Luft, was ebenfalls als Ausnutzung dieser Monopolstellung angeprangert würde.

### Die Rettungsaktion

*Peter Wyss*, Finanzchef der Basler Zeitung und ehemaliger Baselbieter Finanzverwalter, sowie Martin Wagner, der damals junge Anwalt der Wirtschaftskammer, organisierten die konkrete Rettung des Radios. Wyss und Wagner beseitigten die Überschuldung mit einem Kapitalschnitt auf null Franken und einer Rekapitalisierung von 1,7 Millionen Franken. Was bisher niemand wusste: Mangels Alternative stammte das frische Geld einzig aus der Kasse der Basler Zeitung. Nicht erst 2002, so wie es die bisherige Geschichtsschreibung wissen will, sondern bereits 1995 war das Baselbieter Lokalradio damit zu 100 Prozent im Besitz der Basler Zeitung.

Dies durfte aus doppeltem Grund nicht sein. Konzessionsrechtlich hätte die neue Eigentümerschaft beim Bundesamt für Kommunikation angemeldet werden müssen, politisch wäre ein Aufschrei gegen das Basler Monopolstreben durchs Baselbiet geschallt, wäre die Übernahme bekannt geworden. In aller Stille verabschiedeten sich die Basler deshalb wieder. Den Abgang hatte ihnen der Baselbieter Filmunternehmer *Bernhard Burgener* ermöglicht, vermittelt wurde er durch Martin Wagner, der auch für Burgener als Rechtskonsulent tätig war.

Burgener hatte in der Region als Videohändler begonnen und ist mittlerweile Konzernchef und Grossaktionär der in Pratteln domizilierten und börsenkotierten Highlight Communications. Diese beherrscht indirekt nicht nur die bedeutende deutsche Filmfabrik Constantin, sondern mischt auch bei der Vermarktung der Fussball-Champions-League in einem Milliardengeschäft mit. Burgener wollte ei-

Mit der Übernahme durch die Basler Zeitung Medien stand wieder einmal ein Namenswechsel an. Bild: Silvana Imperiali, CEO von Radio Edelweiss und Geschäftsführer Dani von Wattenwyl gaben an einer Medienkonferenz vom 24. Juli 2003 in Basel bekannt, dass der Sender ab 25. August Radio Basel 1 heissen werde.

nen Schlussstrich ziehen unter das völlig verpolitisierte Radio, wechselte den Namen von Raurach in Edelweiss und holte sich professionelles Know-how bei der französischen Radiokette NRJ, die sich zudem am Radio beteiligte.

**Die Kriegserklärung**

Für den nächsten Akt in der Geschichte der Basler Radios wechselt der Schauplatz zunächst wieder nach Basel: Heeb und Ledermann beschlossen Anfang 2002, ihr Lebenswerk zu verkaufen, so wie kurz zuvor Schawinski Radio 24 an die Tamedia (Tages-Anzeiger) versilbert hatte. Der junge BaZ-Verleger *Matthias Hagemann* sah sich durch das Vorkaufsrecht abgesichert. Auch als Heeb mit der zahlungskräftigen Tamedia zu verhandeln begann, beunruhigte dies ihn nicht. Doch als Heeb das Radio dann für 24,5 Millionen Franken an die Tamedia verkaufte, sah er sich getäuscht. Denn der Vertrag mit dem Vorkaufsrecht, der bei Schuhmacher deponiert war, hatte sich angeblich in Luft aufgelöst und war nicht mehr auffindbar.

Der Verkauf von Radio Basilisk nach Zürich verstand das Basler Medienhaus als Kriegserklärung; einerseits weil es ausgeschaltet worden war und andererseits mit der Tamedia ein gefährlicher Konkurrent mitten in der Stadt war. Nun wollte die Basler Zeitung offiziell Edelweiss kaufen und Burgener war froh, wieder aus einem Geschäft aussteigen zu können, das nicht wirklich ein Geschäft war. Die Zeiten hatten sich geändert, politischen Widerstand gab es keinen. Fünf

Jahre nachdem die Basler Zeitung klandestin bei Radio Raurach ausgestiegen war, stieg sie nun mit lautem Getöse ein. Der Sender sollte frontal gegen Basilisk positioniert werden und hiess künftig Basel 1. Die konzessionsrechtliche Fessel war jedoch noch nicht ganz gelöst, das Studio blieb in Liestal und der Sender damit ein Landsender.

Nicht nur Radio Raurach/Edelweiss/Basel 1 war mittlerweile zum Spielball übergeordneter Interessen geworden, Radio Basilisk ging es kaum besser. Die Tamedia hatte an ihrem Basler Radio keinerlei publizistisches Interesse. Es wurde ihr sogar zur Last, als sie 2007 die Berner Mediengruppe Espace Media (Berner Zeitung) übernahm und damit mehr als die konzessionsrechtlich zulässigen zwei Lokalradiostationen besass.[3]

Nun hätte die Basler Zeitung den Stadtsender kaufen können, doch jetzt war sie ja schon beim Landsender engagiert. Gleichzeitig beide Basler Radios zu betreiben, schien weiterhin nicht opportun, sodass Tamedia und Basler Zeitung mit Martin Wagner einen Strohmann einschoben. Wagner übernahm offiziell Radio Basilisk. Mit ihm sassen der ehemalige Edelweiss-Betreiber Bernhard Burgener sowie Weltwoche-Chefredaktor *Roger Köppel* im Verwaltungsrat. Faktisch hatte jedoch die Basler Zeitung das Zepter in der Hand. Offensichtlichster Beleg für die vernebelte Eigentümerkonstruktion: Die Werbevermarktung lief über die Basler Zeitung.

**Der Tauschhandel**

Die aktuell letzte Volte in diesem Spiel: Kurz bevor die Familie Hagemann die Zeitung Anfang 2010 an Tito Tettamanti und damit *Christoph Blocher* verkaufte, übernahm sie von Wagner Radio Basilisk und schob das Landradio Christian Heeb zu, dem Gründer von Radio Basilisk. Wirrer hätte diese Dreiecksaffäre nicht enden können.

Oder deutlicher gesagt: Die Basler Radiogeschichte ist ein Trauerspiel. Vor 30 Jahren wurde Radio Raurach aus der politischen Retorte geboren und war von Anbeginn nicht überlebensfähig. Statt dies in Würde einzugestehen und rechtzeitig den Stecker zu ziehen, wurde es jedoch zum Spielball unterschiedlichster Interessen. Die Interessen der Hörerinnen und Hörer zählten dabei kaum. Vielmehr wurde ihnen eine Vielzahl an Namens- und Konzeptwechseln zugemutet: Aus Raurach wurde Edelweiss wurde Basel 1, dann Radio Basel und schliesslich der Ringier-Sender NRJ Basel.

3 Hanspeter Bürgin, «Der Haudegen, der von Aufgabe zu Aufgabe springt», Sonntagszeitung, 21. Oktober 2007.

# Das Radio und die Politik

Zur Zeit des Sendestarts von Radio Raurach stand der Kanton Basel-Landschaft im Zenit. Zu einem selbstständigen Kanton gehörte auch ein eigenständiges Lokalradio – beide unter dem Lead der FDP. Mit deren Schwächung ging auch die Bindung von Radio Raurach zur Baselbieter Politik verloren. Nicht alle bedauerten dies, waren doch die politischen Opponenten der FDP auch gegenüber dem «freisinnigen» Radio Raurach skeptisch eingestellt.
*Von Lukas Ott*

Im Jahr des Sendestarts «ihres» Radio Raurachs, 1983, strotzte die FDP Baselland vor Kraft und Selbstbewusstsein. In einem bürgerlich dominierten Kanton war sie der unangefochtene politische Leader im bürgerlichen Lager. Ob SVP oder CVP – im mehr oder weniger geeinten Lager der bürgerlichen Zusammenarbeit (BüZa), welche den beteiligten Parteien während Jahrzehnten Einfluss und Mandate sicherte, oblag ihnen die Rolle als Juniorpartner. Bei den Landratswahlen 1983 lag die FDP mit 26 Prozent der Stimmen vorn und erhielt 24 von insgesamt 84 Parlamentssitzen.[1] Bei den Regierungsratswahlen brachte sie neben dem Bisherigen Paul Nyffeler neu Markus van Baerle durch und sicherte sich damit zum wiederholten Mal ihre Zweiervertretung im fünfköpfigen Gremium.

Auch bei den Nationalratswahlen erzielte die FDP zwei von fünf Sitzen. Bei den Ständeratswahlen jedoch musste man – wie so oft – der SP den Vortritt lassen: Eduard Belser, der vier Jahre zuvor gegen den freisinnigen Bisherigen Werner Jauslin obsiegt hatte, verteidigte das Mandat erfolgreich gegen den FDP-Angriff. Überhaupt stand der FDP eine starke SP gegenüber, die im politi-

[1] Vgl. Roger Blum, Chronik der Wahlen in Baselland seit 1919, in: Roger Blum et al., Der Baselbieter Königsmacher. Alfred Oberer und die Mechanik der Politik (Recht und Politik im Kanton Basel-Landschaft Bd. 28), Liestal 2012, 121 ff.

schen Wettbewerb als Gegengewicht auftrat und dafür besorgt war, dass der Freisinn nicht einfach nach Belieben schalten und walten konnte. 1979 hatte die SP mit 29,8 Prozent und 27 (von damals insgesamt noch 80) Sitzen bereits bei den Landratswahlen das Spitzenresultat vor der FDP geholt, um sich 1983 (und in den folgenden Wahlen bis 1999) knapp hinter der FDP auf dem zweiten Platz einzureihen. Bei den Nationalratswahlen erreichte die SP wie die FDP zwei Sitze.

**Konkordanz im Stress**

Viele politische Themen, die in den 1970er- und 1980er-Jahren in Baselland die Agenda prägten, waren durch zum Teil sehr intensiv geführte Auseinandersetzungen zwischen dem bürgerlichen und dem linken Lager gekennzeichnet – etwa in der Sozialpolitik, in der Steuerpolitik oder beim Strassenbau.

Im Gefolge der 68er-Bewegung machte sich neben der SP mit den Progressiven Organisationen Baselland (POBL) zudem eine weitere, wenn auch kleine Linkspartei bemerkbar, die insbesondere in der Sozial- und in der Umweltpolitik verschiedene Initiativen lancierte und für entsprechende Betriebsamkeit, Aufregung und Kontroversen sorgte.[2] Während die Volksinitiative «zum Schutz der Luft, des Wassers und des Bodens gegen chemische und biologische Verseuchung» 1984 mit einem Ja-Anteil von 65 Prozent an der Urne obsiegte[3], wurden die sozialpolitischen Initiativen von den Stimmberechtigten mehrheitlich abgelehnt.[4] Auf das politische Geschäft wirkten sich die Initiativen jedenfalls stimulierend aus; denn auch auf diesem Markt gilt seit jeher die Devise, dass Konkurrenz das Geschäft belebt. Die Polarisierung führte jedoch auch zu Spannungen unter den in die Konkordanz eingebundenen Regierungsparteien – insbesondere zwischen der FDP und der SP.[5]

Die SP selbst war an der Urne mit einer Reichtumssteuer-Initiative erfolgreich, um dem Kanton angesichts der grossen Verschuldung zusätzliche Einnahmen zu sichern. Die Initiative wurde von der FDP – etwa in der Person ihres damaligen Nationalrats Felix Auer – bekämpft, da sie die Abwanderung grosser Steuerzahler befürchtete und die Initiative deshalb für kontraproduktiv hielt.[6] Mit einer Initiative reagierte die SP im Jahr 1978 auch auf die Schliessung des Firestone-Werkes in Pratteln, nachdem die Baselbieter Volkswirtschaft bereits Mitte der 1970er-Jahre in eine tiefe Krise geschlittert war und die Verteilungskämpfe auch hier neu entfacht wurden.

Die Betriebsschliessung in Pratteln, von der über 600 Beschäftigte betroffen waren, wurde u. a. mit den hohen Produktionskosten und der Erschwerung des

2 Ruedi Epple, Basel-Landschaft in historischen Dokumenten. Wachstum in Grenzen 1946–1985 (Quellen und Forschungen zur Geschichte und Landeskunde des Kantons Basel-Landschaft Bd. 20.5.), Liestal 1998, 249 ff.

3 www.baselland.ch/ Abstimmungen im Kanton Basel-Landschaft/Archiv:kantonale Abstimmungen von 1945–2003/Abstimmungsresultate 1980–1984.

4 Vgl. Roger Blum, Wandel und Konstanten bei den Progressiven Organisationen (POCH) 1971–1986, in: Wolf Linder (Hrsg.): Politische Parteien und neue Bewegungen. Schweizerisches Jahrbuch für Politische Wissenschaft Bd. 26, Bern 1986, 119-150.

5 Ruedi Epple, Parteien-Landschaft, in: Ruedi Epple et al., Wohlstand und Krisen. 19. und 20. Jahrhundert (Nah dran, weit weg. Geschichte des Kantons Basel-Landschaft. Quellen und Forschungen zur Geschichte und Landeskunde des Kantons Basel-Landschaft Bd. 73.6.), Liestal 2001, 174.

6 Ruedi Epple (1998), 518 ff.

7 Basellandschaftliche Zeitung vom 23. März 1978.

Exportes wegen der Höherbewertung des Schweizer Frankens begründet.⁷ Die Initiative verlangte ein Wirtschaftsförderungsgesetz, das 1980 in der Volksabstimmung gutgeheissen wurde⁸ – der Entscheid zur Betriebsschliessung konnte jedoch auch damit nicht mehr rückgängig gemacht werden.

**Ein freisinniges Radio**

Es erstaunt nicht, dass auch bei einem medienpolitischen Dossier wie Radio Raurach seitens der politischen Akteure, der damaligen Zeit entsprechend, unterschiedliche Motive und Interessenlagen zum Ausdruck gelangten. Eine homogene politische Haltung Radio Raurach gegenüber hat es in Baselland nie gegeben – auch wenn vor allem in den Anfangsjahren versucht wurde, daraus eine eigentliche «Baselbieter Angelegenheit» zu machen, deren Unterstützung einer staatspolitischen Räson entspreche. So hielt es Rudolf Andreatta, der als Vertreter der FDP von 1975–1987 dem Landrat angehörte, für «staatspolitisch unabdingbar, ein eigenes Lokalradio für den Kanton Basel-Landschaft zu haben».⁹ Andreatta gehörte von 1982–1989 dem Vorstand des Fördervereins «Pro Radio Baselland» an, den er ab 1983 präsidierte, war Mitglied des Verwaltungsrates der Betriebsgesellschaft Radio Raurach von 1985–1991 und Präsident der Radio Raurach Betriebs AG von 1991–1994.

Unter dem Eindruck des Engagements Andreattas sowie weiterer führender FDP-Mitglieder – wie etwa Nationalrat Karl Flubacher als erster Präsident des Raurach-Verwaltungsrates oder FDP-Königsmacher Alfred Oberer als Präsident der Programmkommission Radio Raurach von 1983–1987 – stand für SP-Landrat Ueli Kaufmann fest: «Die FDP hat bei Radio Raurach am meisten zu sagen.»¹⁰ Und auch für die POBL-Landrätin Susanne Leutenegger Oberholzer war die Sachlage klar: «Die von Rudolf Andreatta verwendeten Begriffe ‹Medienvielfalt› und ‹Selbständigkeit› klingen zwar sehr schön, doch kann beim Radio Raurach nicht von einem unabhängigen Radio geredet werden, da es sich hauptsächlich um ein freisinniges, bürgerliches Radio handelt.»¹¹

Für Rudolf Andreatta war Radio Raurach weder in seiner Entstehung noch zu irgendeiner Zeit danach ein Instrument der FDP Baselland. Dass sich unter den Gründern und Verantwortlichen des Radios viele Mitglieder der FDP befunden hätten, liege «an der Zusammensetzung des Freundeskreises derer, in deren Schoss der Gedanke eines Lokalradios für unsere Region entstand. Daraus eine parteipolitische Abhängigkeit des Radios von der FDP abzuleiten, ist falsch.»¹² Oder anders gesagt: Die SP Baselland, die gegenüber dem Privatradioversuch im Allgemeinen und Radio Raurach im Besonderen aus verschiedenen Gründen

Lukas Ott, Soziologe

8 www.baselland.ch/ Abstimmungen im Kanton Basel-Landschaft/Archiv: kantonale Abstimmungen von 1945–2003/Abstimmungsresultate 1980–1984.

9 Auszug aus dem Protokoll des Landrates des Kantons Basel-Landschaft Nr. 2827 vom 29. September 1986, 4620 (verfügbar unter http:// www.landratsprotokolle.bl. ch).

10 Auszug aus dem Protokoll des Landrates des Kantons Basel-Landschaft Nr. 2827 vom 29. September 1986, 4621.

11 Auszug aus dem Protokoll des Landrates des Kantons Basel-Landschaft Nr. 2827 vom 29. September 1986, 4623.

12 E-Mail von Rudolf Andreatta an Lukas Ott vom 28. August 2013.

kritisch gegenüberstand, trat bei der Unterstützung und Besetzung der Raurach-Gremien sehr zurückhaltend auf.

Ganz anders das bürgerliche Lager: Dieses versprach sich von den neuen Lokalradios ein wirksames Korrektiv gegenüber der «linken» SRG (vgl. dazu auch den Beitrag «Das Radio und sein Kanton» von Philipp Loser und Michael Rockenbach, S. 146). So erklärte etwa SVP-Landrat Fritz Graf: «Alle Radiobesitzer zahlen die Konzessionen für die Sendungen von Radio DRS, doch fragt keiner danach, ob ihnen diese gefallen. Dass das Radio DRS eher linksrutschig ist, wird keiner allzusehr bestreiten.»[13] Die Einsitznahme bürgerlicher Politiker in den Radio Raurach-Gremien widerspiegelte diese Interessenlage, und die FDP als damals stärkste bürgerliche Kraft war aus naheliegenden Gründen die wichtigste Rekrutierungsbasis für die neuen Radio-Funktionäre.

**Ein eigenständiger Sender für das selbstständige Baselbiet**
1982, ein Jahr vor dem Sendestart von Radio Raurach, feierte der Kanton Basel-Landschaft sein 150-jähriges Bestehen.[14] Baselland stand zu diesem Zeitpunkt im Zenit seines eigenen Erfolges. In den drei Jahrzehnten zuvor hatte sich der Kanton unter dem kräftigen Bevölkerungszuwachs aus anderen Kantonen zu einem modernen und autonomen Kanton entwickelt. Mit der staatlichen Infrastruktur und den Orts- und Siedlungsplänen war ein Wachstumsschub von kolossalem Ausmass erfolgt.

Die Abstimmungskämpfe zur Wiedervereinigung von Basel-Stadt und Basel-Landschaft in den 1950er- und 1960er-Jahren, welche die Wiedervereinigungsgegner für sich entscheiden konnten, bestätigten parallel dazu die bestehenden politischen Strukturen.[15] Das neu gewonnene Selbstbewusstsein des «Selbständigen Baselbiets» führte zudem zu einem Lockerungsprozess, der die interkantonale Zusammenarbeit zwischen den beiden Basel erst möglich machte. «Partnerschaft statt Wiedervereinigung» – so lautete die Formel der Gegner der Wiedervereinigung, und es wurde die Formel der Zusammenarbeit im ausgehenden 20. Jahrhundert. Eine Partnerschaft aber auch, welche die Selbstständigkeit respektieren und absichern sollte – getreu dem Motto «Fortschritt durch Selbstständigkeit».[16] Als sich durch den Privatradioversuch die entsprechende Chance bot, sollte die erfolgreich verteidigte Selbstständigkeit auch durch einen eigenständigen Lokalsender untermauert werden (vgl. dazu den Beitrag «Mediale Chancen für die Bürgerlichen und die Wirtschaft» von Marcel. W. Buess, S. 29).

Wie die SP in der Stadt war auch die SP BL im Kampf um die Wiedervereinigung mehrheitlich für die Wiedervereinigung eingetreten. Mit dem Baselbieter

13 Auszug aus dem Protokoll des Landrates des Kantons Basel-Landschaft Nr. 2827 vom 29. September 1986, 4622.

14 Vgl. etwa Jürg Ewald, Baselland unterwegs. 150 Jahre Kanton Basel-Landschaft. Katalog einer Ausstellung, Liestal 1982.

15 Vgl. zum Ganzen LUKAS OTT/MARKUS RITTER, Die grössten Mythen und historischen Fehlleistungen zwischen Basel-Stadt und Basel-Landschaft, in: dies. (Hrsg.), Grenzenlos. Grüne Ideen für die Nordwestschweiz und den Oberrhein, Basel 2008, 46 f., 115 f.

16 Vgl. Stiftung für Baselbieter Zeitgeschichte (Hrsg.), Baselland bleibt selbständig. Von der Wiedervereinigung zur Partnerschaft, Liestal 1985.

Nationalrat Heinrich Ott war ein Exponent der SP Präsident des «Überparteilichen Komitees beider Basel für die Wiedervereinigung» und damit der Gegenspieler von SVP-Regierungsrat und Präsident des «Selbständigen Baselbiets», Paul Manz, gewesen[17] – beides Theologen übrigens, die über das erforderliche Sendungsbewusstsein quasi von Berufs wegen verfügten. Nach dem vorangegangenen Bekenntnis zur Wiedervereinigung entwickelte die SP BL gegenüber einem symbolhaft überhöhten Baselbieter Radio rein instinktiv ein entsprechend distanziertes Verhältnis.

Es gab aber auch noch weitere Gründe, weshalb sich das linke Lager eine gewisse Zurückhaltung auferlegte: So bestand ein verbreitetes Missbehagen gegenüber den Auswirkungen werbefinanzierter Lokalradios. Bei der gebührenfinanzierten SRG sah man die Interessen der Empfängerinnen und Empfänger der Sendungen besser aufgehoben. Das Votum von SP-Landrätin (und Nationalrätin) Angeline Fankhauser anlässlich einer medienpolitischen Debatte im Vorfeld der Vergabe der Versuchskonzessionen brachte diese Verantwortung, die sie als Volksvertreterin zu tragen habe, gut zum Ausdruck: «Man findet kaum gültige Aussagen, nach welchen Kriterien die Rundfunkverordnung ausgelegt werden soll. Nach wie vor haben wir die Aufgabe, das Gemeinwohl zu sichern. Der Regierungsrat ist in den Gremien der SRG vertreten, weshalb die heutige Diskussion sicher nützlich war.»[18] Zudem setzte sich die SP immer wieder für die Schaffung einer rechtlichen Grundlage ein, um mit einem Presseförderungsgesetz oder mit einem Medienartikel in der Verfassung die Medienförderung mit einem breiteren Fokus angehen zu können, konnte sich mit dieser Forderung jedoch nicht durchsetzen.

## Die Watrag-Affäre als Wendepunkt

Mit dem Läufelfinger FDP-Nationalrat Karl Flubacher hatte bei Radio Raurach von Beginn weg ein bürgerlich-konservativer Politiker das Zepter übernommen, der tief im ländlichen Milieu des Oberbaselbiets verwurzelt war. Flubacher brachte allem Städtischen und allzu Geschliffenen ein tiefes Misstrauen entgegen. «Nicht zu stark!», mussten ihn seine Fraktionskollegen bisweilen ermahnen, wenn er entschlossen dem Rednerpult im Nationalratssaal entgegenschritt.

Legendär sind etwa seine Repliken an die Adresse von Nationalrat Franz Jäger, der an der Universität St. Gallen (HSG) Wirtschaftspolitik lehrte und nach Flubachers Geschmack viel zu abgehoben argumentierte: «Ich behaupte nicht, dass ein Professorentitel unbedingt der Ausweis einer überragenden Intelligenz

17 Vgl. Ruedi Epple (2001), 152 f.

18 Auszug aus dem Protokoll des Landrates des Kantons Basel-Landschaft Nr. 2406 vom 25. November 1982, 3939.

ist, aber ich setze voraus, dass er zumindest von einer durchschnittlichen Intelligenz zeugt.»[19] Flubacher war auch insofern eine Idealbesetzung für Radio Raurach, da er sich in Bundesbern stets direkt vor Ort für die Belange und Anliegen des Baselbieter Lokalradios einsetzen konnte – oft auch in Begleitung von SVP-Nationalrat Hans-Rudolf Nebiker.

Bald sah sich Flubacher jedoch in ein anderes Geschäft verwickelt, das emotional sehr aufgeladen war und tiefe Gräben in den Baselbieter Freisinn reissen sollte – die sogenannte «Watrag-Affäre». 1984 war es an der Generalversammlung der Wasserfallen Transport AG (Watrag) zum Eklat gekommen. FDP-Regierungsrat Paul Nyffeler gab bekannt, dass die Regierung durch Übernahme von zusätzlichen Aktienpaketen 40 Prozent der Aktien besitze. Nachdem der Kanton die Kontrolle des von ihm subventionierten Betriebes nicht im gewünschten Ausmass wahrnehmen konnte, war der Regierungsrat zum Aktienkauf geschritten. Damit sollten seine Einsichtsrechte durchgesetzt und die Zusammensetzung des Verwaltungsrates beeinflusst werden.

Durch das Vorgehen der Regierung sah sich der bisherige Verwaltungsratspräsident, Karl Flubacher, in seiner Integrität verletzt. Immerhin stand der Vorwurf im Raum, der Verwaltungsrat habe unter seiner Führung unlautere Buchungen oder andere Manipulationen vorgenommen, um ungerechtfertigte Subventionen zu erhaschen.[20] In der Folge geriet jedoch der Regierungsrat selbst in einen Kritikhagel, da er beim Erwerb des Aktienpaketes u. a. seine Finanzkompetenzen überschritten hatte. Der Bericht der Geschäftsprüfungskommission, der unter der Führung von FDP-Landrat Rudolf Andreatta aus 2000 Aktenseiten herausdestilliert wurde, entlastete dann in seiner Hauptstossrichtung Flubacher und seine Mitstreiter. Gleichzeitig musste sich der Regierungsrat stark tadeln lassen.[21]

Die Watrag-Affäre mutete über weite Strecken als eine parteiinterne Angelegenheit der FDP an, war ihr parteipolitisches Personal doch auf beiden Seiten zentral involviert. Der Preis, den die FDP dafür zu bezahlen hatte, war denn auch entsprechend hoch. Nationalrat Karl Flubacher trat 1986 aus der FDP aus, um in den Ständeratswahlen 1987 als wilder Kandidat gegen den offiziellen Kandidaten der FDP Baselland, Prof. René Rhinow, anzutreten.[22] Flubachers Gegenspieler, Regierungsrat Paul Nyffeler, schied vorzeitig aus der Baselbieter Exekutive aus, da viele die Hauptschuld in der Watrag-Affäre bei ihm sahen und er parteiintern (zu) viel Kredit verspielt hatte.

Diese Vorgänge leiteten einen Niedergang der FDP Baselland ein, der bis zum Beginn der 2000er-Jahre – parallel zum Krebsgang des Freisinns auf eid-

---

19 Amtliches Bulletin der Bundesversammlung, 19. März 1975, 526.

20 Auszug aus dem Protokoll des Landrates des Kantons Basel-Landschaft Nr. 1865 vom 10. Juni 1985, 2897 ff.

21 Bericht der Geschäftsprüfungskommission an den Landrat über die Angelegenheit Wasserfallen Transport AG / Autobus AG vom 20. Mai 1985 (85/105).

22 Blum (2012), 134.

23 Blum (2012), 137.

genössischer Ebene und in anderen Kantonen – nach und nach zur Ablösung als stärkste Partei durch die SVP führen sollte.[23] Parallel zu diesem Prozess verlor die FDP auch ihren bestimmenden Einfluss in den Radio Raurach-Gremien – die einst so stolze Partei hatte ihren Nimbus als breite Plattform zur Rekrutierung von Radiofunktionären in dem Masse verloren, als immer weniger FDP-Mandatsträger zur Verfügung standen. Je mehr zudem das kaufmännische Element gegenüber den politischen Interessen in den Vordergrund rückte, desto stärker sah sich das politische Personal generell in den Hintergrund gedrängt. So endete schliesslich die enge Liaison zwischen dem Radio und der Politik.

# Von Ruedi Rymann zu Van Halen

Wie man Hendrix und Schacherseppli, Original-Soundtrack und Van Halen unter einen Hut bringt. Zur Musik in der Anfangszeit von Radio Raurach und über das Los als Musikredaktor in den Anfangsjahren.
*Von Rolf Wirz*

**W**ie Radio Raurach ganz am Anfang tönte? Grauenhaft. Während in den Abendstunden, den sogenannten Specials, immerhin eine oder zwei Stunden lang nur eine Musikrichtung gespielt wurde, lief tagsüber so ziemlich alles, was irgendwann einmal auf Vinyl gepresst worden war. In der Anfangszeit folgte Ländler auf Hardrock, Soul auf Schlager, Jazz auf Pop – Van Halens «Jump» auf Ruedi Rymanns «Schacherseppli», Sades «Smooth Operator» lief nach Heinos «Blauer Enzian», auf Glenn Millers «In the Mood» folgte Abbas «Dancing Queen». Dazwischen immer wieder der volkstümlich mit Reggae- oder Dixieklängen angehauchte Senderjingle.

Fast programmatisch war der Titel der Vorabendsendung ab 17 Uhr, die jahrelang «Mischmasch» hiess. Entsprechend umstritten war der Raurach-Musikmix in der Öffentlichkeit. Bald machte auch der Begriff der «Teppichklopfermusik» die Runde. Das Baselbiet war auf Pop- und Rockmusik am Radio nicht vorbereitet. Wie auch? Wer so etwas öffentlich hören wollte, dem stand bisher eine halbe Stunde Sounds am Sonntagabend auf DRS 1 (heute SRF 1) zur Verfügung oder allenfalls SWF 3 (heute SWR 3), als deutscher Poppioniersender. Auf DRS 1 hörte man – ausser am Sonntagabend – vorwiegend Ländler, Marschmusik und Schlager.

Gewisse Leute fielen fast vom Stuhl, wenn auf Raurach einmal AC/DC oder Bon Jovi lief. Grund für die unkonstante Programmierung war, dass jeder Moderator und jede Moderatorin zu Beginn einfach seine/ihre Lieblingsmusik spielte.

Die Musikpalette von Raurach war in den Anfangsjahren sehr breit. Gesendet wurde fast alles. Nicht ganz so breit war das Plattenarchiv von Radio Raurach angelegt (das Bild stammt aus dem Jahr 1986). Dies bewog Peter Rusch zur Aussage: «Dass man seine eigenen Platten mitbrachte, war damals nicht nur erlaubt, sondern mangels eines breiten Radio-Archivs ausdrücklich erwünscht.»

Rolf Wirz, ehem. Musikchef Radio Raurach

Allen war dann bald einmal klar, dass man sich auf einen Musikstil einigen musste – nur auf welchen?

**«E Grind wie ne Spaltstock»**

Es wurde intern heftig diskutiert – und auch extern. Es existierten diverse Musikkonzepte von unterschiedlichen Autorinnen und Autoren, die mindestens im Jahrestakt wechselten. In beinahe sämtlichen Konzepten wurde auf folgenden Grundsatz hingewiesen: «Die Musik wird für die Hörerschaft und nicht für sich selber zusammengestellt». 1987 wurde ein Begehren mit 500 Unterschriften eingereicht, welches mehr Folklore bei Radio Raurach forderte.

In der ersten Phase des Senders gab es auch immer wieder Diskussionen mit dem damaligen Verwaltungsratspräsidenten Karl Flubacher, der als ausgesprochener Ländler- und Marschmusikfan galt. Einmal sagte er mir nach einer unserer Grundsatzdiskussionen über den Raurach-Musikmix: «Herr Wirz, Dir heit e Grind wie ne Spaltstock – numme herter.» Aus dem Mund dieses knorrigen Oberbaselbieter Nationalrats klang das für mich wie ein Kompliment. Wobei ich zugeben muss, dass ich damals keinen blassen Schimmer vom politischen Gewicht des Läufelfingers hatte.

Ein anderes Mal musste ich bei der Programmkommission antraben; das Gremium wollte mit mir über den Musikmix diskutieren. Die Kommissionsmitglieder teilten mir ihre Vorstellungen mit, ich ihnen – zu deren Leidwesen – die meinen. Auf einen gemeinsamen Nenner konnten wir uns aber nicht einigen.

Vor allem für die Informationssendungen stellte ich schon bald Musiklisten zusammen, die meiner Ansicht nach einen ausgewogenen Mix darstellten – Motto: «keine Extreme». Alles, was ein virtuoses Gitarrensolo beinhaltete, war nicht spielbar. In einem Musikkonzept von 1984, welches ich zusammen mit dem damaligen Geschäftsführer Robert Bösiger verfasst hatte, hiess es wörtlich: «Nicht ins Tagesprogramm gehören Hardrock, Punk, extremer New-Wave, Experimentalmusik, in der Regel Jazz (im eigentlichen Sinne: insbesondere Free-Jazz), Volksmusik (Ländler, Märsche, Buschtrommeln und ähnliches) und Klassik. Gespielt werden können jedoch Titel aus praktisch sämtlichen

Pascal Thommen im Single-Archiv, domiziliert zwischen den beiden WCs des Studios in Sissach.

Bereichen zwischen diesen Extremen: Pop, Rock (nicht zu hart), Schlager, Unterhaltungsmusik usw.» Eingängige Melodien seien zu bevorzugen, denn bekannte Melodien würden die Einschaltquoten erhöhen.

In der Not hielten wir uns auch an reine Instumentalmusik, die man – auch ohne schlechtes Gewissen – jederzeit wieder ausblenden konnte. In der Zeitung Tell wurde ich in der Ausgabe vom 1. November 1984 – also ein Jahr nach Sendestart – folgendermassen zitiert: «Da Radio Raurach ein doch eher ländliches Gebiet abdeckt, ist das Spektrum unseres Musikangebotes recht gross. Wir reihen uns zwischen DRS 1 und DRS 3 ein und bringen deshalb Schlager, Chansons, Rock, Funk, aber keine Ländler, keinen Jazz und keinen Punk.»

### «E zwöiti Blatte»

Eines Tages klingelte es in der Wohnung an der Hauptstrasse in Sissach, welche das Raurach-Studio und die Redaktionsräume beheimatete; es war an einem Samstag oder einem Sonntag. Ich öffnete die Türe und staunte nicht schlecht, als mir ein kleiner Mann eine Langspielplatte entgegenstreckte und sagte: «Do heit dr e zwöiti Blatte.» Es dauerte einen Moment, bis ich begriff, was er uns damit sagen wollte: Bei euch läuft immer die gleiche Musik, spielt doch mal was anderes! Wenn ich mir die heutigen Rotationen der Sender vor Augen führe, hatte die Aktion schon fast prophetischen Charakter. Der Mann hatte jedenfalls eine abgöttische Freude an seinem Scherz.

# Vom Gelterkinder Quartierfunk auf St. Chrischona

15 Jahre sollte es dauern, bis der illegale Gelterkinder Quartierfunk auf dem legalen Basler Hausberg St. Chrischona ankam. Die eingegangene «Freundschaft» der «Technik» mit der «Politik» mutierte mit der Konzessionserteilung am 20. Juni 1983 zur Zwangsehe. Die zwei ungleichen Partner durchlebten und überlebten turbulente Zeiten.
*Von Jürg Schneider*

Als 1966 die beiden Sandkastenfreunde *Hanspeter Hügli* und *Jürg Schneider* im Zelgwasser in Gelterkinden zusammen spielten, bestand die Radiolandschaft in der Schweiz aus dem Landessender Beromünster und DRS 1 und 2. Gesendet wurde auf Mittelwelle und auf UKW bis 100 MHz – das in Mono und schon gar nicht 24 Stunden nonstop. Verordnete Radioruhe war spätestens um Mitternacht. Abrupt beendet wurde dieser Zustand am 28. November 1979: Roger Schawinski startete sein Radio 24 mit einem Super-UKW-Sender auf dem italienischen Grenzberg Pizzo Groppera. Technisch wurde mit der grossen Kelle angerichtet. Mit 8 Millionen Watt Leistung zuckte der neue Kommerzfunk einem Blitz gleich durch die Alpen Richtung Zürich.

Als die Schlagzeilen dieser Radiosensation auch das Baselbiet erreichten, wollten wir mehr wissen. Mit einem Transistorradio ausgerüstet, gingen wir an einem Samstag im Dezember 1979 auf Wellensuche.[1] Unter dem Gelterkinder Reservoir wars, als wir schwach, aber immerhin, Radio 24 im noch «leeren» UKW-Bereich oberhalb 100 MHz hören konnten. Wir waren sprichwörtlich elektrisiert und es gab kein Halten mehr: Wir besuchten das Radio 24-Studio in Cernobbio und den damals «heiligen Radioberg», den Groppera. Alles Sackgeld wurde in eine neue Super-UKW-Empfangsanlage investiert.[2] Radio 24 wollten

1 Panasonic-rf2800.

2 Revox B 760 Digital Synthesizer FM Tuner.

Das Bild, aufgenommen im Frühjahr 1987, zeigt die beiden Techniker Jürg Schneider (links) und Hanspeter Hügli kurz vor der Fertigstellung des auf «Selbstfahrtechnik» umgebauten Studio 1 in Sissach.

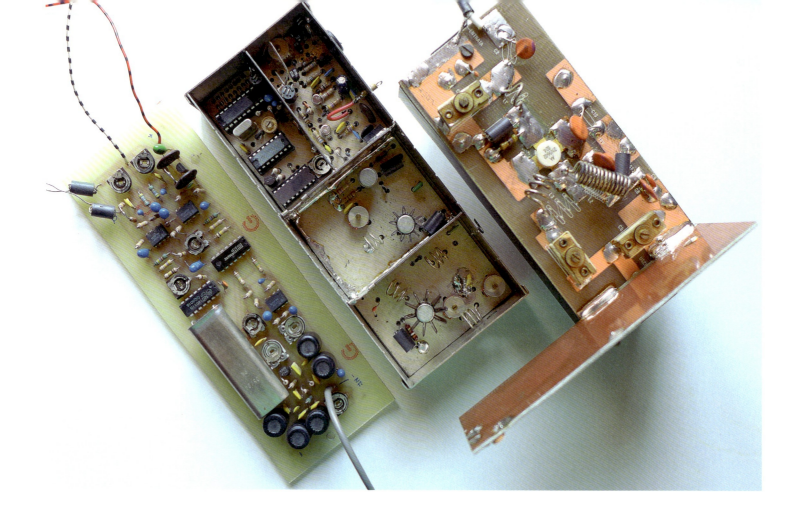

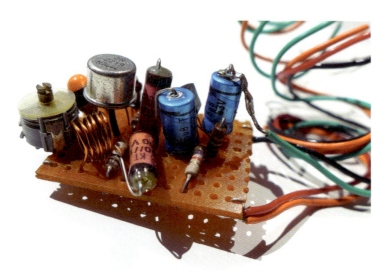

Marke Eigenbau: So sah der erste Quartierfunksender aus (nebenstehendes Bild). Der Sender hatte eine Reichweite von rund 100 Metern. Bild oben zeigt die komplette UKW-Sendereinheit, mit der Radio Andromeda ab 1981 seine wenigen Sendungen ausstrahlte (von links): Stereomodul, PLL UKW-Steuersender und die 15-Watt-Endstufe.

wir jetzt immer hören. Im Dachstock drehte dazu eine riesige, ferngesteuerte UKW-Antenne auf einem Rotor und suchte jedes Grad des Äthers nach «freien» UKW-Stationen ab. Schawinski war nämlich nicht alleine: In der Zwischenzeit hatte sich eine regelrechte Schweizer-Piratenradio-Szene etabliert.

## Der erste Sender – so gross wie eine Zündholzschachtel

Mittlerweile zu dritt, *Robert «Bobby» Bösiger* war inzwischen dazugestossen, frönten wir der Popmusik und besprachen Auftritte der lokalen Bands «Villa Gloria» oder «Ketchup». Bei diesen waren Bobby als Saxofonist und Hügli/Schneider als Mixer und Roadie engagiert. Piratenradios hören (Radio Jasmin, Radio International, Radio Saturn, Radio One) war bald zu wenig – selber Radio machen, ja, das war das Ziel! Es verhiess eine ideale Symbiose zwischen dem Hobby Musik, unserem elektronischen Bastelfimmel und dem Nervenkitzel.

Am Schreibtisch löteten wir den ersten UKW-Kleinsender zusammen, gerade mal 3 x 2,5 Zentimeter gross und mit einer Reichweite von etwa 100 Metern. Den noch namenlosen Quartierfunk hörte zwar niemand, aber – und das war die Hauptsache: Wir sendeten auf UKW! Kontakte in die CH-Piraten-Szene ermöglichten bald die Herstellung von ausgewachsenen UKW-Sendern. Weiter- und Neuentwicklungen haben wir zur Finanzierung des neuen Hobbys unter dem provokativen Firmennamen «Hüschtronic (nicht PTT geprüft!)» verkauft.[3]

Die schweizerischen PTT (Post-, Telefon- Telegrafenbetriebe) war so etwas wie unser Sparringpartner. Der Monopolbetrieb jagte die Schweizer Radiopiraten mit System und erheblichem Aufwand – in unserem Fall allerdings erfolglos. Ideell stützten wir die illegale Radiotätigkeit bei Free Radio Switzerland (FRCH) ab, einem Verein nach Schweizer Recht. Radio Andromeda, so hiess der Gelterkinder Lokalfunk mittlerweile, trat diesem legalen Verein bei.[4] Dieser bestand aus lauter in der Illegalität arbeitenden Vereinsmitgliedern, den Schweizer Radiopiraten – ein Unikum. Unser Gewissen und das der Szene war so zumindest etwas beruhigt.

Aufmerksam verfolgten wir den langsam anrollenden politischen Prozess für eine neue Medienordnung in der Schweiz. Einmal sendete Radio 24, dann wieder nicht, immer begleitet von fetten Schlagzeilen. Es war ein eigentlicher Medienkrimi, der Ende 1979 in einer Petition an den Bundesrat zu Gunsten von Radio 24 – und damit dem freien Radio – gipfelte. Über 212 000 Unterschriften kamen damals zusammen.[5] Es war der Anfang einer Entwicklung in Bundesbern, welche am 6. Juni 1982 die neue Verordnung über lokale Rundfunk-Versuche (RVO) hervorbrachte.

Jürg Schneider, Mitbegründer, technischer Leiter und Verwaltungsrat von Radio Raurach

3 Prospekt «Hüschtronic – nicht PTT geprüft!», ca. 1981.

4 Februar oder März 1982.

5 Radio 24 – die Geschichte des ersten freien Radios der Schweiz, 131.

## Ankommen auf dem harten Boden der Realität

Die in Gang gesetzte Entwicklung führte auch bei uns zu einem Denkprozess. Dieser fand seinen vorläufigen Schlusspunkt am 29. Oktober 1981 mit einer Anfrage für ein Lokalradiogesuch an den Präsidenten des FRCH, *Roland Hausin*.[6] Auch der FRCH hatte die Zeichen der Zeit erkannt und platzierte in Bern fleissig Gesuche seiner Piratenmitglieder unter seinem Namen. Aus Radio Andromeda wurde Radio Raurach, und am 31. März 1982 wurde das erste Konzessionsgesuch des noch inkognito operierenden Projektteams Radio Raurach über den FRCH beim EVED eingereicht[7] und gleich per Pressemitteilung am 13. April 1982 publik gemacht.[8]

Das Medienecho war gross. «Radio Raurach – Musik fürs Baselbiet», konnte man zum Beispiel lesen.[9] In diesen Zeitraum fielen die ersten Abklärungen, wie man ein Lokalradio im Baselbiet technisch bewerkstelligen könnte. Hanspeter Hügli und der Schreibende korrespondierten mit Rundfunktechnikanbietern wie der Erivision AG in Risch ZG oder der Generaldirektion PTT in Bern und baten um sogenannte «Kostenrechnung des UKW-Lokalsenders von Radio Raurach, vom Mischpultausgang bis zur abgestrahlten elektromagnetischen Welle». *Hans Grieder*, damals Präsident der Regionalen Gross-Gemeinschaftsantennenanlage Sissach (RGGA), wurde mit der schriftlichen Bitte um Abklärung für die Mitbenützung konfrontiert.[10] Das Studiosignal musste ja irgendwie zum Sender auf der Sissacher Fluh gelangen.

Die PTT berechnete in ihrer Richtofferte Investitionen von rund 252 000 Franken für vier Senderstandorte sowie jährliche Betriebskosten von 22 600 Franken – zu bezahlen im Voraus. Das Versorgungsgebiet war RVO-konform und umfasste 65 000 Einwohner. Auch die Erivision liess sich nicht lumpen, kostete aber mit der Minimalvariante «nur» 124 500 Franken. Beides war starker To-

6 Anfrage betreffend Gesuch von Robert Bösiger an Roland Hausin, FRCH, 29. Oktober 1981.

7 Erstes Konzessionsgesuch von Radio Raurach über den FRCH, 31. März 1982.

8 FRCH gibt ein Pressecommuniqué an die Lokalpresse heraus, 13. April 1982.

9 «Radio Raurach – Musik fürs Baselbiet», BaZ vom 29. April 1982.

10 Brief von Hanspeter Hügli an Hans Grieder, RGGA Sissach, 14. Juni 1982; Brief vom Projektteam Radio Raurach, 30 Juni 1983.

11 Die Offerte der PTT und der Erivision trafen gleichzeitig am 24. September 1982 ein.

12 Garantieerklärung der Basellandschaftlichen Hypothekenbank, 20. Juli 1983.

# Das Radiofon

Es muss im Sommer 1985 gewesen sein, als bei Raurach ein Zeitungsausschnitt eines Herrn Thommen-Strasser aus Tenniken in der Post landete. Mit Filzstift stand da geschrieben: «Die gute Idee … von Radio Zürisee». Dieser Sender warb offenbar für ein innovatives Kästchen, genannt Radiofon. Damit war es möglich, Radio Zürisee auch per Telefon zu hören – mit dem Ziel, seinen «Lieblingssender» auf der schon proppenvollen UKW-Senderskala zu finden. Aus heutiger Sicht war dies eine Art «Livestream», lange vor dem Internetzeitalter.

Weil ein solches Apparätli nicht zu kaufen war, entwickelte der Technische Leiter

bak im Vergleich zu unserem 600 Franken teuren Rucksacksender.[11] Wir waren definitiv auf dem Boden der finanziellen Realitäten angekommen. Wie die Geschichte von Raurach zeigen wird, war dies nicht die letzte Bodenberührung…

### Eierschachteln, Soundkonditionierung und Musikcomputer

Erst als bei der Firma Studer International AG in Regensdorf eine Bankgarantie hinterlegt wurde, war der Weg frei für die Lieferung und den Einbau von Studio 1 in der extra umgebauten, 150 m² grossen Büroräumlichkeit an der Hauptstrasse 93 in Sissach.[12] Das Studio war klassisch und grundsolide, ausgerüstet mit renommierter Schweizer Audiotechnik, aber nicht für die damals aufstrebende, personalökonomische «Selbstfahrtechnik» (d. h. Techniker und Moderator sind eine Person) ausgelegt.

Erst Anfang 1987 – Raurach war gerade finanziell teilsaniert worden – gab es etwas Geld für den Einbau eines selbst entwickelten Studiomöbels, welches die Bezeichnung «Selbstfahrstudio» auch verdiente. Der Interviewraum zwischen dem Sendestudio und der Vorproduktion, intern «Rümli» genannt, war nach wie vor akustisch wie optisch fragwürdig. Eierschalen-Deko und Schaumstoffhimmel sollten die etwas blecherne Akustik kompensieren.

Um die Defizite der Sendereichweite zu kompensieren, haben wir im Oktober 1984 erstmals eine neue, psychoakustische Sendeaufbereitung eingebaut. «Compellor» und «Exiter» hiessen die am Budget vorbeigeschmuggelten technischen Heilsbringer, das passende Schlagwort dazu «Sound-Conditioning». Wir wollten wenigstens das lauteste Radio sein, mit dem aus technischer Sicht besten Sound. Dies gelang zwar, war allerdings höchstens Placebo für die anderen, weit grösseren Probleme des Senders.

**Im August 1984 konnte auf der Sissacher Fluh der 23,8 Meter hohe Occasion-Sendemasten in Betrieb genommen werden; er war um 8 Meter höher als der bisherige Masten. Auf dem Bild zu erkennen ist ein Monteur der Firma Nebel AG, die den alten Masten abbaute.**

von Radio Raurach, Jürg Schneider, ein solches gleich selbst. Im Dezember 1985 stand es bereits im Einsatz bei der Kampagne rund um den Umsetzer in Füllinsdorf. Im April 1986 erstanden sich die «Basilisken» von Raurach freundnachbarlich ein solches Gerät. Wie viele Anrufe das Radiofon letztlich entgegennahm (der analoge Zähler konnte maximal 99 999 Anrufe registrieren), ist nicht überliefert. Sein letzter bekannter Standort war 1989 bei der (ehemaligen) Sissacher Firma Elektro Lamperti, wo es nach dem Umzug von Sissach nach Liestal wohl auch in den Ruhestand ging.

**September 1983:** So präsentierte sich das Studio 1 in Sissach kurz nach der Anlieferung der Studiotechnik durch die Schweizer Firma Studer International. Die Studiotechnik war damals noch nicht auf die für Lokalradios typische «Selbstfahrtechnik» ausgelegt.

13 Bestätigung an THT «EDV-Programm – Musik-Verwaltung der THT AG, Basel», 23. Januar 1988.

14 Protokoll der Verwaltungsratssitzung vom 12. Dezember 1991.

15 Chronikeintrag Christoph Hohler, Techniker Radio Edelweiss, 1. März 1997.

16 Chronikeintrag Christoph Hohler, Techniker Radio Edelweiss, 1. November 2001; Volksstimme vom 10. Mai 2001.

17 Schreiben der Schweizerischen Bundeskanzlei, 15. Juli 1993.

In das Jahr 1986 fallen die ersten Versuche mit einer automatisierten Musikprogrammierung. Der Trend kam von Amerika, wo Spartenradios schon länger auf PC-unterstützte Musikprogramme setzten. Mit der Firma THT aus Basel vereinbarten wir Anfang 1987 eine kostenneutrale Kooperation.[13] THT stellte die Technik, Raurach-Mitarbeitende tippten den ganzen Plattenbestand ins Programm «Musik-Generator» am PC ein. Die vom EDV-Programm aufgedruckten EAN-Strichcodes auf den Plattencovers waren mehr als innovativ und enthielten alle wesentlichen Informationen zur jeweiligen Platte.

Die neue Radio Raurach Betriebs AG war eben gegründet, als der Verwaltungsrat Ende 1991 den Austausch des alten Studio 1 beschloss.[14] Im August 1992 konnte Techniker *Markus Schneiter* das 160 000 Franken teure Sendestudio – damals das «Neuste der Studio-Technik» – dem Betrieb übergeben. Bahnbrechendes geschah erst wieder 1997, als mit der Beteiligung von Radio Nostalgie neues Geld und Technik-Know-how in den Sender floss; er hiess mittlerweile Radio Edelweiss. Die neue, digitale RCS-Sendeautomation hielt Einzug. Musik, Werbung und Sende-Signete wurden digital eingespielt, dies 10 Jahre nach den ersten Gehversuchen.[15] Erst im Jahr 2001, nach einer erneuten kräftigen Geldspritze der Aktionäre, wurde auch das eigentliche Studio auf Digitaltechnik umgestellt.[16] Der analoge Mief war endgültig verschwunden – das Studio mutierte zum digitalen multimedialen Cockpit.

### 134 Tage bis zum ersten Sendetag

Doch zurück zur Startphase: Am 20. Juni 1983 erteilte der Bundesrat Radio Raurach eine provisorische Sendekonzession.[17] In unserem Projektteam wechselten Freude und Angst: «Wie sollen wir die Finanzierung, die Studioräumlichkeiten, die Sendeanlage und deren Signalzubringer, die Radiomannschaft und die Sendebereitschaft in nur 134 Tagen auf die Beine stellen?» Das Projekt bestand lediglich auf Papier – der Berg zu lösender Fragen war gewaltig. Weder Büroräumlichkeiten noch Studio- oder Sendeanlagen waren konkret realisiert, geschweige denn bestellt. *Karl Flubacher* meinte sinngemäss, unsere «Ängste» ahnend: «Meine Herren, die Politik tat das ihre, die Konzession ist da, am 1. November geht das Baselbieter Radio Raurach auf Sendung.»

Das alte Sendeautomationssystem RCS war nicht milleniumstauglich. Beim Wechsel ins neue Jahrtausend gab es damit erhebliche technische Probleme. Budget, um rechtzeitig zu erneuern, war keines vorhanden, und das Interesse von Radio Nostalgie mit Sitz in Paris, um nach einer Lösung für das «kleine» Radio Edelweiss in der Schweiz zu suchen, hielt sich in Grenzen. Im Jahr 2001 entschieden die Verantwortlichen von Edelweiss, auf eine andere Sendeautomation zu wechseln und bei dieser Gelegenheit die Sendestudios zu erneuern. Während der Umbauphase im Sommer 2001 wurde aus dem provisorischen Studio 2 das On Air-Studio. Im September gleichen Jahres ging das neue multimediale Studio in Betrieb; das Radio hatte sich inzwischen auf Radio Basel 1 umbenannt.

Am gewichtigen Wort von «Kari» gab es nichts zu rütteln. Sowohl Robert Bösiger, Hanspeter Hügli und Jürg Schneider standen in Ausbildung, nur *Marcel W. Buess*, das mittlerweile vierte Projektteam-Mitglied, verdiente reguläres Geld. Die Herausforderung blieb und war der 1. November. Unserer Sache zugute kam letztlich der grosse Goodwill der Lieferanten und der politischen Gremien. Da durfte man schon mal vergessen, den Landeigentümer des Sendemastens auf der Sissacher Fluh um eine Mitbenützung anzufragen. Von einem ganz anderen Kaliber waren die Probleme mit dem damaligen Staatsbetrieb, der PTT. So recht mochte sich dieser nämlich nicht für die Lokalradios zu begeistern:

Wie auf glühenden Kohlen wartete Mitte Oktober der ganze, mittlerweile auch mit Studioräumlichkeiten, Personal und Audiotechnik ausstaffierte Sender auf eine Sendefrequenz. Die ursprünglich zugeteilten Frequenzen 93,6 MHz und 94,4 MHz wurden Raurach nämlich «wegen Koordinationsschwierigkeiten mit Deutschland» nur 16 Tage vor Sendebeginn wieder entzogen.[18] Hektik setzte ein, und Karl Flubacher startete eine seiner gefürchteten Direkt-Interventionen bei den zuständigen Stellen in Bern.[19] Zehn Tage vor Sendebeginn (Inserate und PR waren schon mit der veralteten Frequenz gedruckt worden) erhielten wir eine provisorische Frequenz.[20] Raurach startete am 1. November 1983 um 06.05 Uhr mit seinem regulären Sendebetrieb auf 102,9 MHz.

**Die Technik mutiert zum Politikum – die Salamitaktik**

Mit der Wahl des Senderstandortes Sissach hatten wir uns einen Bärendienst erwiesen. Knappe zwölf Jahre dauerte es, bis dieser konzeptionelle Fehler behoben

18 Schreiben der Generaldirektion PTT «Radio und Fernsehabteilung», 14. Oktober 1983.

19 Schreiben an das EVED, Kopie an Bundesrat Leon Schlumpf, 19. Oktober 1983.

20 Schreiben der Generaldirektion PTT «Radio und Fernsehabteilung», 21. Oktober 1983.

# Die Sache mit dem Natel

Kurz vor Aufnahme des Sendebetriebes haben sich Walter Leber und Jürg Schneider mit einem aktuellen Bedürfnis aus Sicht der Berichterstattung beschäftigt. Die Redaktion eines Lokalradios müsse über eine Funkausrüstung verfügen oder – noch besser – über ein «Nationales Autotelefon» (Natel). Nur so lasse sich Aktuelles auch wirklich aktuell über den Äther verbreiten und der Zeitvorteil des Mediums Radio voll ausspielen. Um die damaligen Kosten von rund 13 000 Franken für ein Natel B budgetverträglich zu machen, klärte man Mietvarianten ab. Auch als Kapitalanlage wollte man anscheinend das 16 Kilogramm schwere Koffergerät anpreisen. Natelnummern waren damals sehr begrenzt erhältlich und verfügten deshalb über eine spekulative Note. Nur so erklärt sich die Klammer-

werden konnte. Zwar erkannten wir die Problematik schon in der Projektphase 1982, rechneten aber mit einer «toleranten» Auslegung der Rundfunkverordnung durch den Bundesrat – eine fatale Fehleinschätzung.

Der 1982 in der «Kurzinformation zu Radio Raurach» berechnete «Zielbereich» entsprach dem RVO-konformen 10-km-Senderadius ab Sissacher Fluh und somit 85 000 Einwohnern im offiziellen RVO-Sendegebiet.[21] Beim definierten «Nutzbereich» waren 250 000 Einwohner kalkuliert. In der Kurzinformation stand dazu: «Radio Raurach ist zusätzlich in Basel und seiner Agglomeration, sowie im Laufental und in Teilen Solothurns und des Aargaus zu hören (Nutzbereich).» Das stimmte zwar, aber Messungen im Empfangsgebiet durch die Amateurfunker-Gruppe Farnsburg im Juli 1983[22] liessen vermuten, dass dies nicht in ausreichender UKW-Qualität möglich sein würde.

Der Wechsel des Sendestandortes von der Sissacher Fluh auf St. Chrischona bedurfte unzähliger Interventionen, um nicht zu sagen Pressionen in Bern, ausgeführt meist durch die politischen «Raurach-Schwergewichte» Karl Flubacher und *Hans-Rudolf Nebiker*. Verhandelt wurde über Jahre nur auf höchster Ebene – u.a. mit *Fritz Mühlemann*, Generalsekretär des EVED, *Armin Walpen*, Chef des Radio- und Fernsehdienstes, *Rudolf Trachsel*, Generaldirektor der PTT, Bundesrat *Leon Schlumpf* sowie deren jeweiligen Nachfolgern. In typischer Salamitaktik-Manier konnte Raurach nach und nach kleine «technisch-politische» Zugeständnisse verbuchen. So durften wir die Sendeleistung des Senders Sissacher Fluh im April 1985 von 100 auf 500 Watt erhöhen.[23] Als Weihnachtsgeschenk an die Hörerinnen und Hörer vermarktete man im Dezember 1985 den neuen Umsetzer Füllinsdorf auf 106,4 MHz.[24]

21 Kurz-Informationen Radio Raurach, August 1982.
22 Protokoll der Testsendung, 17. Juli 1993.
23 Schreiben der Generaldirektion, 27. September 1984.
24 Schreiben der Generaldirektion, Frequenzzuteilung 106.4MHz, 18. Oktober 1985; Schreiben von Radio Raurach an die Fernmeldekreisdirektion Basel betreffend Einschaltung 17. Dezember 1985.

---

bemerkung in der Kostenzusammenstellung für den Verwaltungsrat. Dort hiess es: «[Die Firma] Nebel würde es infolge baldigen Nummernmangels jederzeit wieder zurückkaufen, eventuell sogar teurer (Kapitalanlage?!)».
Die aus heutiger Sicht visionäre Gleichung «Topaktuell = hochmobil = Natel» scheiterte schliesslich in der Verwaltungsratssitzung vom 13. Oktober 1983 grandios.

Folgendes ist im Protokoll lapidar vermerkt: «Die Notwendigkeit eines Natels in der Startphase wird stark bestritten. Die Anschaffung wird nach kurzer Beratung in Folge abgelehnt. W. Leber schlägt vor, die Anschaffung von Funk nochmals zu prüfen.» Ein halbes Jahr später wurde ein gleichlautender Antrag von Leber und Schneider nochmals im Verwaltungsrat diskutiert – und wieder abgelehnt. *(JS)*

Endlich am Ziel: Erstmals am 25. Oktober 1995 konnte Radio Raurach vom Sendeturm auf St. Chrischona aus senden. Wenige Tage später – ab 2. November 1995 – hiess der Sender neu Radio Edelweiss.

Nach viel politischem Gezerre in Bern und hartnäckigem Widerstand des zu Gunsten von «Pro Radio Birstal» eingestellten Reinacher Gemeinderates konnte Ende Juni 1987 sogar der Umsetzer Reinach auf 93,6 MHz in Betrieb gehen.[25] Dies allerdings erst nach Ablehnung des Wiedererwägungsgesuchs von Radio Birstal durch den Bundesrat sowie persönlichem Hofieren der politischen Gremien durch Flubacher und *Rudolf Andreatta*. «S'Baselbieter Radio» war endlich auch in Schönenbuch angekommen.

Zum grossen Ärger musste Raurach Ende 1986 die provisorisch zugesprochene Frequenz 102,9 MHz wieder verlassen.[26] Die internationale Frequenzkoordination – der sog. Genfer Wellenplan – machte diese Übung nötig.[27] Auch hier ging es nicht ohne Umweg über den politischen Kanal. Raurach sollte die Frequenz von 106,9 MHz bekommen. Dies war ein Problem, weil damals viele UKW-Empfänger nur bis zu einer Frequenz von 104 MHz funktionierten. Radio Raurach war also nicht nur finanziell immer einen Schritt vor dem Abgrund, sondern wäre hier beinahe an «technischem K.o.» gescheitert. Bundesrat Schlumpf sicherte Raurach persönlich zu, dass sich «sein EVED» um das Problem kümmern werde[28]. Es klappte, und Raurach startete am 1. Dezember 1986 auf der noch heute gültigen «Basel Energy Frequenz» von 101,7 MHz.

Mit dem Wechsel der Hauptfrequenz wurde auch dem Verwaltungsrat klar, dass das wirtschaftliche Überleben von einem Sendestandort St. Chrischona nicht mehr zu entkoppeln war. Dagegen standen die RVO bzw. das darin ursprünglich definierte Sendegebiet und damit eine schier unüberwindbare Anzahl von politischen und gesetzlichen Hürden. Mitte Mai 1987 deponierten wir beim Bundesrat ein Gesuch um Änderung der Versuchserlaubnis (grundlegende Neudefinition des technischen Versorgungsgebietes).[29] Bis der politische Prozess beendet war, dauerte es acht lange Jahre. In dieser Zeit wurde Anfang 1990 die Leistung des Senders Sissacher Fluh auf 1000 Watt erhöht.[30]

Knapp ein Jahr nach dem Beinahe-Konkurs – der Name Radio Raurach hatte nur noch wenige Tag zu leben – schaltete Techniker *Christoph Hohler* am 25. Oktober 1995 auf die St. Chrischona um.[31] Das Baselbieter Radio sendete fortan vom Basler Hausberg und wurde, wie böse Zungen behaupteten, parallel dazu ins Inventar der schützenswerten einheimischen Planzen aufgenommen: Ab dem 2. November 1995 sendete von St. Chrischona nämlich nicht mehr Radio Raurach, sondern Radio Edelweiss. Und zwölf Jahre später, auf den Tag genau, ging so auch Karl Flubachers «Prophezeiung» in der Volksstimme vom 2. November 1983 in Erfüllung: «Radio Raurach soll nicht nur ein Oberbaselbieter Radio sein», sagte er wörtlich «und wir werden den Beweis erbringen, dass wir den ganzen Kanton abdecken».

25 Schreiben an den Gemeinderat Reinach, 17. Juni 1987.

26 Schreiben der Fernmeldekreisdirektion Basel, Oktober 1986 – neu 101,7 MHz.

27 Rundschreiben an alle Lokalradios der Generaldirektion PTT, 25. März 1995 – Wellenplan tritt per 1. Juli 1987 in Kraft.

28 Schreiben von Bundesrat Leon Schlumpf an Karl Flubacher, 20. August 1986.

29 Gesuch um Änderung der Sendeerlaubnis von Radio Raurach, 17. Mai 1987.

30 Schreiben der Fernmeldekreisdirektion Basel an die Generaldirektion in Bern, 9. März 1990.

31 Chronikeintrag des damals zuständigen Technikers Christoph Hohler.

**Die Lokalradiostationen von damals können mit den heutigen Formatradios leider nicht mehr verglichen werden. Heute zählt nur noch die jugendliche Zielgruppe, die anscheinend Geld haben soll, und vergisst dabei die «jungen Alten».**
*Hans-Ueli Zürcher*

Ich fühlte mich gleichermassen als Mitarbeiter, Mitgestalter und Mitverantwortlicher.
*Markus Back*

Fehlende Erfahrung und Routine kompensierten wir durch Idealismus, Fantasie und Initiative.
*Willy Schaub*

Wo man hinkam, wurde man angesprochen und gelobt – ein tolles Gefühl.
*Marcel Allemann*

Es war ein ziemlich chaotischer, hektischer und bunter Betrieb in diesem Studio. Ganz anders als im Radiostudio in Basel, wo ich schon Aufnahmen gemacht hatte. Nur der Tabakrauch war ähnlich dicht!
*Vreni Weber-Thommen*

Oft war keiner mehr im Studio. So hoffte ich immer, dass alles funktioniert!
*Heinz Spinnler*

**Leider habe ich nach Radio Raurach auch das Ende der Nachfolgestation Radio Basel erlebt.**
*Rainer Luginbühl*

Vermutlich ist der Teamgeist, wie er damals herrschte, heute nicht mehr möglich.
*Serge Policky*

> Statt Salär erhielt ich als Freischaffender im Büro des Chefs öfters, verbunden mit einer Entschuldigung, einen Drink und einen goldenen Radio Raurach-Kugelschreiber …
> *Manuel Staub*

Ich habe Erfahrungen gemacht, die man mit keinem Geld der Welt kaufen kann.
*Rolf Wirz*

30 Sekunden bedeuten die Welt!
*Michael Köhn*

Toll, man hört mich am Radio!
*Toni Schürmann*

Bei drei grossen, tragischen Medienereignissen war ich auf der Redaktion dabei – drei Ereignisse, die mir bis heute in einer sehr prägenden Erinnerung sind: der Anschlag von Luxor im November 1997, der Tod von Lady Diana im August 1997 und der Absturz der Swissair-Maschine vor Halifax im September 1998.
*Thomas Zellmeyer*

Das waren noch die schönen Zeiten ohne Internet, Facebook, Twitter und dem ganzen elektronischen Blödsinn.
*Willi Erzberger*

Auch die ganze Phase der finanziellen Schwierigkeiten, in welcher wir auf unseren Lohn verzichten mussten und nicht wussten, wie lange wir noch senden, war im Nachhinein eine prägende Erfahrung.
*René Häfliger*

Dass man seine eigenen Platten fürs Programm mitbrachte, war bei Raurach damals nicht nur erlaubt, sondern mangels eines breiten Radio-Archivs sogar ausdrücklich erwünscht.
*Peter Rusch*

# BACKSELLER

Warum die Lokalradios für viele
ein Sprungbrett waren.

Was die Wissenschaft
vom Baselbieter Lokalradio hielt.

Weshalb Radio Energy Basel mit der Raurach-
Konzession fast nichts mehr zu tun hat.

# Pendler zwischen Stadt- und Fischmärt

Radio Raurach und seine Rechtsnachfolger galten lange Zeit als Talentscouts und Ausbildungslager für das grössere und finanzstärkere Stadtradio Basilisk. Doch der Austausch funktionierte auch in umgekehrter Richtung.
*Von Roger Thiriet*

**R**adio DRS sucht neue Stimmen. Mit diesem Slogan ging der Deutschschweizer SRG-Rundfunk Anfang der 1980er-Jahre auf die Suche nach Moderatoren-Nachwuchs für sein geplantes drittes Programm. Mit diesem Sender wollte DRS den Kampf gegen die drohende Lokalradiokonkurrenz aufnehmen.

Auf einige wenige Inserate in den grossen Deutschschweizer Zeitungen gingen rund 3000 Bewerbungen von Möchtegern-Moderatoren beiderlei Geschlechts ein. Deren Qualifikation erschöpfte sich allerdings in den meisten Fällen darin, dass sie in der Jugenddisco in ihrem Dorf aufgelegt oder als Stadionsprecher Drittliga-Fussballspiele gespeakert hatten. 15 von ihnen – darunter *Jasmin Kienast*, der heutige TV-Entertainer *Frank Baumann* oder die späteren «Basilisken» *Niggi Freundlieb* und *Rainer Luginbühl* – wurden nach einem mehrstufigen Verfahren ausgewählt und in den DRS-Landesteilstudios Basel, Bern und Zürich zu DRS 3-Moderatoren ausgebildet.

**Vom Nadelöhr zum Scheunentor**

15 aus 3000 – der Erfolgsquotient von 0,5 Prozent zeigt, wie schmal der Weg an die Mikrofone und in die Redaktionen des damaligen Monopolradios war. Eher ging das sprichwörtliche Kamel durch ein Nadelöhr als ein Radiobegeisterter durch eine DRS-Studiotür.

Das änderte sich auf einen Schlag, als die privaten Veranstalter den Markt öffneten. Plötzlich gab es Arbeitsplätze in Hülle und Fülle, auch für jene Velomechaniker, denen ihre Grossmutter gesagt hatte, mit ihrer Stimme müssten sie

Rolf Wirz | Sabine Manz | Willy Surbeck

zum Radio. Die kleinen und finanziell schwächeren Lokalradios gaben nun auch ihnen eine Chance – Hauptsache, sie waren bereit, viel zu arbeiten und wenig zu verdienen. Und, auch wenn sie es nicht oder nur hinter vorgehaltener Hand zugaben, die Hoffnung, nach erhaltener Ausbildung «on the job» später den Sprung zu einem «Premium»-Privatradio oder gar zum öffentlich-rechtlichen Staatsradio zu machen.

In der Tat sorgte die neue Durchlässigkeit auf dem Radio-Arbeitsmarkt für frischen Wind in der Szene, und zwar in alle Richtungen. Erst einmal trat die SRG selbst der Lokalradioszene einige ihrer Profis wie den Radio Extra-Bern-Initianten *Matthias Lauterburg* oder den ersten Radio Zürisee-Programmleiter *Jürg Kauer* ab. Diese Anfangsinvestition zahlte sich in den vergangenen 30 Jahren mehrfach aus, hat die öffentlich-rechtliche Anstalt doch von *Sabine Manz* über *Heinz Margot, Kathy Flaviano* und *Christian Zeugin* bis *Sandra Schiess* (um nur die prominentesten DRS-«Upgrader» aus der Nordwestschweizer Lokalradioszene zu nennen) immer wieder von der Rekrutierungs- und Ausbildungstätigkeit der Privaten profitiert.

## Vom Farm-Team zur Kaderschmiede

Und wie der neue Markt im Grossen spielte, funktionierte er auch im Kleinen. Radio Raurach und seine Rechtsnachfolger galten lange als «Farm-Team» für Radio Basilisk. Die Schwellen im Sissacher Regiobank-Gebäude und später im Liestaler Stadtmärt waren niedriger als an der Basler Rittergasse oder am

Peter Rusch                    Baschi Dürr

Fischmärt, und wer das Radiofeuer in sich spürte, heuerte deshalb – wie *René Häfliger, Marie Jubin* oder *Peter Rusch* – mit Vorteil erst auf der Landschaft an, um sich nach bestandener Feuertaufe auf 101,7 MHz bei 94,5 MHz resp. später 107,6 MHz zu bewerben. Oder, was nicht selten vorkam, sich von dort abwerben zu lassen. Solche Seitenwechsel waren anfänglich weder auf der einen noch der anderen Seite gern gesehen. Der Stadt- und der Landsender verstanden sich als Konkurrenten. Fraternisieren war verpönt; wer überlief, wurde vom verlassenen Lager geächtet.

Zumindest, bis der Transfer auch in die andere Richtung zu funktionieren begann. Mit der Zeit wurde das erstarkte und professioneller gewordene Baselbieter Radio nämlich zur willkommenen Alternative für die eine oder andere «Basilisk»-Arbeitskraft wie Rainer Luginbühl, *Serge Policky* oder *Alec Schärrer*, die ihre Möglichkeiten im Basler Medienhaus ausgeschöpft hatten oder bei dessen Chefs in Ungnade gefallen waren. Andere Radio Basilisk-Cracks verbanden mit der Verschiebung über die Hülftenschanz gar einen Karrieresprung à la André Moesch oder Peter Küng, welche als frischgebackene Radio Raurach-Chefredaktoren über die Hülftenschanz gen Liestal zogen.

### Von der Provinz ins Staatsradio

Dass am Mikrofon von Radio Raurach bzw. den Nachfolgestationen auch eine Karriere beginnen konnte, die nicht im Studio 1 von Radio Basilisk aufhörte, zeigen unter anderem die leuchtenden Beispiele von Kolleginnen und Kollegen wie Sabine Manz, Sandra Schiess geb. Vaterlaus, *Isabelle Wilhelm* oder *Jean Luc Wicki*. Ihnen ebnete der Leistungsausweis der Nordwestschweizer Lokalradios schliesslich den Königsweg zum öffentlich-rechtlichen Staatsradio. Wo sie sich vor dreissig Jahren anlässlich der Aktion «DRS sucht neue Stimmen» mit Sicherheit erfolglos beworben hätten.

190

# Radio Raurach als Forschungsobjekt

Andi Jacomet, ehemaliger Freier Mitarbeiter Radio Raurach

Eine grosse Forschungsmaschinerie begleitete den Lokalradio-Versuch. Doch Radio Raurach kämpfte ums Überleben und interessierte sich nicht für Studien über den Beitrag zur lokalen Meinungsbildung. Wichtiger waren die nackten Hörerzahlen. Ausgerechnet diese waren in den ersten Jahren aber mit grossen Unsicherheiten behaftet.
*Von Andi Jacomet*

Die Ur-Lokalradiolandschaft war ein Biotop, in das der Bundesrat per Verordnung möglichst viele verschiedenartige Radio-Setzlinge hineinpflanzte, um fünf Jahre lang ihre Entwicklung zu beobachten. Eine universitäre Arbeitsgruppe wurde vom Bund beauftragt, diese Versuchsanordnung wissenschaftlich zu begleiten. Die Forscher konnten dabei nur bedingt auf lokale Besonderheiten eingehen.[1]

Um diese Lücke zu schliessen, wurden die Lokalradios selbst zu Forschungsarbeiten verpflichtet. Artikel 27 der Verordnung über lokale Rundfunk-Versuche (RVO) formulierte dies rigoros: «Der Veranstalter muss während der ganzen Dauer des Versuchs eine Begleituntersuchung durchführen und deren Ergebnisse veröffentlichen.» Viele Sender sträubten sich jedoch dagegen. Tatsächlich galt ab 1987 Artikel 27 schon als erfüllt, wenn ein Radio Studierende fand, die sich zufällig für eine Station interessierten und dazu eine Arbeit verfassten. Auch eigene Marktuntersuchungen wurden akzeptiert; Radio Raurach führte zwei solche Studien durch.

Der langjährige Geschäftsführer von Radio Raurach, Marcel W. Buess, hatte von Anfang an vermutet, dass die Begleitforschung ein Feigenblatt sei, das den Radios keinen konkreten Nutzen bringt: «Das war alles sehr akademisch und eher lästig – für unsere tägliche Radioarbeit brachte das rein gar nichts.»[2]

1 Nach Haas, 13.

2 Gespräch mit Marcel W. Buess.

Michael Schanne, Leiter Inhaltsanalysen der Arbeitsgruppe für RVO-Begleitforschung:

« Wir waren die braven Forscher, die sich an die gesetzlichen Anforderungen hielten – dafür wurden wir schliesslich bezahlt. Die Radios hingegen foutierten sich um unsere Fragen. Leider sahen sie nicht, was unsere Forschung ihnen hätte bringen können. Sie waren wohl zu sehr mit sich selbst beschäftigt. Auch der Bund ging den Weg des geringsten Widerstandes. Er brauchte unseren Schlussbericht als Alibi-Beweis, dass der ganze Radioversuch funktioniert hat. Für politische Entscheide spielte die Begleitforschung keine Rolle.³ »

In den offiziellen RVO-Schlussberichten findet Radio Raurach kaum Erwähnung – und wenn, dann in negativem Zusammenhang. So wird Raurach als eine der Stationen bezeichnet, die «bis heute bei ihrer Hörerschaft noch keine Akzeptanz gefunden» und «mit strukturellen Problemen zu kämpfen» haben.⁴

Hingegen existiert eine umfangreiche Seminararbeit aus der RVO-Arbeitsgruppe an der Universität Zürich. Sie stammt von der damaligen Publizistikstudentin Gaby Müller und wurde im Frühling 2013 vermutlich erstmals seit einem Vierteljahrhundert wieder aus der grauen Archivschachtel im heutigen Institut für Publizistik und Medienwissenschaft geholt.

### Eine einzige universitäre Detailstudie

In ihrer 50-seitigen Arbeit – bei Ulrich Saxer und Heinz Bonfadelli im Herbst 1988 eingereicht – ging Müller der Frage nach, «mit welchen besonderen Schwierigkeiten private Lokalradios in ländlichen Gebieten konfrontiert» seien.⁵ Radio Raurach stand exemplarisch für andere periphere ländliche Radiostationen, gemäss der Autorin gleichsam «Prüfsteine für die Verordnung über lokale Rundfunk-Versuche».

Die Verfasserin unterteilte die ersten Jahre des Senders in mehrere Phasen. Als Hauptproblem der Gründungsphase machte sie aus, dass die Organisation des Senders «weder geographisch noch politisch repräsentativ» und die Planung zu optimistisch gewesen seien. Schon bei Sendebeginn sei klar gewesen, dass die Werbeeinnahmen und der Verkauf von Anteilsscheinen allzu grosszügig budgetiert und das Empfangsgebiet zu optimistisch eingeschätzt worden seien. Ausser-

3 Gespräch mit Michael Schanne.

4 Bonfadelli, 32.

5 Müller (Arbeit ohne Seitenzahlen).

dem habe kein Redaktionsmitglied Radioerfahrung gehabt: «Journalistisch gearbeitet hatten lediglich Bösiger und Antonion [sic].»⁶

Gaby Seliner-Müller blickt zurück:

» Im Proseminar 1985/86 lernten wir die Methode der Inhaltsanalyse. Wir mussten das Programm einige Tage lang aufzeichnen und gemäss dem Codebuch der RVO-Arbeitsgruppe einordnen. Es gab damals erst zwei Grossrechner an der Uni, die alles durchrechneten und meterlange Papiere ausspuckten. Zwei Jahre später konnte ich diese Zahlen zu einer Seminararbeit ausbauen.
Dass ich Raurach erhielt, war purer Zufall – eine Baselbieter Bekannte musste die Sendungen für mich aufnehmen. Die Kontakte mit dem Sender waren spärlich, aber man hat mich mit Rohmaterial unterstützt und eine Kopie der fertigen Arbeit angefordert.»⁷

Die zweite Phase (November 1983 bis März 1986) sei «vom permanenten Kampf ums Überleben» gekennzeichnet gewesen sowie den Anstrengungen, die Hörerzahlen zu erhöhen. Müller hielt die dominante Position des Verwaltungsratspräsidenten und FDP-Nationalrates Karl Flubacher spätestens in dieser Phase für äusserst problematisch: «Die Geschäftssituation wurde nie offengelegt, sondern lieber ‹vernebelt›.» Finanzielle Prognosen hätten sich nach kurzer Zeit als unzutreffend erwiesen. Zwei Anpassungen der Programmstruktur und die Verbesserung des Empfangs fielen ebenfalls in diese Zeit. Auch Nachrichten- und Sportsendungen sowie die Hörerbeteiligung seien zwischen 1984 und 1987 ausgebaut worden. Bei der Musikmischung folgte Radio Raurach dem Trend, den «die Arbeitsgruppe RVO-Begleitforschung auch gesamtschweizerisch festgestellt» habe: «Während des Versuchs veränderte fast die Hälfte aller Sender ihr musikalisches Repertoire in Richtung breitere Akzeptanz.»⁸

1986 wurde vermehrt über Themen aus Baselbieter Gemeinden berichtet: 1985 lagen erst 30 Prozent der Ereignisorte im Empfangsgebiet, 1986 bereits 45 Prozent. Aber auch Stadtbasler Themen fanden viel mehr Berücksichtigung. Inhaltlich wird

6 Korrekt wäre: (Remo) Antonini.

7 Gespräch mit Gaby Seliner-Müller.

8 Saxer, 4.

«der hohe Anteil an wertenden Elementen» angeprangert, der bei Basilisk geringer sei. Die Autorin deutet dies als «Zeichen des amateurhaften Journalismus» und als «Ausdruck einer einseitigen politischen Ausrichtung des Senders».

Auch die dritte Phase von März 1986 bis Januar 1988 war laut Gaby Müller von der Geldsuche geprägt. Zuwendungen aus der Wirtschaft, der Verkauf der gesamten Werbezeit an die Firma Gong zum Fixpreis, der Werbepool mit Radio Basilisk und der Forderungsverzicht von Gläubigern hätten schliesslich zur Sanierung beigetragen. In dieser Phase seien auch die Versorgungslücken im Birstal geschlossen worden.

Zusammenfassend stellt Gaby Müller fest, dass die Zentrumsdominanz Basels für Radio Raurach schwer zu durchbrechen war: «Nicht nur die Nähe zu Basel, sondern auch organisatorische und strukturelle Bedingungen erschweren es Radio Raurach, eine eigene Identität zu erhalten.» Die Autorin bemängelt zudem, dass Radio Raurach seiner publizistischen Aufgabe nur teilweise gerecht werden konnte. Wenig hilfreich bei der Problemlösung sei gewesen, dass der Sender «seit der Gründung von Oberbaselbietern und FDP-Mitgliedern dominiert wurde».

**Die Krux mit den Quoten**

Ein kommerzielles Radio ist auf verlässliche Hörerzahlen angewiesen, um genügend Werbekunden anzulocken. Ausgerechnet in diesem zentralen Punkt gab es aber in den ersten Betriebsjahren grosse Defizite: Zwei Unternehmen erhoben die Mediennutzung nach unterschiedlichen Methoden. So verwundert es nicht, dass die AG für Werbemedienforschung (WEMF) und die SRG voneinander abweichende Quoten publizierten. Für grossen Aufruhr sorgte bereits drei Wochen nach Sendebeginn eine «Blitzumfrage» des SonntagsBlick, die für Radio Raurach vernichtend ausfiel. Wie sich nach einer Intervention bei Ringier herausstellte, hatten von den befragten 217 Personen in der Region Basel nur gerade 29 ihren Wohnsitz im Versorgungsgebiet. Auch wenn Radio Raurach seine Sicht der Dinge in zahlreichen Medien platzieren konnte, war der Schaden nachhaltig – das Versager-Image klebte fortan wie Pech an den Stiefeln des Baselbieter Radios.

In einer «vertraulichen Aktennotiz» vom 28. Mai 1986 schreibt Marcel W. Buess, die ohnehin schon tiefen Hörerzahlen seien an einer Sitzung der verschiedenen Quotenmesser noch weiter nach unten korrigiert worden. Und: «Die Zahlen für Radio Raurach sind unrealistisch und nicht repräsentativ. Die WEMF hat in unserem Falle versagt.» Insgesamt erinnert die unsichere Situation bei den Hörerzahlen der frühen 1980er-Jahre erschreckend an das Hickhack rund um die TV-Einschaltquoten im Jahr 2013.

Laut Michael Schanne wollten damals alle das neue Terrain der Einschaltquoten besetzen:

 « Viele Stationen haben sich an die WEMF gewandt, obschon diese in einem für sie fremden Feld unterwegs war. Dem SRG-Forschungsdienst misstraute man. Der kam ja von der öffentlich-rechtlichen Konkurrenz. So gab es anfangs eine sehr lebhafte Debatte, wer was mit welchen Methoden analysieren sollte. Ein grosses Problem stellten aber die tiefen Fallzahlen dar: Eine Hochrechnung auf das Konzessionsgebiet war oftmals kaum repräsentativ.[9] »

Der Verwaltungsrat von Radio Raurach wollte den mit vielen Unsicherheiten befrachteten Zahlen schliesslich etwas Eigenes entgegensetzen. Er gab 1986 für 30 000 Franken eine repräsentative Umfrage in Auftrag und investierte 1988 nochmals 40 000 Franken in eine Programmanalyse. Diese angesichts der stets angespannten Finanzlage hohen Beträge zeigen, wie verzweifelt die Verantwortlichen gewesen sein mussten.

### Erste verlässliche Zahlen dank KONSO-Umfrage

Intern war die geplante Auftragsstudie zunächst umstritten. Gemäss dem Protokoll der Verwaltungsratssitzung vom 24. Februar 1986 wollten Walter Leber und Hans-Rudolf Nebiker das Geld lieber in den Betrieb stecken: Eine solche Umfrage nütze nichts, zudem sollte zuerst die Hörerschaft geschaffen werden, anstatt nach der Hörerschaft zu fragen. Schliesslich setzten sich die Befürworter durch – im Sommer 1986 befragten die Meinungsforscher 1000 repräsentativ ausgewählte Personen, davon 606 im Kanton Basel-Landschaft.

Die Umfrage des Marktforschungsinstitutes KONSO ergab einen weitesten Hörerkreis von rund 84 000 Personen – deutlich mehr als in anderen Studien. Es trat jedoch auch zutage, dass Radio Raurach im eigentlichen Sendegebiet teils immer noch schlecht zu empfangen war. Aus heutiger Sicht belustigend ist die Aussage, «dass die Empfangbarkeit stark davon abhängt, wie aktiv bestimmte Sender überhaupt gesucht werden. Deshalb können Männer mehr Sender empfangen als Frauen und jüngere mehr als ältere Befragte.»[10]

Radio Raurach hatte zum Zeitpunkt der Umfrage nur 6 Prozent Stammhörer. KONSO gab deren absolute Zahl mit 22 000 an.[11] An der Musikmischung

9 Gespräch mit Michael Schanne.

10 KONSO, 2.

11 KONSO, 4.

fanden immerhin zwei Drittel Gefallen.¹² Die Übernahme der DRS-Nachrichtenblöcke kam bei den Befragten sehr gut an. «Indem diese Nachrichtenblöcke jeweils ergänzt werden durch die wesentlichen aktuellen regionalen Informationen, entsteht ein eindeutiger regionaler Konkurrenzvorteil für Radio Raurach.»¹³

Viele erinnerten sich auch an Werbespots. So manchen werden heute noch die von den Befragten meistgenannten in den Ohren nachklingen: Europapark Rust, Liebrüti, National-Versicherung, Zihlmann, Lipo-Möbelposten, Casino Rheinfelden, Asag und Hiberna.

Die Studienmacher empfahlen eine Verbesserung des Empfangs im ganzen Einzugsgebiet sowie eine Werbekampagne zur Steigerung der Bekanntheit und Frequenzen – «eventuell erst nach entsprechenden Struktur- und Programmverbesserungen».¹⁴

### IBFG-Studie als Wegbereiter der Programmreform

Die zweite grosse Studie wurde von der «Interdisziplinären Berater- und Forschungsgruppe Basel AG» (IBFG) durchgeführt. Radio Raurach beauftragte die Gruppe im September 1987, ein Stärke- und Schwächeprofil zu erstellen, das als Basis für ein neues Sendekonzept dienen sollte.

Die IBFG hatte die Sendungen vom 26. Oktober bis 2. November 1987 aufgezeichnet und folgerte aus dem Gehörten: «Der Gesamteindruck von Radio Raurach muss nach der Hörprobe als nicht zufriedenstellend bezeichnet werden. Wenngleich einzelne Programmelemente zeitweise durchaus gut und ansprechend sind, so sind insgesamt schwankende Qualität und eine nur teilweise befriedigende Professionalität festzustellen.»¹⁵

Der IBFG-Mitautor Peter Itin erinnert sich auch 25 Jahre später noch lebhaft an den Baselbieter Sender:

« Vor allem die Wortbeiträge waren teils unheimlich lang, bis zu 20 Minuten. Das hochprofessionell wirkende Radio Basilisk war Radio Raurach stilistisch meilenweit voraus, auch wenn das Stadtradio bisweilen allzu geschliffen wirkte. Die in der Studie namentlich erwähnten Moderatoren waren übrigens reine Zufallstreffer – wir hatten niemanden speziell auf dem Kieker.¹⁶ »

Hart ins Gericht ging die IBFG mit einzelnen Programmelementen: «‹Öppis zum Nohdänke› ist schlicht eine Zumutung für den ‹Normalverbraucher›: viel zu lang, viel zu moralisierend – ein Grund, blitzartig den Sender zu wechseln.» Das «Kalenderblatt» sei so dichtgepackt mit Informationen, dass es eher abstossend als anregend wirke. Das «Würfelspiel» sei nicht mediengerecht: «Jemand, der den Beitrag zum ersten Mal hört, versteht überhaupt nicht, worum es geht.» Und die «Musikbox» sei mühsam: «Das Plattenwechsler-Geräusch dauert viel zu lange.»[17]

Die Studie legte Radio Raurach eine Maximallänge der Beiträge von 3,5 Minuten und eine Ritualisierung der Sendeabläufe nahe. Dringend empfohlen wurden auch ein Namenswechsel und substanzielle Verbesserungen in der Moderation.

Zwei Moderatoren griffen die Verfasser exemplarisch heraus: «Ralph Wirz [sic] wirkt hastig, nervig, gehetzt, lustlos und lieblos. Er spricht undeutlich, verschluckt Wörter.» Marcel Borns Umgang mit Hörern sei eher schroff; er verabschiede sich zu rasch, was unhöflich wirke. Positiv kam dagegen Felix Anderwert weg.[18] Der Verwaltungsrat von Radio Raurach fand diese Namensnennungen ungünstig. Im Protokoll vom 25. Februar 1988 ist zu lesen: «Ungeschickt ist auch die namentliche Nennung von Mitarbeitern. Aus Gründen des Personenschutzes muss dadurch der Bericht als vertraulich eingestuft werden und verliert deshalb an Beweiskraft gegenüber den Mitarbeitern, da er von diesen nicht eingesehen werden sollte.»[19]

## «… bewahrt uns vor Höhenflügen»

In der Studie findet sich aber auch Positives: Insgesamt schneide das Programm des Senders im Urteil seiner Hörerinnen und Hörer recht gut ab. «Die Gesamtnote ist nahezu identisch und vergleichbar mit derjenigen für Basilisk und DRS 1.»[20] Nach einer langen Debatte schloss der Verwaltungsrat: «Die im Bericht aufgezählten zehn Schlussfolgerungen bestätigen nun auch wissenschaftlich, was der Verwaltungsrat eigentlich bereits wusste. (…) Der vorgehaltene Spiegel wirkt ernüchternd, weckt aber zur Besinnung und bewahrt uns vor Höhenflügen.»[21]

Am 7. April 1988 verabschiedete der Verwaltungsrat den Auftrag an die Geschäfts- und Programmleitung auf Basis der IBFG-Studie: «Im Sendehandbuch sind die allgemeinen Richtlinien sowie die einzelnen Sendegefässe klar zu strukturieren und zu charakterisieren (…). Es sollte für die Mitarbeiter verbindlich erklärt werden können. (…) Es muss alles versucht werden, die Leute für die Neuerungen zu gewinnen, ihre Ausbildung zu fördern.»[22] Die detaillierten Verbesse-

12 KONSO, 17.
13 KONSO, 22.
14 KONSO, 21.
15 IBFG, 28.
16 Gespräch mit Peter Itin.
17 IBFG, 36.
18 IBFG, 33 («Ralph» Wirz heisst natürlich Rolf).
19 Protokoll der Verwaltungsratssitzung vom 25. Februar 1988.
20 IBFG, 14.
21 Protokoll der Verwaltungsratssitzung vom 25. Februar 1988.
22 Protokoll der Verwaltungsratssitzung vom 7. April 1988.

rungsvorschläge der Forscher wurden wenig später in Peter Küngs neuem Programmraster teils ein zu eins übernommen.

Radio Raurach widerfuhr rückblickend dasselbe wie vielen anderen Lokalradios. Schnell wichen die Illusionen und Träume der knallharten Realität des freien Marktes. Dass auch die Hörerforschung noch in den Kinderschuhen steckte, machte die Sache nicht leichter. Auch das Raurach-Team sei blauäugig gewesen, sagt Marcel W. Buess: «Wir wussten 1983, dass es mit diesem Mini-Konzessionsgebiet eigentlich unmöglich würde, zu überleben – aber wir hatten den Mut, es zu probieren. An diesen Geist denke ich sehr gern zurück.»[23]

Michael Schanne bringt viel Verständnis für die Euphorie der Pionierzeit auf:

» *Die Beinahe-Pleite vieler Stationen und die Kommerzialisierung haben viele nicht vorausgesehen und glaubten wirklich an den Beitrag der Lokalradios zur Meinungsbildung und lokalen Kultur. Dass später anfänglich kritische Verleger einige inzwischen serbelnde Radios gerettet und so das Scheitern der offiziellen Medienpolitik verhindert haben, ist quasi der Treppenwitz der medienpolitischen Geschichte der Schweiz.*[24] »

---

23 Gespräch mit Marcel W. Buess.

24 Gespräch mit Michael Schanne.

*Ulrich Saxer, Arbeitsgruppe RVO-Begleitforschung: Zusammenfassung des Zwischenberichts, Zürich/Bern 1987.*
*Heinz Bonfadelli, Walter Hättenschwiler: Das Lokalradio-Publikum, Ergebnisse der Publikumsbefragungen zu den lokalen Rundfunkversuchen in der Schweiz 1983–1988, Bern 1989.*
*IBFG, Interdisziplinäre Berater- und Forschungsgruppe Basel AG, Radio Raurach – Programm-Analysen und Strategien (P. Itin / H. R. Fischer), unpublizierte Auftragsstudie, Basel 1988.*
*Josefa Haas, Adrienne Corboud: Lokalradio-Organisationen, Struktur und Entwicklung der an den lokalen Rundfunkversuchen in der Schweiz 1983–1988 beteiligten Lokalradio-Organisationen, Bern 1989.*
*KONSO, Institut für Konsumenten- und Sozialanalysen AG, Chancen für Radio Raurach, unpublizierte Auftragsstudie, Basel 1986.*
*Gaby Müller, Radio Raurach (Einzelfallstudie), Publizistisches Seminar der Universität Zürich, Projektgruppe Lokalradio, 1988 (unpublizierte studentische Arbeit ohne Seitenzahlen).*

# Sind Radiokonzessionen nur Handelsware?

Was hat Radio Energy Basel noch zu tun mit
der seinerzeitigen Konzession von Radio Raurach?
Nichts, glaubt der Baselbieter Ständerat.
*Von Claude Janiak*

**30** Jahre sind es her, seit mit Radio Raurach ein Baselbieter Privatradio das Licht der Welt erblickt hat. Die Erwartungen waren gross. Das Programm sollte den Lokalbezug gewährleisten. Auf Radio Raurach folgten später Radio Edelweiss, Radio Basel 1 und Radio Basel. Unverändert blieb die in der Konzession ausgedrückte Erwartung, wonach die Besonderheiten der Kantone Basel-Landschaft und Basel-Stadt und der Regionen nördlich des Juras sowie die Bedürfnisse der Gemeinden im Sendegebiet vorrangig zu berücksichtigen seien.

Ziel war immer ein tagesaktuelles Programm, welches über die lokalen und regionalen politischen, wirtschaftlichen und sportlichen Ereignisse sowie die sozialen und gesellschaftlichen Zusammenhänge informiert. Dazu gehört beispielsweise auch die erklärte und damit konzessionsrechtlich noch immer verbindliche Übertragung sämtlicher Spiele des FCB (im In- und Ausland) und des EHC Basel (alle Heim- und Auswärtsspiele).

### «Andrea (28), Single, Mini-Fahrerin»

Die Baselbieter Regierung hat immer, wenn sie sich zu Konzessionsfragen äusserte, zwei zentrale Anliegen in den Vordergrund gestellt: zum einen die Förderung des Meinungspluralismus durch den journalistischen Wettbewerb unabhängiger Redaktionen, und zum anderen die angemessene Berichterstattung aus dem Baselbiet. Dies wurde auch bei der laufenden RTVG-Revision im Zusammenhang mit der vorgeschlagenen Aufhebung der Verbreitungsbeschränkung betont und dabei gefordert, dass bei der Überwachung der aktuellen Konzessionen respektive bei der Neukonzessionierung strenge Massstäbe an die Programmveran-

Claude Janiak,
Baselbieter Ständerat

stalter gelegt werden und eine starke inhaltliche Fokussierung auf das eigene Versorgungsgebiet mit entsprechend höheren Zuschüssen belohnt wird.

Die Beantwortung der in diesem Beitrag gestellten Frage hängt somit vor allem davon ab, ob Radio Energy (auch) noch als Baselbieter Radio wahrgenommen werden kann oder nicht. Diese Frage muss das Publikum beantworten. Als Politiker und Teil des Publikums beantworte ich sie für mich klar mit einem Nein. Zunächst unterscheidet sich Radio Energy Basel durch nichts von Energy Bern oder Energy Zürich. Das Radioprogramm richtet sich vor allem an junge Erwachsene, nicht zuletzt aufgrund der Musikauswahl. Unmissverständlich deutlich sind aber auch die internen redaktionellen Weisungen über das anzusprechende Publikum: «Andrea (28), Single, Mini-Fahrerin». Die Berichterstattung über für unsere Region wichtige politische Geschäfte ist dünn und erfolgt selbst über den FCB, der alle Generationen verbindet, höchstens sporadisch. Ich erinnere mich nicht, als einziger Vertreter unseres Kantons im Ständerat je zu politischen Fragen, die für unseren Kanton relevant sind, begrüsst worden zu sein. Radio Energy kann nicht für sich beanspruchen, die Konzession in einer Weise zu erfüllen, wie die Regierung das erwartet, die Baselbieter Radiohörer es sich bei der Gründung von Radio Raurach vorgestellt und bei den Nachfolgeradios miterlebt haben.

### «Wir haben einen Radiosender in Basel gekauft»

Zur inhaltlichen Frage gesellen sich die gesetzlichen Vorgaben. So müssen die wirtschaftlichen Aktivitäten strikt vom Programm getrennt werden. Zudem muss sichergestellt sein, dass ein Programmveranstalter bzw. das Unternehmen, dem er angehört, nicht über mehr als zwei Fernseh- und zwei Radiokonzessionen verfügt. Damit wollte der Gesetzgeber den Vielfaltschutz «im Sinne einer Antikonzentrationsanordnung» sichern.[1] Im Rahmen der Vernehmlassung zur RTVG-Revision betont auch die Baselbieter Regierung die Wichtigkeit der Beibehaltung der zahlenmässigen Beschränkung – gerade vor dem Hintergrund der geplanten Aufhebung der Verbreitungsbeschränkung.

Verfahren um Übertragung einer Konzession bieten sich an zu überprüfen, ob die bestehenden Konzessionsvoraussetzungen und -verpflichtungen auch nach der Übertragung erfüllt werden. Der Gesetzgeber hat sich in Art. 48 Abs. 1 RTVG indessen darauf beschränkt, eine vorgängige Meldung an das zuständige Departement zu verlangen. Eine Genehmigung kann nachträglich erfolgen. Die Frage, ob die Übertragung mit einem wirtschaftlichen Übergang verbunden ist, entzieht sich damit faktisch einer Überprüfung, zumal das Departement es wie

1 Kommentar Weber zum RTVG, N 22 zu Art. 44, in: Rudolf, H. Weber, Rundfunkrecht (RTVG), Bern, 2008.

im konkreten Fall bei einer Prima-Vista-Prüfung bewenden lässt. Es begnügte sich mit der Information der MCC AG[2], wonach die Ringier AG und die Energie S.A.S. lediglich mit 15 Prozent an ihr beteiligt seien und somit kein wirtschaftlicher Übergang vorliege.

Indizien und Hinweise darauf, dass die Ringier AG bei der MCC AG eine beherrschende Stellung einnimmt, waren und sind nicht von der Hand zu weisen. Es fängt damit an, dass es in der Schweiz drei und nicht wie gesetzlich festgeschrieben maximal zwei solcher Konzern-Radios gibt. Der CEO von Ringier, Christian Unger, liess sich zum neuen Sender in Basel beim Übergang wie folgt zitieren: «Wir haben zum Beispiel gerade einen Radiosender in Basel gekauft, der jetzt zu Radio Energy wird.»[3] Die Lohnzahlungen der Mitarbeitenden erfolgen durch die RNG-1-Energy Media AG, die Verkaufsorganisation von Radio Energy in der Schweiz. Aus der mehrheitlich in Ringier-Besitz befindlichen Zürcher Zentrale wird längst auch das gesamte operative Geschäft aller drei regionalen Energy-Ableger geführt. Und Ringier hat sich als kleiner Minderheitsaktionär in den Entscheidungsgremien der MCC AG und ihrer Töchter eine grosse Mitsprache gesichert.

**Vorstösse im Parlament**

Das alles genügt nicht, um das Departement aufhorchen zu lassen. Es hat sich aufsichtsrechtlich immerhin mit der Frage auseinandergesetzt, ob der Leistungsauftrag gemäss gültiger Konzession erfüllt werde. Die Dotierung der News-Redaktion wird als «im untersten, gerade noch knapp vertretbaren Bereich» taxiert. Die Überprüfung des Programm-Outputs hat «keine offensichtliche Nicht-Erfüllung des Konzessionsauftrags» ergeben. Als vertiefte Abklärung der Konzessionsvoraussetzungen kann dieses Aufsichtsverfahren jedoch nicht bezeichnet werden.

In einer Interpellation habe ich dem Bundesrat Fragen gestellt im Zusammenhang mit der Konzessionsübertragung.[4] Die Antwort des Bundesrates zeigt, dass er sich primär auf die Prüfung von Formalitäten und die Aufsicht auf die Durchsetzung der restriktiv interpretierten gesetzgeberischen Vorgaben beschränkt. Damit bleibt die Erkenntnis, dass die aktuelle Gesetzgebung die Umgehung ihrer Vorgaben leicht macht und auch Konzessionsvoraussetzungen nur bedingt verpflichtend zu sein scheinen. Tröstlich ist letztendlich, dass Hörerinnen und Hörer mit der Senderwahl selbst darüber entscheiden können, ob Radio Energy Basel noch als Baselbieter Radio durchgeht.

Als Teil dieser Hörerschaft habe ich in dieser Hinsicht die grössten Zweifel. Für mich steht vielmehr fest, dass das alles nichts mehr zu tun hat mit der seinerzeitigen Konzession von Radio Raurach, einem echten hiesigen Radio.

2 Mehrheitsaktionärin der Radio Basel AG.

3 In «Die Medienwoche – das digitale Medienmagazin» vom 9. Juli 2012.

4 Interpellation von Claude Janiak: «Radiokonzessionen als Handelsware?», vom 29. Februar 2012 (12.3053; Amtliches Bulletin 2012 S 589).

# Da haben wir den Logo-Salat!

ab 1982

ab 1983

**Der Anfang.** Zum Start muss etwas her! Schwarz-weiss, selfmade, einfach, eine Buchstabenreihe. Mehr nicht.

**Farbe bekennen.** Selfmade, von und für Baselland, für eine vielfältige Hörerschaft, blau-rot. Spiel mit dem Baselbieterstab und dem Buchstaben «R» in Anlehnung ans Frequenzensymbol, miteinander bilden sie eine Figur.

Viele Namen, viele Logos, kein roter Faden. Was einem Profi durch den Kopf geht beim Betrachten der Ausbeute aus 30 Jahren.
*Von Bernadette Leus*

ab 1985

ab 1987

ab 1989

**Dynamischer Aufbau.** Aus professioneller Hand gestaltet. Die Farbigkeit ist geprägt durch Blau, Rot und Schwarz. Das Logo ist modern, zielstrebig, im Schuss, es signalisiert einen klaren Weg und eine klare Aussage: Es geht aufwärts!

**Wo möchte man hin?** Das frühere Logo kommt wieder zum Vorschein und wirkt etwas hilflos in der Variante «Autonummernschild». Kann man oder will man sich nicht vom Alten lösen? Besinnt man sich wieder auf die Anfangszeiten?

**Neue Wege suchen.** Der Schriftzug ist noch leicht zu erkennen, doch mit weit weniger Dynamik. Das neue Logo wirkt überladen. Auffallend: Der Baselbieterstab erscheint nicht mehr – bewusst? Das Erscheinungsbild wird comicartig. Setzt die neue Strategie des Radios auf die Märchenwelt?

ab 1993

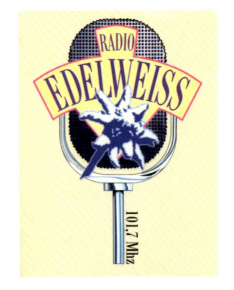

ab 1995

**Zack – Signal zeigen.** Achtung 101,1 – Stempel, einfach klar – man hat sich gelöst vom verspielten, überladenen Logo. Das Logo wirkt selbstsicherer und professioneller als sein Vorgänger.

**Neuer Name.** Neuer Weg und neue Farben. Das Symbol Edelweiss steht für Werbung vieler Schweizer Produkte, vor allem für Berge, Alpweiden, Alpbutter, mit einer Trachtenwelt im Hintergrund. Das Radio will sich offensichtlich öffnen. Versteht es sich nicht mehr als Radio vom, aus und für das Baselbiet?

Bernadette Leus, Grafikerin und Unternehmerin

| ab 2003 | ab 2009 | ab 2012 |

**Rückbesinnung auf die Region.** Man spürt wieder einen Wechsel im Radioteam und eine neue Ausrichtung. Das Logo wirkt professionell. «Basel 1» – die Nummer 1 in Basel! Der Auftritt wirkt harmonisch mit Bewegung in der geschlossenen Form.

**Die Nr. 1 fliegt weg.** Wieder wird ein Wechsel in der Strategie erkennbar. Die Farbe Rot bleibt, sie zeigt Stärke und Energie. Aber das Logo lässt ein «klassisches Radio» vermuten, mit hochstehenden Themen und Gesprächen – nur noch für ein ausgewähltes, abgeklärtes, «erwachsenes» Publikum?

**Junge Energie.** Basel bleibt. Modern, jung, frech, mit Power. Lauernd, «Achtung, fertig, los!». Das Radio richtet sich offenbar an ein junges, kaufkräftiges Publikum. Das Logo ist von professioneller Hand gestaltet.

Schon in den ersten Jahren wurde das Studio von Radio Raurach immer mal wieder von Prominenten besucht und diese dort interviewt. Hier eine kleine Auswahl:

**Kliby und Caroline bei Marcel Born**

**Schlagersänger und «Mr. Hitparade» Dieter Thomas Heck bei Theo Gschwend**

# Impressionen und Schmonzettchen

Drei Jahrzehnte lassen sich sich nicht umfassend zwischen Buchdeckel unterbringen. Auf den folgenden Seiten finden sich ein paar denkwürdige Bilder sowie einige Anekdoten und Aperçus – stellvertretend für so Vieles, was leider hat wegfallen müssen.

**1.-April-Scherz 1991 – Radio Raurach tickt anders**
Der 1. April 1991 war ein Montag, am Tag zuvor waren die Uhren auf Sommerzeit umgestellt worden. Susanne Hänggi und Carmen Oriet hatten Frühdienst. Zwischen 4 und 5 kam ihnen die Idee, die Raurach-Uhren für einmal anders ticken zu lassen. So sendeten sie am ersten Arbeitstag bis um 10 Uhr noch mit Winterzeit, also mit einer Stunde Verspätung.

Susanne spielte bis um 6 Uhr «DRS»-Musik. Die DRS-Nachrichten zur vollen Stunde und das DRS-Morgenjournal zeichnete Carmen auf; gesendet wurden sie eine Stunde später. Natürlich begann bald schon das Telefon zu klingeln ... Carmen Oriet erinnert sich: «Wir sind eisern geblieben. Susanne hat so zwei Stunden lang ihren Radiowecker durchgezogen, ich zwei Stunden die Morgeninfo.»

Während der Morgeninfo meldete Carmen, die Zeitumstellung hätte wohl einige Hörer verwirrt, sie hätten angerufen, unsere Zeit stimme nicht. Zum Beweis, dass der Sender recht hatte, rief Carmen die «sprechende Uhr» an. Doch «die hatte ich natürlich genau eine Stunde zuvor aufgezeichnet.» Kurz bevor die Sekretärin Evi Lüscher den Dienst quittierte, weil das Telefon pausenlos klingelte, lösten die beiden Moderatorinnen den Aprilscherz auf.

Danach gab es viele Reaktionen, denn an jenem ersten Apriltag kamen tatsächlich zahlreiche Personen zu spät zur Arbeit oder zur Schule. Dafür hatten sie allerdings eine sehr gute Ausrede.

## Mischmasch – die Sendung

Die Sendung Mischmasch gab es bei Radio Raurach vom ersten Tag an. Sie wurde wochentags immer zwischen 17 und 18 Uhr ausgestrahlt. Im Programmbeschrieb (von Dezember 1983) heisst es dazu: «Steigende Hörerzahlen, wieder breitere Hörerschicht. Viele Autofahrer auf dem Heimweg. Verlangt wird von der Hörerschaft ein Feierabendprogramm mit kurzen Informationen und viel Musik.» Zum Thema Musik war Folgendes definiert: «Aktuelle, moderne und eingängige Musikauswahl. Keine Klassik, keine Ländler, keine Schnulzen (höchstens als Ausnahme im Sinne eines Oldies) und kein ‹James-Last-Sound›.»

Karl-Heinz Böhm
bei Jean-Luc Wicki

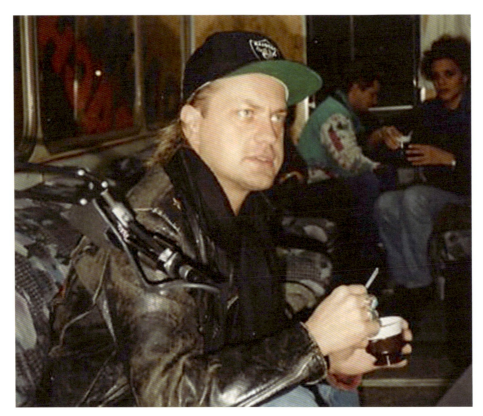

Schauspieler Uwe
Ochsenknecht im
Raurach-Über-
tragungsbus

### 1.-April-Scherz 1987 – Neu aus Liestal
Zur Überraschung aller sendete Radio Raurach am 1. April 1987 aus der Kantonshauptstadt Liestal. Raurach war tatsächlich im Museum zum alten Zeughaus einquartiert und sendete von dort live. Jene Radiohörer, die auf den Scherz vermeintlich hereinfielen, fanden das Radio tatsächlich im Zeughaus.

### Kosenamen
«Schlawinski». Mit diesem Übernamen kennzeichnete Verwaltungsratspräsident Karl Flubacher jeweils den Zürcher Radiopionier Roger Schawinski, wenn Letzterer wieder einmal einen seiner schlauen Schachzüge machte. Und den Gründer und Chefredaktor von Radio Basilisk, Christian Heeb, bezeichnete er intern zuweilen als «Primadonna».

### Pizza-Klausel
Hans-Ueli Zürcher, der bei Radio Raurach einige Jahre für den Werbeverkauf zuständig war, hatte in seinem Arbeitsvertrag einen speziellen Passus eingebaut. Das 1992 erstellte Vertragswerk, unterzeichnet von Peter Wyss und Martin Wagner, sah unter Art. 26 Folgendes vor – wir zitieren: Der Angestellte hat Anrecht zusammen mit seinen Vorgesetzten pro Quartal auf Kosten von Radio Raurach Betriebs AG eine Pizza nach eigener Wahl zu «verspeisen».

### «Fremdartiger Poplärm»
Als Heinrich Dreher, Musikleiter von Radio Raurach, den Sender per Ende September 1984 auf eigenen Wunsch verliess, provozierte das einige besorgte und böse Briefe. So schrieb Dr. Erich Roost aus Gelterkinden in einem Brief an den Verwaltungsratspräsidenten wörtlich: «Wie ich vernommen habe, ist bei Herr Heini Dreher als Musikleiter abgesetzt worden. Diese Meldung hat mich schockiert, habe ich doch Heini Dreher als unumgänglich, volksverbundenen jungen Menschen kennen gelernt. Mit mir würden es viele treue Hörerinnen und Hörer sehr bedauern, wenn künftig bei Radio Raurach die Volksmusik verdrängt würde und nur noch fremdartiger Poplärm zu hören wäre. Ich trage ihnen diese Klage vor in der Hoffnung, dass Sie das Geschehen überprüfen und einen einseitige Entwicklung im Musiksektor verhindern helfen können.»

### Aktie für den Bilderrahmen
Das Jahr 1994 war das schwierigste von Radio Raurach. Quasi in letzter Minute konnte der Sender mit einer Nachlassstundung vor dem Untergang bewahrt wer-

Schauspieler Ruedi Walter in der Sendung «Mi Musig»

Opernsängerin Eva Lind bei Hans Hunziker

den. Sachwalter Urs Baumann wird in einem Beitrag in der Volksstimme (vom 5. August 1994) so zitiert: «Der gesunde Menschenverstand spricht für das Zustandekommen des Nachlassvertrages. Doch was heisst schon gesunder Menschenverstand …» Tage später, in einem Interview zur Frage, was einem Aktionär bleibe, falls dieser sich nicht dazu entschliessen könne, bei einer erneuten Kapitalerhöhung mitzumachen, antwortete Baumann mit Anspielung auf die wertlos gewordene Aktie: «Vielleicht finden Sie zuhause einen Bilderrahmen dafür …»

**Der Griff nach den Sternen**
Als der Schweizer Astronaut Claude Nicollier im Sommer 1992 mit der Raumfähre «Atlantis» ins Weltall abhob, war Radio Raurach mehr oder weniger live mit dabei. Möglich war diese kleine Sensation dank dem Enthusiasmus des damals 24-jährigen Radioreporters Daniel Buser und einem Zufall.

Zufall war, dass Buser zusammen mit einigen Kollegen an diesem letzten Julitag 1992 gerade in der Gegend um Cape Canaveral unterwegs war. Zufall war auch, dass er erfuhr, dass da ein Schweizer an Bord sein würde – der erste Schweizer überhaupt, der ins All fliegen würde. Von einem kaum zwei Meilen entfernten Park aus beobachtete Dani Buser den Count-down und berichtete fast live, indem er kurz nach dem Start einen 36-Sekunden-Tonbericht ins Liestaler Raurach-Studio schickte. Wie eine 1.-August-Rakete sei die «Atlantis» abgehoben.

Beitrag auf YouTube: www.youtube.com/watch?v=UEusxMXXE2M

**«Öppis zum Nodänke»**
Pfarrer Markus B. Christ erinnert sich: «Nicht immer einfach war die Suche nach Sprecherinnen und Sprechern für die Sendung ‹Öppis zum Nodänke›, galt es doch sieben kurze Voten (2,5 Minuten pro Sendung) zu gestalten. Ein Kollege sagte zu mir: Eine Predigt von zwanzig Minuten zu schreiben, ist viel einfacher! Doch offenbar wurde die Kurzsendung von Hörern geschätzt – auch wenn bei einer Umfrage 70 Prozent angaben, an Themen von Kirche und Religion nicht interessiert zu sein. Als die Zeit der Erstausstrahlung von 06.45 Uhr auf 05.55 Uhr vorverschoben wurde, gab es Protest – sogar der sonst dem neuen Medium gegenüber eher skeptische reformierte Baselbieter Kirchenrat bat in einem Schreiben inständig darum, an der bisherigen Sendezeit festzuhalten. Was dann ein paar Monate später auch geschah, allerdings nicht für lange: Ab 1988 wurde die Sendung auf 60 Sekunden gekürzt und von nun an ohne festen Sendeplatz – der ‹Andachts-Spot› soll zweimal am Tag zwischen 9 und 17 Uhr ausgestrahlt werden.»

**22. November 1982**

## ERSTER KLEBER FÜR DEN FÖRDERVEREIN

Der erste Kleber wird an die Mitglieder des Fördervereins «Pro Radio Basselland» verteilt. Dies zu Werbezwecken, wie im Brief steht, um an allen möglichen (und vielleicht auch unmöglichen) Orten Werbung zu machen. Das Design dieses ersten Klebers stammt von Martin Maurer (Inhaber Radio TV Maurer).

# CHRONIK

### 1979

**28. November 1979:** Mit Roger Schawinskis Radio 24 startet das erste Privatfunkprogramm für die Schweiz – genauer gesagt für den Grossraum Zürich. Da es in der Schweiz keine Zulassung für den Privatfunk gibt, nutzt er eine Lücke im neuen italienischen Lokalfunkgesetz. Von einem riesigen Antennenfeld auf dem 2948 Meter über Meer gelegenen Pizzo Groppera in den italienischen Alpen schickt er das Signal mit dem damals stärksten zivilen UKW-Richtstrahlsender der Welt in Richtung Schweiz. Moderiert wird die Eröffnungssendung durch den Basler Christian Heeb.

### 1980 und 1981

Unter dem Sendernamen Radio Andromeda machen Hanspeter Hügli, Jürg Schneider und Robert Bösiger Piratenradio. Die rund einstündigen aufgezeichneten Sendungen werden in unregelmässigen Abständen jeweils abends von einem Jurahügel ausgestrahlt.

### 1982

**März:** Beitritt von Radio Andromeda zum FRCH (Free Radio Switzerland), einer Interessengemeinschaft hauptsächlich bestehend aus ehemaligen «Radiopiraten».

**31. März:** Erstes Konzessionsgesuch für einen UKW-Sender, eingereicht über den FRCH: «Hiermit stellt FREE RADIO SWITZERLAND (FRCH) im Auftrag der Verantwortlichen von Radio Raurach das Gesuch nach Erteilung der Sendekonzession im UKW-Bereich.»

**7. Juni:** Der Bundesrat verabschiedet die Verordnung über lokale Rundfunk-Versuche (RVO). Die Frist zur Einreichung eines Konzessionsgesuchs läuft bis zum 30. September 1982.

**26. August:** Anlässlich des Parteitages der FDP Baselland wird am Schluss des Parteitages von der Jungfreisinnigen Bewegung Baselland (JFBL) eine Resolution eingebracht. U. a. heisst es in dieser Resolution: Wir, die Jungfreisinnigen, rufen die Bevölkerung und die Behörden unseres Kantons auf, sich an der Lokalradio-Diskussion aktiv zu beteiligen und nicht länger abseits zu stehen. Die Jungfreisinnige Bewegung Baselland wird sich für die Verwirklichung des auf den Kanton Baselland ausgerichteten Radio Raurachs einsetzen!»

**23. September:** Der Förderverein «Pro Radio Baselland» wird im Hotel Engel in Liestal gegründet. Er zählt 162 Mitglieder und bildet die ideelle Trägerschaft von Radio Raurach. Der Vorstand setzt sich zusammen aus Nationalrat Karl Flubacher (Präsident, Läufelfingen), Marcel W. Buess (Vize, Gelterkinden), Christine Schneider (Sekretariat, Gelterkinden), Heinrich Kohler (Kassier, Ormalingen), Martin Amsler (Tenniken), Robert Bösiger (Gelterkinden), Arthur J. Bühler (Gelterkinden), Daniel Buser (Basel), Lorenz Kunkler (Gelterkinden), Martin Maurer (Böckten), Susy Wirz (Sissach), Landrat Rudolf Andreatta (Allschwil), Hanspeter Hügli (Gelterkinden), Markus Meier (Zunzgen) und Christoph Gysin (Gelterkinden).

**29. September:** Zweites offizielles Konzessionsgesuch gemäss RVO wird eingereicht.

**30. September:** Die gemeinsame Delegiertenversammlung der SP BL/BS in Birsfelden lehnt Lokalradios ab. Die rund 100 Anwesenden fassen einstimmig eine Erklärung ab. Darin lehnen sie Lokalradios zum Geschäftemachen aufs Schärfste ab. Die Sozialdemokratische Partei werde bei keinem Lokalradio mitmachen, «welches die SRG konkurrenziert, dem Kommerz und der Verflachung dient, bürgerliche Monopole verstärkt, Kabelzusammenschlüsse fördert oder die Inseraten-Grundlage unserer Zeitungen gefährdet».

**30. September:** Mit Ablauf der Eingabefrist sind für die Region Basel 10 Projekte bekannt geworden: Basler Kinderradio, Radio Basilisk, Radio Birstal, Radio Dreyeckland, Radio Ergolz, zwei verschiedene Radios im Fricktal, Radio One, Radio Raurach und Radio Rhywälle.

**28. Oktober:** Erste Sitzung des Vorstands Förderverein «Pro Radio Baselland» im Hotel Engel in Liestal.

**29. November:** Mit der Veröffentlichung der Gesuche ist eine 30-tägige Vernehmlassung eröffnet. Laut RVO werden die betroffenen Kantonsregierungen, die SRG und die Journalistenverbände zu einer Stellungnahme eingeladen.

### 1983

**25. Januar:** Die Baselbieter Regierung spricht sich für die Konzessionierung von Radio Birstal aus und befürwortet zusätzlich entweder Radio Raurach oder Radio Ergolz als zweiten Sender im Kanton Basel-Landschaft.

**26. Januar:** Die Basler Regierung empfiehlt dem Eidgenössischen Verkehrs- und Energiedepartement (EVED) die beiden kommerziellen Sender Radio Basilisk und Radio Rhywälle sowie das alternative und werbefreie Projekt Radio Dreyeckland.

**20. Juni:** Radio Raurach erhält vom Bundesrat eine von insgesamt 36 Schweizer Lokalradiokonzessionen (der Bundesrat konzessioniert gleichzeitig 7 Lokalfernsehprojekte). Unter anderem gehen die Radioprojekte Ergolz, Birstal, Dreyeckland, Kinderradio sowie Fricktal leer aus.

**15. Juli:** Die Schweizerische Bundeskanzlei sendet die Versuchserlaubnis für Radio Raurach zu.

**4. August:** Gründung der Betriebsgesellschaft Radio Raurach im Hotel Engel in Liestal: 56 Genossenschafter heben die Betriebsgesellschaft Radio Raurach aus der Taufe. Insgesamt zählt die Betriebsgenossenschaft am Gründungstag 118 Genossenschafter. Die Rechtsform ist die einer Genossenschaft. Der Anteilschein kostet 100 Franken.

**4. August:** Der Radio Raurach-Verwaltungsrat konstituiert sich im Anschluss an die Gründungsversammlung der Genossenschaft: Karl Flubacher (Präsident), Robert Bösiger (Delegierter des Verwaltungsrats, Geschäftsführer und Sekretär adinterim), Marcel W. Buess (Vizepräsident), Jacques Gunzenhauser, Walter Leber, Hans-Rudolf Nebiker und Jürg Schneider.

**5. August:** Der Verwaltungsrat genehmigt den Pachtvertrag mit der ofa (Orell Füssli Werbe AG) zum Verkauf der Radiowerbung.

**23. August:** Mit folgenden Personen werden gemäss Verwaltungsratsbeschluss die ersten Arbeitsverträge eingegangen: Remo Antonini (Lokalnachrichten) aus Liestal, Heinrich Dreher (Vereine regional) aus Buus, Judith Isenschmid (Sekretariat) aus Gelterkinden und Barbara Koch-Ebnöther (Moderation) aus Lausen.

**6. September:** Die beteiligten Banken erhalten ein erstes Investitions- und Betriebsbudget von Radio Raurach. Das benötigte Anfangskapital wird auf 410 000 Franken beziffert, die jährlichen Betriebskosten auf 750 000 Franken veranschlagt.

**21. September:** Radio Raurach wird von der Generaldirektion der PTT die Frequenz 94,4 MHz zugeteilt. Im Brief heisst es: «Leider war es wegen Verzögerungen bei der Deutschen Bundespost noch nicht möglich, das Frequenz-Koordinationsverfahren mit den ausländischen Fernmeldebehörden wie vorgesehen am 20. September 1983 vollständig abzuschliessen. Wir bitten Sie deshalb um Verständnis, dass wir bis auf weiteres keine absolute Gewähr für die zugeteilte Frequenz übernehmen können.»

**22. September:** Weitere Anstellungen werden vorgenommen: Thomas Rüegg (Politik/Wirtschaft) aus Sissach, Willy Schaub (Kultur/Gesellschaft) aus Muttenz, Marcel Born (Moderation, Teilzeit) aus Pratteln. Robert Bösiger wird zum Programmleiter, Remo Antonini zum Redaktionsleiter und Heinrich Dreher zum Musikleiter ernannt.

**4. Oktober:** Radio Basilisk bietet Raurach das uneingeschränkte Recht zur Übernahme seines Vollprogramms an. Für die Abtretung des Programms würde Basilisk, im Falle einer Einigung, eine symbolische Pauschale von 100 Franken verlangen.

**14. Oktober:** 16 Tage vor Sendebeginn steht Radio Raurach ohne Frequenz da. Schriftlich ergeht der Bescheid, dass sowohl die am 21. September zugeteilte Frequenz 94,6 MHz als auch die in aller Eile mündlich mitgeteilte Ersatzfrequenz 93,4 MHz von Deutschland abgelehnt werden. In der Zwischenzeit sind aber schon die ersten Werbeinserate gedruckt worden.

**21. Oktober:** Endlich wird, nach hektischen Telefonaten und entsprechendem Briefverkehr, von der Generaldirektion PTT eine weitere provisorische Sendefrequenz zugeteilt (102,9 MHz). Aus Bern heisst es: «Wir müssen jedoch darauf hinweisen, dass diese neue Frequenz lediglich aufgrund einer sogenannten Vorkoordination erfolgt; eine absolute Gewähr für die definitive Zuteilung können wir bis zum Abschluss des formellen Koordinationsverfahrens nicht übernehmen. Darüber gilt diese Zuteilung bis zum Inkrafttreten des neuen UKW-Frequenzplans, voraussichtlich am 1.1.1986, als provisorisch.»

**25. Oktober:** Der Kanton Basel-Landschaft wird mit Brief von der Betriebsgesellschaft Radio Raurach offiziell um Beteiligung am Sender angefragt. Unterzeichner sind die beiden Nationalräte (und Verwaltungsratsmitglieder) Karl Flubacher und Hans-Rudolf Nebiker.

**28. Oktober:** Von der Generaldirektion PTT trifft zwei Tage vor Sendebeginn die sogenannte «Rundfunksendekonzession I» ein.

**1. November:** Radio Raurach geht zusammen mit sechs anderen Lokalradios auf Sendung – ein historischer Tag in der Schweizer Medienszene. Barbara Koch eröffnet nach den 6-Uhr-Nachrichten von Radio DRS den Sendebetrieb mit den Worten: «E schöne guete Morge mitenenand. Ändlig isch es e so wit, s sch nid öppe e Witz – neii – si ghöre Radio Raurach, hüt am 1. Novämber, s erscht mol live, uf UKW-Frequänz 102,9. Mir hei is alli uf dä Tag gfreut, si aber au e chli gschpanne, wie die ganzi Sach wird laufe, aber jetze si mer do …»

**20. November:** Der SonntagsBlick veröffentlicht eine Blitzumfrage über Lokalradios mit vernichtenden Ergebnissen für Raurach. Darin befragt das Luzerner Institut Link 834 Personen in den Regionen Zürich, Basel (BS=109; BL=108) und Bern, welchen Lokalsender sie regelmässig hören. In der Region Basel liegt Radio Basilisk mit 47 Prozent regelmässiger Hörer an der Spitze, vor DRS 3 mit 15 Prozent und Radio Raurach mit 2 Prozent. Radio Raurach protestiert und schreibt im Pressetext u. a.: «Im Besonderen verurteilen wir die Methoden des SonntagBlick, nachdem dieser es nicht für nötig fand, eine Stellungnahme von Radio Raurach einzuholen und abzudrucken. Es scheint, dass mit den Mitteln des Sensationsjournalismus Medienpolitik betrieben und dadurch versucht wird, kleinere Lokalradios an die Wand zu drücken und deren Existenz zu gefährden.»

## 1. November 1983
## ERÖFFNUNGSPARTY IN DER «SONNE»

Im Hotel Restaurant Sonne in Sissach findet am Abend des ersten Sendetags die grosse Eröffnungsparty mit Musik, Ansprachen und geladenen Gästen statt. Zum musikalischen Programm tragen u. a. Schülerinnen und Schüler der ersten Primarklasse aus Buus (Bild oben), die Oberbaselbieter Ländlerkapelle, die Gruppe Oropax sowie die Steppin' Stompers (Bild unten) bei. Die Gästeliste ist lang und gleicht einem «Who is who» der kantonalen Politik-, Kultur-, Wirtschafts- und Gesellschaftsszene.

213

**28. August 1984**

## SENDEMASTEN ERHÖHT

Der bestehende Funkmast wird zwischen dem 13. und 25. August durch einen acht Meter höheren Occasions-Sendemasten ersetzt.

**5. Dezember:** Die Sendung «Mediablitz» vom 1. Dezember entgleist und führt zur ersten Beschwerde an die Beschwerdekommission unter der Leitung von Prof. René Rhinow. Eingereicht wird sie von Karl Flubacher, dem Verwaltungsratspräsidenten von Radio Raurach.

**16. Dezember:** Das Budget 1984 sieht einen Betriebsverlust von 173 000 Franken vor. Das Investitionsbudget wird mit 156 000 Franken veranschlagt.

**19. Dezember:** Mit eingeschriebenem Brief interveniert Karl Flubacher bei der Generaldirektion der ofa Orell Füssli Werbe AG in Zürich: «Die Auslastung der Werbezeit, deren Verkauf Ihrer Firma exklusiv übertragen wurde, ist alarmierend schlecht. Im Auftrag des Verwaltungsrates teilen wir Ihnen mit, dass wir den mit Ihrer Firma abgeschlossenen Pachtvertrag ernsthaft infrage stellen. Unabhängig von der weiteren Entwicklung ist dieser Vertrag zumindest in der vorliegenden Form aus rein existentiellen Gründen nicht mehr tragbar.»

## 1984

**3. Januar:** Es wird ein Gesuch um eine Sendemastenerhöhung auf der Sissacher Fluh eingereicht.

**20. Januar:** Gegen das Gesuch von Radio Raurach für eine Masterhöhung um 8 auf 23,8 Meter auf der Sissacher Fluh sind elf Einsprachen seitens des Baselbieter Natur- und Heimatschutzes eingegangen.

**22. Februar:** Marcel W. Buess moniert an der Verwaltungsratssitzung: «Nach heutigem Stand der Zahlen und Gegebenheiten wären wir spätestens im Mai gezwungen, den Betrieb einzustellen. Will man weitermachen braucht Raurach einen Überbrückungskredit von 200 000 Franken. Eine vorsorgliche Kündigung per Ende Februar kommt auf keinen Fall infrage, dies wäre zu gefährlich und würde das definitive Todesurteil bedeuten.»

**27. Februar:** Alle Lokalradiostationen werden in Bern wegen einer allfälligen RVO-Revision vorstellig. Die Forderungen: 1. Fallenlassen der RVO-Beschränkungen bezüglich Werbung (insbesondere Occasionenmarkt, Stellenmarkt, Liegenschaftsmarkt). 2. Erhöhung der Werbezeit von 15 auf 20 Minuten täglich. 3. Saisonaler Werbezeitausgleich von 20 Prozent.

**15. März:** Eine Falschmeldung der Nachrichtenagentur AP prophezeit das baldige Ende von Radio Raurach. Grund für die Meldung ist eine von Karl Flubacher gemachte Äusserung in informellem Rahmen. Danach sagt Flubacher: «Man hat mich hereingelegt. Ein vertrauliches Gespräch mit einem Mitarbeiter von Radio 24 wurde auf schändliche Weise missbraucht.» Dies führte einerseits zu einem entsprechenden Bericht auf Radio 24 sowie der entsprechenden ap-Falschmeldung.

**16. März:** Hans-Ruedi Ledermann und Christian Heeb von Radio Basilisk sind Gäste der Verwaltungsratssitzung. Laut Christian Heeb habe Roger Schawinski (Radio 24) alles Interesse daran, eine «Lokalradio-Leiche» in Bern zu präsentieren, um den Forderungen nach der RVO-Revision bezüglich einer Lockerung der Werberestriktionen Nachdruck zu verleihen. Hans-Ruedi Ledermann ist bereit, trotz ausverkaufter Werbezeit bis Ende Mai 1984, einen Kombinationstarif für die beiden Stationen einzuführen. Erste Abklärungen hätten ergeben, dass ein solcher Kombinationstarif bei den Werbeagenturen gewünscht ist.

**16. März:** Karl Flubacher teilt dem Verwaltungsrat mit, dass private, ungenannt bleiben wollende Kreise Radio Raurach ein namhaftes Darlehen gewährt haben. Von wem dieses stammt, wissen nur Flubacher und Marcel W. Buess. Fast 30 Jahre später wird klar, dass dieses Geld aus dem Hause Basler Zeitung stammte, namentlich von BaZ-Verleger Hans-Rudolf Hagemann und BaZ-Chef Erich Reber. Die Basler Zeitung, bei der Konzessionsvergabe leer ausgegangen, wollte damit zumindest einen Fuss im Lokalradiogeschäft haben.

**12. April:** Nachdem Mitte März 1984 erste Schliessungsgerüchte des Senders in der Presse ihre Runde machten, geht der Verwaltungsrat mit einer Pressekonferenz an die Öffentlichkeit und versprüht Zuversicht.

**18. Mai:** Die Spitzen von Radio Raurach und der ofa Orell Füssli Werbe AG treffen sich in Zürich, um die Differenzen im Bereich Radiowerbung auszuräumen.

**16. Juni:** Heinrich Dreher, Musikleiter von Raurach, verlässt den Sender per 30. September 1984 auf eigenen Wunsch. Hauptgrund ist das Arbeitsklima, das nicht seinen Vorstellungen entspricht.

**27. Juni:** Nach langen Verhandlungen und etlichem Schriftverkehr ist die Einsprache des Natur- und Heimatschutzes betreffend Sendemastenerhöhung vom Tisch. Die Einwohnergemeinde Sissach, die Betriebsgesellschaft Radio Raurach und die Baselbieter Bau- und Landwirtschaftsdirektion unterzeichen die Vereinbarung «Bau-, Betriebs- und Eigentumsverhältnisse eines neuen Antennenmastes auf der Sissacher Fluh».

**17. Juli:** Der Regierungsrat Basel-Landschaft bewilligt das Baugesuch für die Sendemastenerhöhung auf der Sissacher Fluh.

**19. Juli:** Die erste Stimme von Radio Raurach, Barbara Koch-Ebnöther (Bild), kündigt per 31. Juli 1984. Sie wird Mutter.

**4. September:** Massive Frequenzbeeinträchtigungen der Frequenz von Radio Raurach: 102,9 MHz wird von Radio Italia France (eigentlich stillgelegt durch die PTT) erneut stark beeinträchtigt. Auch Radio Star (Mulhouse, 103 MHz), sowie «Störsender» wie Radio Dreyeckland und Italienische Stationen stören die Frequenz von Raurach. Karl Flubacher interveniert bei Generaldirektor Rudolf Trachsel.

**7. September:** Insgesamt fünf Gesuche an die Gemeinde Reinach waren nötig, bis Radio Raurach endlich auf der Frequenz 88,4 MHz ins Kabelnetz der Gross-Gemeinschaftsantennenanlage Reinach eingespiesen werden kann.

**12. September:** Der Verwaltungsrat lehnt den Vorschlag der Baselbieter Regierung ab, mit dem Projekt Radio Birstal ein sogenanntes «Radio Baselland» zu bilden.

**27. September:** Die Bewilligung für die Leistungserhöhung von 100 auf 400 Watt für die Sendeanlage Sissacher Fluh trifft aus Bern ein.

**15. Oktober:** Das Wiedererwägungsgesuch von Radio Birstal wird vom Bundesrat abgelehnt.

**8. November:** Erste Generalversammlung der Rauracher Betriebsgesellschaft: Gemäss Marcel W. Buess wird das laufende Jahr mit einem Gesamtverlust zwischen 340 000 und 350 000 Franken abschliessen. Und Geschäftsleiter Robert Bösiger macht den Hinweis, es sei jetzt vor allem wichtig, dass Radio Raurach im unteren Kantonsteil Fuss fassen könne.

**31. Dezember:** Im Jahr 1984 sind total 61 280 Sekunden Werbung verkauft worden. Dies entspricht einem Umsatz von 360 700 Franken.

## 1985

**22. Januar:** Das Gesuch an die Gemeinde Füllinsdorf um Mitbenützung der Gemeinschaftsantennenanlage auf der «Büchlehau» für einen Umsetzer oberhalb Füllinsdorf wird eingereicht.

**7. Februar:** Der Verwaltungsrat und der Vorstand des Fördervereins erlassen gemeinsam und übereinstimmend das Reglement für die Programmkommission von Radio Raurach.

**27. März:** Fördervereinspräsident Rudolf Andreatta unterrichtet den Verwaltungsrat, dass er mit Regierungsrat Clemens Stöckli Gespräche geführt habe. Es scheine ziemlich sicher, dass ein Betrag von Minimum 50 000 Franken aus dem Lotteriefonds zur Verfügung gestellt würde.

**15. April:** Französische Grenzsender stören den Empfang von Raurach. Auch Nationalrat Hans-Rudolf Nebiker interveniert schriftlich im Namen von Radio Raurach wegen den Beeinträchtigungen aus Frankreich. Das Schreiben geht an Armin Walpen vom EVED sowie an Charles Steffen von der Generaldirektion PTT.

**30. April:** Der Stand der Finanzen ist sehr angespannt. Robert Bösiger rapportiert an der Verwaltungsratssitzung: «Mit Stand von heute verfügt Radio Raurach (seit der Auszahlung der letzten Löhne) über KEINE verfügbaren Mittel mehr. Die Kreditlimiten sind sogar um rund Fr. 15 000.– überschritten.»

**4. Juli:** Die Basellandschaftliche Hypothekenbank und die Basellandschaftliche Kantonalbank stellen ein gemeinsames Darlehen von 150 000 Franken zur Verfügung.

**29. Juli:** Diverse Personalwechsel stehen an: Radio Raurach verlassen werden Remo Antonini, Jürg Gohl und Willy Schaub (per Ende August 1985). Ganztags angestellt werden die bisherigen Teilzeitmitarbeitenden Jürg Elber und Rolf Wirz. Neu dazu stossen Peter Rusch als Redaktor, sowie Regula Nebiker und Christoph Brudsche als Redaktionsvolontäre.

**19. Oktober:** Ausserordentliche Sitzung des Verwaltungsrats über die Finanzlage, die Strategie und die Massnahmen zur langfristigen Sicherung von Raurach: Es liegt eine Projektstudie vor (RAMEDIA AG), welche den Werbezeitverkauf für Raurach als eigener Betrieb betreiben soll.

**9. November:** Während der Sender ums Überleben kämpft, befassen sich die Gründer von Radio Basilisk, Christian Heeb und Hans-Ruedi Ledermann, mit einem Basler Regionalfernsehen. Beide sind zu Gast an der Verwaltungsratssitzung und erläutern als Mitinitianten ihr Projekt.

**26. November:** Das Budget für den Ausbau des an der Verwaltungsratssitzung vom 23. Oktober beschlossenen Übertragungs-Busses im Umfang von 33 000 Franken scheitert. Der Betrag sei illusorisch; umgehend müsse eine Minimalvariante erstellt werden.

**9. Dezember:** Gerüchte, wonach Radio Raurach eine Frequenz oberhalb von 104 MHz erhalten soll (106,9 MHz), beunruhigen die Verantwortlichen sehr. Denn rund die Hälfte der Radiogeräte in den Haushaltungen hat keinen Frequenzbereich bis 108 MHz, sondern nur bis 104 MHz. Man befürchtet als Folge einen massiven Hörerschwund. Zudem möchte man gleich lange Spiesse mit dem Stadtbasler Radio Basilisk, das schon lange auf 94,5 MHz sendet. Die Nationalräte Hans-Rudolf Nebiker und Karl Flubacher intervenieren bei Generaldirektor Rudolf Trachsel wegen der scheinbar zugeteilten Neufrequenz von Raurach von 106,9 MHz.

**17. Dezember:** Nach langem Hin und Her kann der Kleinumsetzer «Büchlehau» ob Füllinsdorf endlich die Versorgungslücken rund um Liestal füllen. Das Versorgungsgebiet des Umsetzers umfasst Liestal, Füllinsdorf, Frenkendorf, Pratteln, Muttenz, Giebenach, Magden, Möhlin und Rheinfelden.

## 1986

**11. Januar:** Robert Bösiger, Programmleiter und Mitgründer des Radios, will Radio Raurach verlassen.

**31. Januar:** Im Laufe der nächsten Tage werden die Verwaltungsräte Karl Flubacher und Hans-Rudolf Nebiker 116 Wirtschaftsführer mit einem persönlich abgefassten Brief anschreiben und diese um konkrete Unterstützung ersuchen – in Form von Radiowerbung, Zeichnung von Anteilsscheinen oder freiwilligen Zuwendungen.

**1. Februar:** Der Artikel «Grosse Töne eines kleinen Lokal-Senders», publiziert in der Zeitung Nordschweiz, wird mit einer Pressemitteilung von Radio Raurach gekontert. U. a. heisst es da: «Mit Befremden und Empörung stellen wir fest, dass interne, innerhalb eines Verwaltungsrates zirkulierende Papiere publiziert und ausgeschlachtet werden. Mit Bedauern und Unverständnis nahmen wir im weiteren davon Kenntnis, dass gerade die Nordwestschweiz Platz für diese Indiskretion geboten hat – nachdem sie Verständnis für eine Situation haben sollte, in der ein Medienunternehmen auf Unterstützung, Spenden und Zuwendungen angewiesen ist.»

**24. Februar:** Der durch den Weggang von Robert Bösiger frei werdende Sitz im Verwaltungsrat soll taktisch vergeben werden: Marcel W. Buess schlägt vor, diesen Sitz einem CVP-Vertreter abzugeben. Diese Partei ist bisher nicht vertreten. Vorgeschlagen wird Landrat Alfred Peter (Münchenstein).

### 1. Juni 1985
# NEUE GESCHÄFTSLEITUNG

Radio Raurach mit neuer Geschäftsleitung: Der bisherige Geschäftsleiter Robert Bösiger wird von Marcel W. Buess (bisher bei Maloja in Gelterkinden angestellt) abgelöst. Gleichzeitig bestimmt der Verwaltungsrat seinen Vizepräsidenten zusätzlich zum Delegierten. Bösiger übernimmt in der neuen Geschäftsleitung die Programmleitung sowie innerhalb der Redaktion das Wirtschaftsressort. Jürg Schneider zeichnet nach wie vor für den technischen Bereich verantwortlich.

### 19. Oktober 1986
### ÜBERNAHMEANGEBOTE

Auf dem Tisch des Verwaltungsrats liegen drei «Übernahmeangebote». Karl Flubacher sagt an der Sitzung: «Für Radio Raurach kommt nur ein Angebot in Frage, das die Selbstständigkeit gewähren kann. Wenn wir uns der Medienmafia von Basel ausliefern, sind wir geliefert.» Die Angebote stammen von a) den Gebrüdern Greif (Advertas Basel AG), b) der ofa Orell Füssli Werbe AG (Gong AG, Radiowerbung Zürich) und c) der Basler Zeitung.

### 1. Dezember 1986
### NEUE HAUPTFREQUENZ

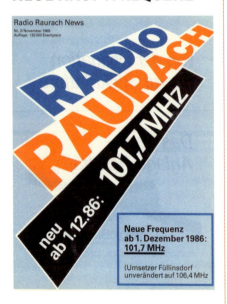

Radio Raurach wechselt seine Hauptfrequenz des Sendestandortes Sissacher Fluh von 102,9 MHz auf 101,7 MHz.

**27. Februar:** Walter Leber, Verwaltungsrat Radio Raurach und SP-Landrat, verfasst eine Motion zuhanden des Baselbieter Landrats «zwecks Gewährung eines befristeten, zinslosen Darlehens an den Baselbieter Lokalsender Radio Raurach».

**6. März:** «Ist Radio Raurach am Ende?» «Keine Staatsgelder für Raurach». Grund der Schlagzeilen in der regionalen Presse: Die Motion Leber wurde mangels Unterstützung durch die Landräte, vornehmlich auch der FDP-Landräte, erst gar nicht eingereicht. In diversen Presseartikeln orakelt man über das mögliche Ende von Raurach und einen Rücktritt des Raurach-Verwaltungsratspräsidenten Karl Flubacher sowie von Walter Leber.

**15. März:** Die erste «Raurach Zeitung» erscheint. Sie heisst «Radio Raurach News», hat eine Auflage von 120 000 Exemplaren. Sie erscheint im Tabloidformat und wird im ganzen Kanton verteilt.

**15. März:** Der Förderverein «Pro Radio Baselland» hat nun bereits über 1500 Mitglieder.

**24. März:** Die von Walter Leber zurückgezogene Motion wird nun doch eingereicht, und zwar von FDP-Landrat (und Fördervereinspräsident) Rudolf Andreatta. Die Absicht dahinter: Die Regierung soll Farbe bekennen, ob sie Radio Raurach wirklich gewogen ist oder ob es sich nur um Lippenbekenntnisse handelt.

**19. Mai:** Im Bericht der Revisionsstelle heisst es wörtlich unter «Pkt. 2 Überschuldung»: «Die Bilanz per 31. Dezember 1985 zeigt eine hohe Überschuldung. Dem Fremdkapital inklusive Kreditoren von 567 438 Franken stehen reale Aktiven inkl. Debitoren von bloss 242 511 Franken gegenüber, womit die Verpflichtungen lediglich zu 42,7 % gedeckt sind. Wir müssen den Verwaltungsrat darauf hinweisen, dass ihm gemäss Art. 903 OR eine Anzeigepflicht bei Überschuldung auferlegt ist.»

**30. Mai:** Der Doppelstab berichtet, dass Ruedy Felix, der Möbelhändler aus Rheinfelden, Radio Raurach kaufen wolle; er wolle eine halbe Million Franken bereitstellen. Das Angebot gibt es tatsächlich, die Gespräche laufen allerdings im Geheimen. Dass Raurach nicht sonderlich daran interessiert ist, liegt wohl an der Tatsache, dass Felix verlangt, «dass bei Zustandekommen des Geschäfts die führenden Leute aus der Politik (Flubacher und Buess) aus der Schusslinie gezogen würden».

**5. Juni:** Zweite Generalversammlung im Hotel Engel in Liestal: Verwaltungsratspräsident Karl Flubacher betont, dass Radio Raurach «auf keinen Fall verkauft» werde: «Radio Raurach wird auch weiterhin ein selbständiges und unabhängiges Radio fürs Baselbiet bleiben.»

**12. Juni:** Peter Wyss (Finanzverwalter des Kantons Basel-Landschaft) gibt im Auftrag der Regierung bekannt, dass die von Landrat Rudolf Andreatta – Mitunterzeichner: Fritz Graf (SVP), Walter Leber (SP) und Alfred Peter (CVP) – eingereichte Motion für ein zinsloses Darlehen von 400 000 Franken vom Regierungsrat entgegengenommen und nach den Sommerferien auf die Traktandenliste des Landrates gesetzt werden soll.

**24. Juni:** Die Generaldirektion PTT hat aufgrund der Intervention der Nationalräte Flubacher und Nebiker die Frequenzzuteilung nochmals überprüft. Die PTT sieht sich aber nicht in der Lage, eine Frequenz unter 104 MHz zuzuteilen.

**7. Juli:** Der abschlägige Bescheid vom 24. Juni 1986 für eine Frequenz unter 104 MHz veranlasst eine erneute Intervention durch Karl Flubacher bei Rudolf Trachsel, dem Generaldirektor bei der PTT. Der Brief ist keine Bitte mehr, sondern eine Auflistung von Forderungen. Um das zu unterstützen, geht die Kopie gleich an Bundesrat Leon Schlumpf und Fritz Mühlemann, Generalsekretär EVED.

**20. August:** Per Brief unterstützt Bundesrat Leon Schlumpf die Bemühungen von Radio Raurach, eine Frequenz unterhalb von 104 MHz zu erlangen. Diplomatisch schreibt er: «Die Frequenz unter 104 MHz wird kommen.»

**29. August:** In einem internen Informationspapier der Generaldirektion PTT wird erstmals die neue Frequenz 101,7 MHz am Sendestandort Sissacher Fluh gemäss Forderung von Radio Raurach für eine Frequenz unter 104 MHz erwähnt.

**1. September:** Raurach unterschreibt den Pachtvertrag mit der Gong AG, Radiowerbung, Zürich, zur Abtretung der Werbung. Vertragsbeginn ist der 1. Oktober 1986, vereinbart wird eine Dauer von 10 Jahren.

**7. November:** Eine repräsentative Meinungsuntersuchung durch das Basler Institut Konso im Juni/Juli 1986 bei rund 1000 Personen im erweiterten Empfangsgebiet von Radio Raurach weist einen weitesten Hörerkreis von rund 184 000 Personen aus. Dabei erreichte Radio Raurach bei den befragten Personen die gleich gute qualitative Beurteilung des Programms wie Radio Basilisk. Die Pressemitteilung an die Regionalpresse ist betitelt mit: «Starker Hörerzuwachs für Radio Raurach».

## 1987

**13. Januar:** Der Verwaltungsrat setzt sich ein grosses Ziel für die Zukunft: «Wir müssen alles daransetzen, wie Radio Basilisk auf den Sendeturm St. Chrischona zu kommen.»

**19. Mai:** Die beiden Nationalräte Karl Flubacher und Hans-Rudolf Nebiker unterzeichnen ein Gesuch an Bundesrat Leon Schlumpf mit zwei Hauptanliegen: Das Sendegebiet soll neu definiert werden, damit Radio Raurach ein Kantonsradio für den ganzen Kanton Basel-Landschaft sein kann. Dazu soll Radio Raurach von der PTT-Mehrzweckanlage St. Chrischona senden dürfen.

**30. Juni:** Inbetriebnahme des Umsetzers Reinach: Nach einer langen Leidensgeschichte mit Interventionen an höchster Stelle bei der Post und beim EVED, kann endlich auch der untere Kantonsteil mit dem Raurach-Programm versorgt werden. Das Versorgungsgebiet auf der Frequenz 93,6 MHz umfasst Reinach, Münchenstein, Aesch, Pfeffingen, Dornach und Arlesheim.

**30. Juni:** Radio Raurach verzichtet auf ein Staatsdarlehen. In einem Verwaltungsratszirkular heisst es dazu: «In Absprache mit dem Hauptmotionär Dr. Rudolf Andreatta wollen wir am Mittwoch, 12. August die Öffentlichkeit via Presse informieren, dass die Motion abgeschrieben werden kann und Radio Raurach auf ein staatliches Darlehen in aller Form verzichtet.»

**13. August:** Der Verwaltungsrat beschliesst, die redaktionellen und programmlichen Leistungen durch die Interdisziplinäre Berater- und Forschungsgruppe Basel AG (IBFG) überprüfen zu lassen. Es soll ein

Stärke- und Schwächeprofil erstellt werden, welches die Basis für ein abgestütztes Programm- und Sendekonzept bietet. Radio Raurach will sich als «Lokalradio des Kantons Basselland» etablieren. Die Studie wird 40 000 Franken kosten.

**23. Oktober:** Der Verwaltungsrat beschliesst in Sachen Umzug nach längerer Diskussion, keine Aufteilung (z. B. Technik in Sissach, Redaktion im unteren Kantonsteil) vorzunehmen, sondern alles an einem Ort, möglichst in Liestal, aufzubauen.

## 1988

**7. April:** Der IBFG-Bericht ist ein Haupttraktandum an der Verwaltungsratssitzung. Der VR verabschiedet einen verbindlichen Auftrag an die Geschäfts- und Programmleitung. Eingeladen zu Stellungnahmen sind Chefredaktor Peter Küng und der Präsident der Programmkommission, Urs Burkhart.

**10. Juni:** Mit den Vorbereitungen für das neue Programmraster per 1. September sowie dem neuen Führungsstil durch Chefredaktor und Programmleiter Peter Küng fühlen sich etliche Mitarbeitende zunehmend unverstanden und unwohl. Folge ist eine Kündigungswelle, die in der Presse auch «Kün(g)digungswelle» genannt wird. Das Radio verlassen Rolf Wirz, Harry Heusser, Jury Stork, Corinna Zigerli, Franca Hänzi, Sabine Wachsmann, Daniel Schaub, Jürg Schneider und Marcel Born. «Entlassen» wird von Peter Küng eine ganze Reihe von zum Teil langjährigen freien Mitarbeitenden, die bisher in ihrer Freizeit Spezialsendungen gestaltet haben.

**1. September:** Nun wird Radio «nach Buch» gemacht. Das Sendehandbuch (intern «Küng-Bibel» genannt) gibt genaue Richtlinien vor, wie Sendungen zu gestalten und vor allem zu moderieren sind.

**1. November:** Radio Raurach feiert seinen fünften Geburtstag mit drei Konzerten: Am 14. Oktober mit der bayrischen Mundartband RELAX in der Sporthalle Frenke in Liestal, am 21. Oktober mit Maja Brunner, Vic Eugster und Sepp Trütsch in der Muttenzer Mittenza sowie am 29. Oktober im KV-Saal in Liestal mit Kliby und Caroline, den Country Pickers, den Steppin' Stompers und den Steel Harmonites.

**31. Dezember:** Mit Jürg Schneider verlässt ein zweites Gründungsmitglied den Sender. Er wird im technischen Bereich noch temporär weiterarbeiten und behält auch sein Mandat im Verwaltungsrat.

## 1989

**1. Juni:** Nach 6-jähriger Amtszeit tritt Rudolf Andreatta als Präsident des Fördervereins «Pro Radio Basselland» zurück. Nachfolger ist FDP-Nationalrat Hans Rudolf Gysin. Andreatta wird Ehrenpräsident des Vereins.

**27. Juli:** Radio Raurach bezieht die neuen Räumlichkeiten im Stadtmärt in Liestal und ist endlich im Kantonshauptort angekommen.

**14. November:** Das Antwortschreiben von Bundesrat Adolf Ogi zum Gesuch um Änderung der Versuchserlaubnis (grundlegende Neudefinition des techn. Versorgungsgebietes) fällt ernüchternd aus. Ogi schreibt u. a.: «Seien Sie zunächst versichert, dass das Eidg.

Verkehrs- und Energiedepartement mit den Problemen, die sich aus der besonderen Lage von Radio Raurach ergeben, durchaus vertraut ist. Im Bemühen, der spezifischen Situation Ihres Senders gerecht zu werden, ist das Departement denn auch ohne weiteres bereit, zu Lösungen Hand zu bieten, die im Rahmen des Möglichen geeignet sind, Radio Raurach die Erfüllung seines für die Region Basselland bedeutenden Auftrags zu erleichtern.» Als einziges Entgegenkommen seitens EVED wird Raurach eine Leistungserhöhung ab Sissacher Fluh zugestanden.

## 1990

**20. Februar:** Die Senderleistung auf der Sissacher Fluh wird auf 1 kW erhöht.

**30. April:** Neben Walter Leber will auch Karl Flubacher zurücktreten. Diese Mitteilung trifft den Verwaltungsrat wie ein Blitz aus heiterem Himmel. Das Argument, dass ein Rücktritt Karl Flubachers die Verlegung des Sendestandortes nach St. Chrischona beschleunigen würde, sticht nicht. Es könnte auch das Gegenteil zutreffen, dass das Ausscheiden des immer Drängenden nämlich als Erlösung empfunden würde und man sich noch länger Zeit liesse mit dem Treffen eines Entscheides. Karl Flubacher erklärt sich bereit, bis zu einer befriedigenden Lösung seiner Nachfolge im Amt zu bleiben.

**28. Juni:** Peter Küng kündigt seine Arbeitsstelle bei Radio Raurach.

**25. Juli:** «Es wird keinen Mehrheitsaktionär geben». Seit Dezember 1989 beschäftigt sich der Verwaltungsrat mit der Umstrukturierung der Betriebsgesellschaft Radio Raurach in eine Aktiengesellschaft. Der Sender ist erneut auf der Suche nach Geldgebern, wie die Basellandschaftliche Zeitung berichtet.

**5. Oktober:** Studio B in Dornach nimmt seinen Sendebetrieb auf.

## 1991

**17. August:** Was Radio Basilisk schon vor acht Jahren hatte, hat nun auch Radio Raurach: ein richtiges, grosses fahrbares Studio, einen Bus als Ü-Wagen.

**1. Juli:** Die ofa Orell Füssli Werbe AG fasst überraschend den Beschluss, die Radiowerbung-Aktivitäten einzustellen. Nur ein halbes Jahr zuvor schloss sie mit der Radio Raurach Betriebsgesellschaft einen Pachtvertrag über fünf Jahre ab.

**10. September:** Die Genossenschaftsversammlung befindet über das Ende als Genossenschaft und den Start als Aktiengesellschaft rückwirkend per 1. Januar 1991. Mit der Umstrukturierung der Trägerschaft verlässt der langjährige Mentor und Präsident des Verwaltungsrates, Karl Flubacher, seinen Posten. Ihm folgt der ehemalige Präsident des

### 1. Januar 1988
### PETER KÜNG HEUERT AN

Peter Küng, bisher Radio Basilisk, hat seinen ersten Arbeitstag. Er wird vom Verwaltungsrat als Chefredaktor angestellt. In der Medienmitteilung heisst es: «Als Chefredaktor wird Peter Küng nicht nur die Redaktion führen, sondern auch das gesamte Programm von Radio Raurach inhaltlich betreuen und massgeblich mitgestalten.»

### 27. Juni 1990
### ERSTMALS SCHWARZE ZAHLEN

Erstmals schliesst die Rechnung gemäss Geschäftsbericht im Plus ab. Für 1989 wird ein Mehrertrag von 18 052 Franken ausgewiesen. Die Entwicklung der Abschlüsse im Rückblick: 1983/1984: -391 433 Franken; 1985: -232 011 Franken; 1986: -130 937 Franken; 1987: -48 036 Franken; 1988: -39 97 Franken; 1989: +18 052 Franken.
Im Geschäftsbereich wird die Entwicklung des Werbezeitverkaufs der ersten Jahre aufgelistet: 1984: 61 280 Sekunden; 1985: 78 969 Sekunden; 1986: 104 940 Sekunden; 1987: 244 805 Sekunden; 1988: 253 083 Sekunden und 1989: 273 056 Sekunden.

**26. März 1992**

## KARL FLUBACHER STIRBT

Karl Flubacher, alt Nationalrat und langjähriger Präsident des Radio Raurach-Verwaltungsrats, stirbt unerwartet an Herzversagen. Die am gleichen Tag anberaumte Verwaltungsratssitzung entfällt.

Fördervereins «Pro Radio Baselland» und Mitglied des Verwaltungsrates, Rudolf Andreatta.

**19. September:** Gründung der «Radio Raurach Betriebs AG» auf der Bezirksschreiberei Sissach. Die AG übernimmt die Aktiven und Passiven der bisherigen Betriebsgesellschaft per 1. Januar 1991. Das neue Betriebskapital erreicht eine Höhe von 1,7 Mio. Franken. Mehr als 70 Prozent des Kapitals ist im Besitz von Aktionären mit Wohn- oder Firmensitz im Kanton Baselland, die grösste Beteiligung entspricht 11 Prozent des Kapitals.

**19. September:** Mit der Umwandlung der genossenschaftlichen Radio Raurach Betriebsgesellschaft in die Radio Raurach Betriebs AG wird der schlanke Verwaltungsrat von sieben auf neu fünfzehn Mitglieder vergrössert. Neu dabei sind neben Präsident Rudolf Andreatta: Markus Bürgin (Binningen), Rolf Eberenz (Reinach), Rolf Lierau (Liestal), Mathis Lüdin (Liestal), Robert Piller (Arlesheim), Markus A. Ruoss (Baden) und Roger Thiriet (Basel). Neu wird ein Verwaltungsratsausschuss gebildet (Andreatta, Buess, Eberenz, Bürgin und Peter).

**1. Oktober:** Obwohl der Pachtvertrag zwischen Radio Raurach und der ofa-Tochter Gong AG eine einseitige Kündigung erst auf den 31. Dezember 1995 ermöglicht und diese nur sechs Monate zuvor bei den Vertragsverhandlungen auf einen fixen Fünfjahres-Vertrag drängte, kündigt Gong den Vertrag auf Ende August 1991. Die Verkaufsverantwortung der Werbung geht von Gong AG vollumfänglich zu Radio Raurach über, die drei Vollstellen der AG werden von Radio Raurach übernommen.

**16. Oktober:** Der Bundesrat bewilligt die Übertragung der Versuchserlaubnis von der Betriebsgesellschaft Radio Raurach auf die Radio Raurach Betriebs AG.

**30. Oktober:** An der Verwaltungsratssitzung wird die Liste der Aktienverteilung zur Kenntnis genommen. Die 17 000 Aktien verteilen sich folgendermassen: 3842 = Genossenschaft Radio Raurach, 1500 = Basellandschaftliche Kantonalbank, 1500 = Regiobank beider Basel, 1240 = Telecolumbus AG, Baden (Verwaltungsrat, Markus Ruoss), 1000 = Basellandschaftliche Zeitung (Verwaltungsrat, Mathis Lüdin), 1000 = Basler Zeitung (Verwaltungsrat, Roger Thiriet), 1000 = Chemische Industrie, vertreten durch Basler Handelskammer (Verwaltungsrat, Robert Piller), 1000 = Rolf Eberenz, 500 = Coop Schweiz, 500 = Direct Mail Company AG, 500 = Genossenschaft Migros Basel, 500 = Kantonaler Gewerbeverband Baselland (Verwaltungsrat, Hans Rudolf Gysin), 500 = Regio Bank beider Basel (treuhänderisch zuhanden öffentlicher Zeichnung nach der Gründung), 500 = Verband Basellandschaftliche Unternehmen, 500 = Volksstimme von Baselland, 300 = Aare Tessin AG (Olten), 300 = Basler Woche Verlags AG, 250 = Schnelli AG/Birsfelder Anzeiger, 250 = Prattler Anzeiger Verlags AG, 100 = Elektra Baselland, 100 = Elektra Birseck, 100 = Verlag Hochuli AG, 18 = Mitglieder der Verwaltungsrates.

**1. Dezember:** Radio Raurach baut seine Hörerschaft weiter aus. 100 000 regelmässige Hörer zählt der Sender jetzt.

## 1992

**3. März:** Die Protagonisten von Studio B beknien die Rauracher um eine Übernahme. Der Verwaltungsrats-Ausschuss diskutiert das Anliegen und kommt zum Schluss, dass kein Interesse an der Übernahme von Studio B besteht. Es gibt zu viele Bedenken und Unbekannte (Altlasten, Konzessionsrechtliche Bedenken, Werbezeitverkaufspool mit Basilisk usw.)

**11. Juni:** Auf eine Übernahme von Studio B wird verzichtet. Die Entwicklung diverser Rettungsszenarien für Studio B hat eine Delegation von Radio Raurach lange Zeit beschäftigt. Aus gewichtigen Gründen wird auf eine Übernahme oder Beteiligung definitiv verzichtet.

**11. Juni:** Der Direktor von Radio DRS, Andreas Blum, möchte die Lokalradios mit neuen Verträgen zwingen, dass zwischen 6 und 22 Uhr täglich 8 Stunden vom DRS-Programm übernommen werden sollten. Auch die jeweiligen Regionaljournale sollten mitübernommen werden. Kosten pro Jahr zwischen 35 000 und 100 000 Franken. Bis anhin bezahlt Radio Raurach 500 Franken für die DRS-Nachrichten und das Nachtprogramm – pro Jahr.

**26. Juni:** An der ersten Generalversammlung der Radio Raurach Betriebs AG muss für das Rechnungsjahr 1991 ein unerfreulicher Verlust vor Abschreibungen von 165 148 Franken bekannt gegeben werden. Total beträgt das Defizit nun 232 856 Franken.

**21. Juli:** Der von der SRG ursprünglich auf Ende 1992 gekündigten Verträge mit 19 Lokalradios für die Programmübernahme werden auf Ende Juni 1993 aufgeschoben.

**9. September:** Das Studio 1 in Liestal (Bild) wird mit komplett neuer Sendetechnik ausgerüstet. Technik der neuesten Generation wird eingebaut, die für den Betrieb von Radio Raurach speziell angefertigt worden ist.

**30. September:** Gemäss Semesterbericht der SRG-Lokalradiostudie übertrifft Radio Raurach erstmals die Schallmauer von 100 000 regelmässigen Hörern. Im Empfangsgebiet Basel

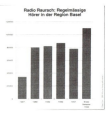

verfügt der Sender über eine allgemeine Hörerschaft von 28,8 Prozent. Dies entspricht einer Steigerung von 40 Prozent gegenüber dem Vorjahr. Die Tagesreichweite steigt sogar noch deutlicher und beträgt im ersten Semester 8,5 Prozent oder 32 000 Hörer. Damit kann Radio Raurach die mit Abstand grösste Steigerungsrate aller Lokalradios vorweisen.

## 1993

**4. Januar:** Chefredaktor André Moesch (Bild) stellt das neue Senderaster in der Radio Raurach Zyttig 3/1992 vor. Informativ, aktuell, unterhaltend, von Leuten aus der Region für die Region gemacht – das ist der Leitsatz der neuen Programmstruktur. Eigentliche Informationssendungen braucht es nicht mehr, die Information kommt dann, wenn sie aktuell ist.

**5. Juni:** Das Gesuch um einen Gebührenanteil und um einen Beitrag im Sinne der Restfinanzierung auf Grund des vorliegenden Verlustvortrags wird eingereicht. Hier spielt das eingeschränkte Konzessionsgebiet auf der Basis vom 20. Juni 1993 eine positive Rolle. Das Hörerpotenzial ist kleiner als 150 000 Einwohner ab einem Alter von 15 Jahren, womit man klar zum Kreis derjenigen gehört, welche in den Genuss eines Gebührenanteils (SRG Gebührensplitting) kommen werden.

**7. Juni:** Der Verwaltungsrat berät einen unpopulären Massnahmenkatalog. Grössere Einsparungen können nur im Personalbereich vorgenommen werden. Die Geschäfts- und Programmleitung erhält den Auftrag, Vorschläge hinsichtlich weiterer Einsparungen im Personalbereich – unter Berücksichtigung der Option Kurzarbeit – auszuarbeiten.

**19. Juni:** Radio Raurach fungiert als Veranstalter der Tour-de-Suisse-Etappenankunft Liestal. Mehr als 10 000 Besucherinnen und Besucher können registriert werden.

**29. Juni:** Die Generalversammlung der Radio Raurach Betriebs AG nimmt Kenntnis von einem Jahresverlust in Höhe von 452 813 Franken sowie einem Bilanzverlust von 685 669 Franken.

**13. September:** Aus diversen Kontakten von Rudolf Andreatta und Marcel W. Buess mit Christian Heeb und Hans-Ruedi Ledermann verdeutlicht sich immer mehr der Wille seitens Basilisk, enger und konstruktiver mit Raurach zusammenzuarbeiten: politisch/konzessionsrechtlich, technisch und redaktionell, programmlich und kommerziell. Buess und Andreatta erhalten das Mandat, mit der Chefetage von Basilisk die Gespräche weiterzuführen und zu konkretisieren.

**21. Oktober:** Die aktuellen wirtschaftlichen Probleme und die daraus resultierende Strukturbereinigung im Bereich Programm/Redaktion (Entlassung Rainer Luginbühl) haben zu einer Belastung des Betriebsklimas geführt. Verschiedene Mitarbeiter wollen die Entscheide nicht begreifen. Einzelne Verwaltungsratsmitglieder werden von Kadermitgliedern in dieser Sache kontaktiert.

**8. Dezember:** Marcel W. Buess möchte auf Anfang Jahr 1994 von der Funktion des Vizepräsidenten und Sekretärs des Verwaltungsrats entlastet werden, um sich voll auf die Funktion des Geschäftsführers und des Verwaltungsrats-Delegierten konzentrieren zu können.

**20. Dezember:** Ein nicht in den Büchern enthaltenes Darlehen der Gong AG in Höhe von 200 000 Franken taucht auf. In einem zugespielten Fax macht die Gong AG Zinsen in der Höhe von 11 312 Franken für ein Darlehen von 200 000 Franken geltend. Brisant an der Sache ist nicht die Forderung an sich, sondern die Tatsache, dass das Darlehen nicht in den Raurach-Büchern auftaucht. Nachtrag: Der auf dem Fax ausgewiesene Betrag ist falsch, es handelte sich effektiv um 150 000 Franken.

**27. Dezember:** Der interne Untersuchungsbericht der Revisionsfirma Experta AG liegt vor und wird an der Verwaltungsratssitzung thematisiert. Kernaussage: Die Firma ist lebensfähig und muss die Bilanz noch nicht deponieren, aber bestimmt schon bald einmal, wenn nicht sofort durchgreifende Massnahmen getroffen werden. Die hauptsächlichen Mängel bestehen im Fehlen unternehmerischer Erfahrungen der jetzigen Geschäftsleitung (Marcel W. Buess, André Moesch, Hans-Ueli Zürcher). Der Experta-Bericht zeichnet ein finanziell anderes Bild als bisher in den Verwaltungsratssitzungen dargestellt – nämlich ein düsteres. Rolf Eberenz kommt zum Schluss: Die Verantwortlichkeiten in der Geschäftsleitung müssen neu formuliert werden. Auch die Rechnungsprüfung muss auf eine neue Basis gestellt werden, damit die Mitglieder der Geschäftsleitung spätestens am 15. des Monats die Ertrags-Bilanz des Vormonats vorliegen haben und allfällige notwendigen Schlüsse daraus ziehen können. Dasselbe gilt auch für den Ausschuss des Verwaltungsrats, der bis dato auf Informationen von Marcel W. Buess angewiesen war. Und letztlich werde man im Verwaltungsrat überlegen müssen, in welcher Art und Weise die Erträge gesteigert werden können.

## 1994

**4. Januar:** Auf Grund der anhaltenden Missstände in der Buchhaltung, Personalführung usw. lässt sich Jürg Schneider von André Moesch und Hans-Ueli Zürcher mit diversen schriftlichen Unterlagen dokumentieren – verbunden mit der Bitte, diese im Verwaltungsrat zur Sprache zu bringen. Schneider gelangt an den Verwaltungsrat mit einem Dossier mit rund 30 offenen Fragen und 3 Anträgen.

**17. Januar:** Der Verwaltungsrat muss sich mit einem offenen Schreiben der «Freien Mitarbeiter» an André Moesch befassen. Wörtlich heisst es im Brief: «Wir gelangen mit der Bitte an Sie, dass die Zahlungsabwicklungen der ‹Freien› ab sofort durch Sie erfolgen, damit wir sachlich klar informiert werden. Die meisten von uns haben das Vertrauen in Marcel W. Buess verloren und müssen sich eine weitere Zusammenarbeit überlegen.»

**17. Januar:** Ein weiteres Schreiben, jenes der fest angestellten Mitarbeitenden, ist an den Verwaltungsrat direkt gerichtet. Zitat: «Wir, die Mitarbeiterinnen und Mitarbeiter von Radio Raurach,

---

1. November 1993

# 10 JAHRE RADIO RAURACH

Auch Radio Raurach gehörte am 1. November 1983 zu den sieben Stationen, die eine neue Ära des Rundfunks in der Schweiz einläuteten. Zum 10-Jahr-Jubiläum lässt sich das Baselbieter Radio einiges einfallen: 19. Juni: Organisation der Tour-de-Suisse-Etappenankunft ist Liestal; 24. Juli: Über 1000 Schaulustige besuchen die Studio- und Redaktionsräume in Sissach; 14. August: Über 8000 Besucher am «Jubiläumsfest auf dem Flugplatz»; 2. Oktober 1993: Jubiläums-Riesenfondue mit volkstümlicher Stubete und rund 1000 Gästen. Die Dimensionen des Riesen-Caquelons: 1,6 Meter Durchmesser; 500 Kilogramm Käse, 250 Liter Wein, 7,5 Kilogramm Maizena, 15 Kilogramm Knoblauch sowie 25 Liter Baselbieter Kirsch.

## 22. April 1994
### «BEDENKLICHE TÖNE»

«Bedenkliche Töne – dem Baselbieter Lokalradio Raurach droht das Aus». Im Cash-Artikel von Marc André Giger geht es um Interna der Radio Raurach Betriebsgesellschaft. Mit Insider-Informationen ausgestattet, listet Giger eine Reihe von Buchhaltungsproblemen auf, die der Geschäftsführer mit einer «kreativen Buchhaltung» in den Griff bringen wollte. Auszüge aus dem Betreibungsregister würden zeigen, dass das Radio in den letzten zwei Jahren massiv unter Gläubigerdruck geraten sei. Forderungen von 300 000 Franken seien vom Liestaler Betreibungsamt geltend gemacht worden. Ein nicht namentlich genannter Verwaltungsrat lässt sich von Cash zitieren und gesteht: «Es ist mir unverständlich, weshalb wir Buess nie stärker an die Zügel genommen haben. Buess gebärdet sich wie ein kleiner Sonnenkönig und liess uns immer wieder leerlaufen.»

sind tief besorgt über die momentane Lage des Betriebs. Täglich werden wir mit besorgniserregenden Zwischenfällen konfrontiert. [...] Wir vermissen eine offene Information über die Situation. Auch die Mitteilung, dass wir nur die Hälfte des 13. Monatslohns erhalten, haben wir nur schriftlich erhalten. [...] Unser Geschäftsführer Marcel W. Buess betreibt eine seltsame Informationspolitik. Hinzu kommt, dass es sehr schwierig ist, den Geschäftsführer anzusprechen, da er selten im Haus ist.»

**14. Februar:** Der Verwaltungsratsausschuss ersetzt 2,5 Stellen nicht. Weiter erwartet er bis zum 17. März ein klares Konzept zur Automation im Sendebetrieb.

**9. März:** Marcel W. Buess macht den Verwaltungsrat darauf aufmerksam, dass der Betrieb per dato noch über flüssige Mittel im Umfang von rund 20 000 Franken verfüge. Dies reiche nicht, um die Gehälter der festen Mitarbeiter (90 000 Franken) zu decken. Namens der Geschäftsleitung macht er darauf aufmerksam, dass unter solchen Umständen an ein normales Arbeiten nicht mehr zu denken sei.

**9. März:** Zum Beschluss des Verwaltungsratsausschusses, 2,5 vakante Stellen vorerst nicht zu ersetzen, findet eine längere Diskussion statt. Infrage gestellt wird v. a. die Zuständigkeit des Ausschusses, einen solchen Entscheid zu treffen, zumal das Budget verbunden mit dem Stellenplan in die Kompetenz des Gesamtverwaltungsrats gehöre.

**9. März:** Der zwei Monate zuvor von Jürg Schneider eingereichte Fragekatalog und die Anträge kommen Punkt für Punkt im Verwaltungsrat zur Sprache. Die Anträge sind insofern überholt, als dass diese bereits mit den Massnahmen (u. a. Revision der Rechnung 1993) eingeleitet worden sind.

**28. April:** An der nie protokollierten Sitzung des Verwaltungsrats kommt es zu einem Eklat: Rudolf Andreatta (Bild), Präsident des Verwaltungsrates, verlässt die laufende Sitzung des Gremiums mit den Worten: «Hiermit lege ich mein Mandat per sofort nieder.» Die schriftliche Bestätigung folgt tags darauf. Andreatta hatte das Mandat per Gründung der Radio Raurach Betriebs AG im Sommer 1991 von Nationalrat Karl Flubacher übernommen. Hintergrund des Rücktritts sind die desolate Finanzlage des Senders (bilanzierter Verlust per 31.12.1993 von 2 362 208 Mio. Franken), Ungereimtheiten in der Buchführung, wachsender Unmut bei den Mitarbeitern, ein Zerwürfnis in der Geschäftsleitung und das Misstrauen des Gesamtverwaltungsrats dem Verwaltungsratsausschuss gegenüber.

**4. Mai:** Marcel W. Buess, Geschäftsführer und Delegierter des Verwaltungsrats, teilt mit Schreiben seinen Rücktritt auf das Datum der nächsten Generalversammlung mit.

**5. Mai:** «Raurach Belegschaft sendet Hilferuf aus», titelt die Volksstimme. 21 feste und freie Mitarbeitende von Radio Raurach fordern in einem als offenen Brief deklarierten Schreiben den Rücktritt von Marcel W. Buess als Geschäftsführer. Sie begrüssen den Entscheid von Rudolf Andreatta, der sein Amt per sofort zur Verfügung gestellt hatte. Gleiches fordern sie nun vom Geschäftsführer und Verwaltungsratsdelegierten Marcel W. Buess. Zitat: «Wir fordern den Geschäftsführer auf, nicht noch mehr zu zerstören und sein Amt zur Verfügung zu stellen.»

**6. Mai:** Nach dem an der letzten Sitzung erfolgten Rücktritt von Rudolf Andreatta stellt sich die Frage der Nachfolge und Leitung des Verwaltungsrats bis zur Generalversammlung. Robert Piller stellte den Antrag, Rolf Lierau zum interimistischen Präsidenten zu wählen. Lierau erklärte sich bereit, diese Aufgabe zu übernehmen. So wird er einstimmig mit der Leitung des Verwaltungsrats bis zum Zeitpunkt der Generalversammlung betraut. Seine offizielle Bezeichnung lautet: Bevollmächtigter des Verwaltungsrats. Ausser Kraft gesetzt wird die Funktion des Verwaltungsratsausschusses.

**6. Mai:** Der Verwaltungsrat beschliesst, einen lückenlosen Statusbericht erstellen zu lassen. Hans Rudolf Gysin bringt in der Person von Urs Baumann die Gewerbliche Bürgschafts- und Treuhandgenossenschaft für Basel-Stadt und Baselland (BTG) ins Spiel.

**6. Mai:** Der Verwaltungsrat zeigt sich bereit, auf das Datum der Generalversammlung zurückzutreten, um eine neue, von der Vergangenheit unbelastete Lösung zu ermöglichen.

**11. Mai:** Die Analyse der wirtschaftlichen Situation führt nach und nach zu teilweise ernüchternden bis dramatischen Erkenntnissen. Es werden vorsorgliche Kündigungen ins Auge gefasst.

**15. Mai:** Die Generalversammlung 1994 wird verschoben.

**17. Mai:** André Moesch, von der interimistischen Geschäftsleitung, stellt das Thesenpapier «Raurach 95» vor (Modell 1 und Modell 2), in dem die Weiterführung von Radio Raurach – nach erfolgter Sanierung der Altlasten – als regionales, wirtschaftlich ausgeglichenes Vollprogramm mit einem minimierten Personalbestand und unter Zuhilfenahme der Sendeautomation beantragt wird.

**25. Mai:** Ein erster provisorischer Bericht über die wahre finanzielle Situation der Raurach Betriebs AG weist auf einen Abschluss des Geschäftsjahrs 1993 von rund -1,3 Mio. Franken hin. Urs Baumann hält fest, dass die Firma Radio Raurach Betriebs AG konkursreif sei. Die Ursprünge des Debakels reichen seiner Meinung nach bereits in die Jahre 1991/92 zurück und sind u. a. durch Kommunikationsprobleme zwischen Betrieb und Buchhaltungsstelle nicht früher oder offener zutage getreten.

**25. Mai:** Alle Verträge mit dem Personal von Radio Raurach werden per 31. Mai vorsorglich gekündigt. Der Antrag dazu wird von Rolf Lierau und Urs Baumann gestellt. Die Massnahme wird als «vorsorglich» deklariert.

**26. Mai:** Der Verwaltungsrat nimmt Kenntnis von der Erfolgsrechnung und der Bilanz per Ende 1993: Die Überschuldung wird mit 662 208 Franken ausgewiesen. Die Revisionsstelle weist in aller Form darauf hin, dass die Radio Raurach Betriebs AG nach Art. 725 und 729 des Schweizerischen Obligationenrechts überschuldet ist und demzufolge die Bilanz beim Richter deponiert werden muss.

**1. Juni:** Unter dem Motto «Radio Raurach bruucht's» werden ab dem 1. Juni Unterschriften gesammelt. Anlass dazu ist ein «Hörertag», an dem Hörerinnen und Hörer die Gelegenheit haben, Anregungen, Lob und Tadel einzubringen. Ziel der Petition ist es laut Radio Raurach-Chefredaktor André Moesch, den Nachweis zu erbringen, «dass für das Radio ein Bedürfnis besteht». Adressat der Unterschriften ist der Verwaltungsrat der Radio Raurach Betriebs AG.

**6. Juni:** Die SP-Fraktion im Landrat reicht via Andres Klein (Gelterkinden) eine Interpellation «zur Erhaltung der Medienvielfalt» ein. Vier Fraktionen unterstützen den Vorstoss.

**9. Juni:** An seiner Sitzung beschliesst der Raurach-Verwaltungsrat, beim Obergericht um eine Nachlassstundung nachzusuchen. Der Nachlassstundung, die für maximal sechs Monate gewährt werden kann, soll sich ein Nachlassvertrag mit den Gläubigern anschliessen, welcher gewährleistet, dass die Radio Raurach Betriebs AG weiterbestehen kann.

**5. Juli:** Das Obergericht Baselland gewährt die Nachlassstundung für zwei Monate – obwohl der Sender eigentlich nicht nachlasswürdig sei.

**18. Juli:** Mit Schreiben vom 17. Juni bittet der Bevollmächtigte des Verwaltungsrats, Rolf Lierau, die Verwaltungsratsmitglieder um jede Form von Unterstützung: «Nachdem das Obergericht die Nachlassstundung zugesprochen hat, leidet Raurach nach wie vor unter einer akuten Liquiditätskrise, die auch die Nachlassstundung nicht überbrücken kann. Radio Raurach braucht Liquidität, um in den Genuss der Nachlassstundung zu kommen. Das heisst konkret, wir brauchen in den nächsten zwei Wochen 200 000 Franken. Sind diese Mittel nicht aufzutreiben, bedeutet dies trotz Nachlassstundung Konkurs für Radio Raurach. Damit ist einer Verantwortlichkeitsklage die Tür geöffnet, und nach Lage der Dinge wird dieser Weg auch beschritten werden.»

**20. Juli:** Die «IG Radio Raurach» wird gegründet. Unter der Federführung von Peter Tschudin (Präsident des Gewerbeverbands Baselland) möchte man das Nachlassverfahren durchziehen und den Sender weiter als selbstständiges Baselbieter Radio fortführen.

**3. August:** Die Stadt Liestal spricht 15 000 Franken à fonds perdu zuhanden der Nachlassstundung. Der Aufruf an alle Baselbieter Gemeinden zeigt Früchte: Liestal fordert alle Gemeinden auf, ihrem guten Beispiel zu folgen und bei der Rettung von Radio Raurach aktiv dabei zu sein.

**30. August:** «Es gab Probleme», erklärt Hans Rudolf Gysin in seiner Funktion als Präsident des Fördervereins an einer kurzfristig einberufenen Pressekonferenz. Hintergrund: Zwei Garantiegeber hatten kurzfristig ihre Zusage für die Bankgarantie zur Verlängerung der Nachlassstundung zurückgezogen. Die Zukunft von Radio Raurach stand auf Messers Schneide. In die Lücke sprang offiziell der Förderverein selbst (es war Peter Wyss, Finanzchef der BaZ, der das fehlende Kapital kurzerhand und ohne Einwilligung von seinem Verwaltungsrat zuhanden der Bankgarantie transferierte und sich intern damit ziemlichen Ärger einbrockte), der die Garantie für die ausstehenden Beträge, laut Gysin gegen 100 000 Franken, bar auf der Bank ablieferte. Damit war die verlangte Bankgarantie von 600 000 Franken zustande gekommen.

**30. August:** «Aus den Trümmern von Radio Raurach entsteht Radio Basilea». So und ähnlich titeln die Zeitungen. Sie beziehen sich auf Aussagen von Christian Stärkle (Bild), dem Geschäftsführer von Radio Argovia, der vom Sachwalter Urs Baumann zum interimistischen Geschäftsführer von Radio Raurach erhoben wurde. Gemäss Stärkle soll bis zum Ablauf des Nachlasses am Produkt Raurach nicht viel geändert werden. Sollte diese Phase aber gut über die Runden gebracht werden, käme sein Projekt unter dem Arbeitstitel «Radio Basilea» zur Anwendung. Gemäss diesem Konzept würde Radio Raurach radikal umgekrempelt – hin zu einem Radio als ein Unternehmen, das aufs Geldverdienen ausgerichtet wäre. Ohne grössere Investitionen von circa einer halben Million Franken sei aber nichts zu machen, sagt Stärkle.

**30. August:** Die Bemühungen, Radio Raurach zu sanieren, werden vom Baselbieter Obergericht unterstützt: Die Richter stimmen zu, die am 5. Juli gewährte Nachlassstundung von zwei Monaten auf das gesetzlich zulässige Maximum von sechs Monaten zu verlängern. Das Gericht bewilligt die Verlängerung, nachdem Raurach-Sachwalter Urs Baumann und Rechtsanwalt Markus Bürgin die geforderte Bankgarantie hinterlegt haben, mit der die Sanierung finanziert werden soll. Die Sitzung im Gerichtsgebäude dauert knapp eine Viertelstunde.

**7. September:** Die Gläubigerversammlung stimmt dem Nachlassvertrag zu. Gemäss Sachwalter Urs Baumann waren dazu 32 Unterschriften nötig.

**9. September:** Um den Verwaltungsrat von Radio Raurach ist es still geworden – das Gremium scheint sich von selbst aufgelöst zu haben. Nichts mehr zu hören ist auch vom Verwaltungsrats-Bevollmächtigten Rolf Lierau, der dem Personal vorsorglich gekündigt hatte. Aktiv die Fäden im Hintergrund zieht nur noch Hans Rudolf Gysin, Nationalrat und Direktor des Gewerbeverbands Baselland. Der neue Verwaltungsrat dürfte sich gemäss Recherchen der Basellandschaftlichen Zeitung aus folgenden Persönlichkeiten zusammensetzen: Peter Tschudin (Präsident des Gewerbeverbandes), Martin Wagner (Sekretär des Hauseigentümerverbands), Peter Wyss (Finanzchef der Basler Zeitung) und Christian Stärkle. Über den fünften Mann wird zu diesem Zeitpunkt gemutmasst; er könnte Mathis Lüdin (Verleger der Basellandschaftlichen Zeitung) heissen.

## 28. Juli 1994
### TASKFORCE WIRD EINGESETZT

Der Förderverein führt aus aktuellem Anlass eine ausserordentliche Generalversammlung durch. Mit einem gezielten Massnahmenpaket will er das öffentliche Interesse an der Erhaltung des Baselbieter Radios dokumentieren. Einerseits ist eine Petition an Bundesrat Adolf Ogi geplant, mit welcher auf die Bedürfnisse der Baselbieter Radiohörer aufmerksam gemacht werden soll. Andererseits soll eine Taskforce eingesetzt werden mit dem Auftrag, vom Förderverein aus sämtliche notwendigen Massnahmen zur Erhaltung eines unabhängigen Baselbieter Lokalradios zu veranlassen. Als Mitglieder der Taskforce werden eingesetzt: Hans Rudolf Gysin, alt Regierungsrat Werner Spitteler, Kommunikationsberaterin Astrid van der Haegen und Rechtsanwalt Martin Wagner.

## 30. August 1994
### ZWEI SENDER

Der Bundesrat entscheidet, dass wie bisher zwei Privatsender in der Region Basel eine Konzession erhalten. Damit hat er einem Wunsch der Regierungen beider Basel entsprochen. Somit bleibt alles beim Alten, die zwei Konzessionen werden ausgeschrieben. Radio Basilisk gilt als gesetzt. Gute Chancen hat auch der Baselbieter Sender. Marc Furrer, Direktor des Bundesamtes für Kommunikation (Bakom), sagt dem Regionaljournal von Radio DRS: «Es ist klar, dass die bestehenden Lokalradios einen Vorteil bei der Konzessionierung geniessen.» Und: «Gelingt die Sanierung von Radio Raurach, kann der Sender mit einer Konzession rechnen.»

**25. Oktober 1995**

# RAURACH NEU AUF DEM ST. CHRISCHONA-TURM

Rund neun Jahre hat der «Anlauf» auf den Senderstandort St. Chrischona gedauert. Nach unzähligen politischen Interventionen bei den zuständigen Behörden in Bern kann Radio Raurach den Sendeturm St. Chrischona als Hauptsendestandort beziehen. Ermöglicht worden ist dieser Schritt erst, nachdem die Sendegebiete der beiden Stationen Basilisk und Raurach im Rahmen des neuen Radio- und Fernsehgesetzes sowie der definitiven Konzessionserteilung neu definiert wurden. Die Frequenz bleibt, die Leistung wird von 500 Watt ERP neu auf 4000 W ERP erhöht. Gleichzeitig werden die beiden Füllsender in Füllinsdorf und Reinach abgeschaltet.

**23. September:** Die BTG Treuhand hält das weitere Vorgehen bezüglich der Nachlassstundung zuhanden der Interessengemeinschaft zur Erhaltung von Radio Raurach schriftlich fest.

**27. September:** Der Chefredaktor von Radio Raurach, André Moesch, tritt gemäss Zeitungsberichten zurück und wird Leiter der Magazine Szene, Graffiti und Late Night von Radio DRS 3. Hauptgrund des Rücktritts seien Differenzen mit dem interimistischen Geschäftsführer von 101,7, Christian Stärkle.

**19. Oktober:** Zum letzten Mal trifft sich der Verwaltungsrat in der alten Zusammensetzung. Hans-Ueli Zürcher (Bild) informiert über die aktuelle Situation beim Sender und macht auch zugleich einen Rückblick auf die vergangenen Monate, was Umsatzentwicklung, personelle Situation und Sparmassnahmen anbelangt. Von ehemals 20 Mitarbeitenden ist noch die Hälfte beim Sender tätig. Gemäss Zürcher ist die Personalsituation «katastrophal». Die Stimmung an dieser letzten Verwaltungsratssitzung ist aber auch aus anderen Gründen nicht gut. Einige Verwaltungsräte und der Sachwalter Urs Baumann kritisieren die interne Informationspolitik. Hans Rudolf Gysin gerät unter Beschuss, u. a. deshalb, weil die «IG Radio Raurach» der Treuhandgesellschaft Fides einen Auftrag zur Prüfung erteilt hatte, ohne die anderen Verwaltungsratsmitglieder zu informieren.

**29. November:** Der Nachlassvertrag wird vom Obergericht des Kantons Basel-Landschaft genehmigt. Gerichtspräsident Dr. Toni Walter sagt zum Abschluss des gerichtlichen Teils: «Gotte gebe, dass es hebe.»

**1. Dezember:** Die Basellandschaftliche Kantonalbank springt aus dem Kreis der neuen Aktionäre überraschend ab und zieht eine gemachte Zusage im Volumen von 170 000 Franken zurück. Begründet wird dieser Rückzug damit, dass Interims-Geschäftsführer Christian Stärkle zuvor in einem Interview sagte, es sei kein Problem, genügend Aktienkapital aufzubringen.

**7. Dezember:** Der Verwaltungsrat beantragt der Generalversammlung die Jahresrechnung mit einem Bilanzverlust von 2 362 208 Mio. Franken zu genehmigen. Durch Vernichtung von 17 000 Namenaktien und der damit bezweckten Kapitalherabsetzung wird das Aktienkapital von 1,7 Mio. Franken auf null gebracht; zugleich wird das Aktienkapital durch Barliberierung von (neuen) 17 000 Namenaktien (à 100 Franken) wieder auf 1,7 Mio. Franken aufgestockt. Rund 2,4 Mio. Franken Bilanzverlust werden auf die neue Rechnung vorgetragen. Danach tritt der Verwaltungsrat in corpore zurück. «Wir wollen einen Schlussstrich ziehen», sagt der neu gewählte Verwaltungsratspräsident Peter Tschudin. Dem neuen vierköpfigen Führungsgremium gehören zudem Peter Wyss, Martin Wagner und Christian Stärkle an (Letzterer wird auf Betreiben der BaZ nie im Handelsregister eingetragen).

# 1995

**14. Februar:** Christian Stärkle von Radio Argovia steigt aus, Radio Basilisk und die Basellandschaftliche Zeitung springen wieder auf. Es wird gegen aussen unterstrichen, dass Radio Raurach eine selbstständige und unabhängige Privatradiostation bleibe.

**12. April:** Die Regierungen beider Basel unterstützen die Konzessionsgesuche der Lokalradios Basilisk und Raurach. Die Basler Exekutive bringt bei Raurach aber Vorbehalte an. Der Kanton Basel-Landschaft beteiligt sich mit 100 000 Franken am Aktienkapital der Radio Raurach Betriebs AG.

**24. Mai:** Die Betriebsgesellschaft Radio Raurach (Genossenschaft) wird aus dem Handelsregister gelöscht.

**29. Mai:** Die Revisionsstelle KMPG-Fides legt der Generalversammlung der Radio Raurach Betriebs AG ihren Bericht vor: Die Rechnung 1993 schneidet mit einem Verlust von 676 587, jene des Jahres 1994 mit einem Minus von 919 906 Franken ab.

**20. Juli:** Radio Raurach kündigt die Zusammenarbeit in der Werbung mit Radio Basilisk und hängt sich dem südbadischen Sender Radio Regenbogen an. Dieser Schritt hat Folgen: Radio Basilisk kündigt Radio Raurach jegliche Zusammenarbeit auf.

**27. September:** Das EVED erteilt 23 Lokalradios eine definitive Sendekonzession. In der Region erhalten die beiden bestehenden Sender Radio Basilisk und Radio Raurach die zwei zu vergebenden Sendekonzessionen; das neu formierte Radio X dagegen geht leer aus.

**2. November:** Aus dem Baselbieter Radio Raurach wird in Sekundenschnelle Radio Edelweiss, das «Nordwestschweizer Radio aus dem Baselbiet». Zwölf Jahre und einen Tag stand der Name Radio Raurach für das Baselbieter Lokalradio. Mit einer neuen Führungscrew, mit sanierten Finanzen und dem Namen Edelweiss möchte der Sender aus Liestal in eine bessere Zukunft abheben. Man sei sich durchaus bewusst, dass ausgerechnet in den Niederungen der Nordwestschweiz der Name Edelweiss womöglich noch seltsam anmute, sagt Marketingspezialist Bernhard Burgener, wie Ernst Schaub designierter neuer Verwaltungsrat. Der Geschäftsführer heisst Alec Schärrer. Martin Wagner lässt sich mit folgendem Satz zitieren: « Wir wollen eine sinnvolle Konkurrenz zu Radio Basilisk.»

**3. November:** Der Sender auf der Sissacher Fluh wird nach der Aufschaltung auf St. Chrischona zum Füllsender für das Oberbaselbiet umgebaut – die neue Frequenz ist 88,4 Mhz.

**21. November:** Gemäss Antrag des Verwaltungsrates zuhanden der Generalversammlung wird der Bilanzverlust 1994 von 387 145 Franken auf die neue Rechnung vorgetragen. Dies geht aus einem Schreiben des Präsidenten Peter Tschudin an den Verwaltungsrat hervor.

**1. Dezember:** Der Verwaltungsrat von Radio Edelweiss stellt drei Werbeleute samt Chef frei. Die drei hatten zuvor gekündigt und wollten selbstständig werden – aber mit Edelweiss weiterhin zusammenarbeiten.

**18. Dezember:** Letzte Generalversammlung der Radio Raurach Betriebs AG: Neu in den Verwaltungsrat gewählt wird Werbefachmann Bernhard Burgener. Er übernimmt das Aktienkapital der Medag AG im Umfang von 100 000 Franken. Weiter steigt Ernst Schaub (Inhaber der Geissmann AG, Betreiber von mehreren Kabelnetzen im Oberbaselbiet) mit 170 000 Franken in der AG und im Verwaltungsrat ein. Das neue Konzept von Radio Edelweiss sei bald spruchreif, verspricht Präsident Peter Tschudin. Intensiver als bisher will der Baselbieter Sender mit seinem deutschen Werbepartner Radio Regenbogen sowie mit Radio Argovia zusammenarbeiten.

## 1996

**2. Februar:** Neu können sich Hörerinnen und Hörer am täglichen Wunschkonzert auch über das Internet beteiligen.

**30. Juni:** Geschäftsführer Alec Schärrer wird vom Verwaltungsrat entlassen. Grund sollen verschiedene Auffassungen über Geschäftsleitungsaufgaben gewesen sein. Schärrer wollte das Programm mehr auf jugendliche Hörer ausrichten, zudem habe er sich (zu) stark für den Ausbau der Redaktion eingesetzt.

**1. Oktober:** Radio Edelweiss erhält vom Bundesrat die definitive Konzession für 10 Jahre zugesprochen. Diese Konzession hätte an sich schon ein Jahr früher erteilt werden sollen. Eine Beschwerde der Initianten von Radio X verhinderte dies zunächst.

**23. Dezember:** An der ersten Generalversammlung von Radio Edelweiss wird klar, dass der Sender in finanzieller Hinsicht noch längst nicht über den Berg ist. Die Jahresrechnung schliesst mit einem Bilanzverlust von über 820 000 Franken. Dieser setzt sich zusammen aus einem Jahresverlust von 433 000 Franken und dem Verlustvortrag aus dem Vorjahr in der Höhe von 387 000 Franken. Bernhard Burgener, Delegierter des Verwaltungsrates, unterstreicht, dass die roten Zahlen weitaus höher ausgefallen wären, hätten die Hauptaktionäre nicht «Goodwill-Werbesekunden» im Umfang von rund einer halben Million Franken platziert und ein Darlehen in der Höhe von 300 000 Franken gewährt. Als Pluspunkte von Radio Edelweiss nennt Burgener die massiv gesteigerten Hörerzahlen, das junge Radioteam, die neue Programmstruktur sowie den Erhalt der definitiven Sendekonzession.

## 1997

**27. Februar:** Die französische Senderkette Radio Nostalgie beteiligt sich mit 20 Prozent an der Edelweiss Betriebs AG; die Station heisst neu «Radio Edelweiss Nostalgie». Der Franchise-Vertrag gilt gemäss Bernhard Burgener für neun Jahre. Die drei Hauptaktionäre Alois Erath (Münchenstein; neu 18,5 Prozent), die Rainbow Video AG (Pratteln; neu 19,1 Prozent) verdoppeln ihren Aktienanteil, sodass sie zusammen mit der Radio Nostalgie-Gruppe zusammen 57,52 Prozent der Aktien halten. Hingegen steigen die Basler Zeitung und der Baselbieter Gewerbeverband aus. Grössere Aktionäre bleiben die Schweizerische Bankgesellschaft, der Förderverein sowie die Migros. Präsident des Verwaltungsrates wird Bernhard Burgener. Peter Tschudin, Peter Wyss, Ernst Schaub und Martin Wagner treten aus dem Verwaltungsrat aus.

**27. März:** An der zweiten Generalversammlung der Radio Edelweiss AG wird ein kleiner Gewinn von 11 000 Franken ausgewiesen, allerdings nur dank ausserordentlicher Zuwendungen der Hauptaktionäre im Umfang von 846 000 Franken. Damit resultiert ein Bilanzverlust von knapp 810 000 Franken, der auf die neue Rechnung vorgetragen wird.

## 1998

**24. April:** Die Radio Basel AG, c/o Lüdin AG in Liestal, wird gegründet.

**14. Oktober:** «Der Letzte möge bitte das Mikrofon abdrehen» – Eklat bei Radio Edelweiss: 13 Programmschaffende haben gekündigt, nachdem die Redaktionsleiterin Anna-Tina Heuss zuvor ohne Angabe von Gründen freigestellt worden ist.

**6. November:** Der gesamte Vorstand des Fördervereins Radio Edelweiss mit dem Baselbieter FDP-Nationalrat Hans Rudolf Gysin an der Spitze tritt zurück. Neuer Präsident wird Alois Erath.

**31. Dezember:** Der Umsatz von Radio Edelweiss beträgt per Ende 1998 1,455 Mio. Franken und der ausgewiesene Jahresverlust rund 130 000 Franken.

**31. Dezember:** Die neue Sendeautomation und ein neuer Internetauftritt durch den Provider Datacomm AG werden realisiert. Das Radio kann nun auch über das Internet gehört werden – 13 Jahre nach dem «Radiophon».

## 1999

**31. Dezember:** Die Radio Edelweiss Nostalgie Betriebs AG macht 1999 einen Umsatz von 1 363 000 Mio. Franken und einen Verlust von 222 000 Franken. Allerdings muss berücksichtigt werden, dass wieder drei Hauptaktionäre mit der Übernahme von je 50 000 Franken an den Personalkosten den Betriebsaufwand um 150 000 Franken reduziert haben. Nach Abzug der Verluste der vergangenen Jahre und dem negativen Ergebnis aus dem Geschäftsjahr 1999 weist die Bilanz noch ein Eigenkapital von 47 784 Franken aus.

## 2000

**20. Dezember:** An der Generalversammlung wird eine Kapitalerhöhung von 425 000 Franken auf neu 850 000 Franken durchgeführt. Hiermit verfügt der Verwaltungsrat über die Mittel für die geplanten Investitionen in der Höhe von 300 000 Franken (Umbau des Sendestudios auf digitale Verarbeitung, Systemwechsel der Sendeautomation, Aufschaltung des Senders Grellingen zur besseren Erschliessung des Laufentals, Technisierung der Redaktionsarbeitsplätze sowie Ausbau des Internetauftritts).

## 2001

**9. Mai:** Bernhard Burgener, Verwaltungsratspräsident der Radio Edelweiss Nostalgie AG, gibt an der Medienkonferenz in Liestal einige Kennziffern bekannt: Das Umsatzziel beträgt 2,8 Mio. Franken. Beschäftigt sind 15 Festangestellte im Radiobetrieb und 7 Personen in der Radio Edelweiss Werbe AG (Rewag).

1. Oktober 1998

## ERSTER SCHRITT ÜBER DIE KANTONSGRENZE

Der Besitzer von Radio Edelweiss, die Rainbow Video AG in Pratteln, plant in Basel in ihrem Verkaufsgeschäft an der Steinenvorstadt (Joe's Videopalast) ein Aussenstudio. Bei der Umgestaltung des Ladens ist in einer Art Kanzel ein komplettes Sendestudio mit Automation und Mischpult eingerichtet worden. Ab Ende September 1998 möchte man auch direkt aus Basel senden. Laut Geschäftsführer Michael Köhn ist jedoch nicht geplant, nach Basel umzuziehen, allerdings suche man neue Studioräumlichkeiten in Liestal auf Anfang 1999.

### 21. August 2009
## CHRISTIAN HEEB GIBT EIN COMEBACK

Die «Medien für Erwachsene AG» (MFE) kauft Radio Basel 1 von den Basler Zeitung Medien. Käufer ist eine Gruppe um den Basler Medienmann (und früherer Radio Basilisk-Gründer) Christian Heeb. Basel 1 soll ab Oktober neu Radio Basel heissen und aus Basel senden. Die Redaktion des Studios befindet sich künftig an der Münchensteinerstrasse 43 in Basel. Ein weiteres Studio wird an der Schützenstrasse 2-6 in Liestal eingerichtet, in dem sich die Basellandschaftliche Zeitung befindet.

Den Verwaltungsrat der Radio Basel AG stellt die MFE AG mit dem Wirtschaftsanwalt Sven Hoffmann (Präsident), dem früheren Ringier-Manager Hansjürg Deutsch, Christian Heeb (Delegierter des Verwaltungsrats) und Franz C. Widmer, früherer Chefredaktor der Basellandschaftlichen Zeitung. Als Redaktionsleiterin vorgesehen ist Sandra Schiess.

## 2002

**29. Mai:** Das Basler Radio wird nach Zürich verkauft: Tamedia übernimmt die Radio Basilisk AG und die LH-Holding AG für 23,75 Mio. Franken. Die Basler Zeitung Medien (BZM) hatten zuvor vergeblich versucht, das Radio zu übernehmen.

**17. September:** Die Basler Mediengruppe übernimmt eine Mehrheitsbeteiligung von 55 Prozent an Radio Edelweiss mit Sitz in Liestal. Die BaZ will den Sender gemäss eigenen Angaben «zur führenden Radiostation der Region Nordwestschweiz» machen. Die Geschäftsleiter von Radio Edelweiss, Dani von Wattenwyl, und der Werbefirma Rewag, Rolf Lanz, bleiben in ihren bisherigen Positionen.

**1. November:** Nach der Übernahme von Radio Edelweiss durch die Basler Zeitung Medien AG übernimmt Beat Meyer, CEO der Basler Mediengruppe, das Amt des Präsidenten des Verwaltungsrats.

## 2003

**6. Februar:** Der Senderstandort Grellingen auf 95,9 MHz ist «On-Air». Im Rahmen der Aufschaltung auf St. Chrischona und der Aufschaltung von Radio Basilisk auf die Sissacher Fluh 1995 wurde von Radio Basilisk versprochen, ebenfalls den Standort Grellingen für Radio Edelweiss erschliessen zu können. Es blieb lange beim Versprechen, bis es Jahre später endlich eingelöst werden sollte.

**23. Juli:** «Basel bedeutet Basel-Stadt und Baselland». Mit diesen Worten begründet Tanja Schmidt von den Basler Zeitung Medien den Umstand, Radio Edelweiss nun in Radio Basel 1 umzubenennen. «Wir wollten einen Namen mit einem Bezug zur Region», sagt Schmidt, Gesamtleiterin Audiovisuelle Medien der BaZ.

**25. August:** Unter dem Namen Radio Basel 1 (Radio Basel One) beginnt ein neues Kapitel in der Geschichte der Lokalradios für die Nordwestschweiz. Neu wird ein Programm ausgestrahlt, das in seinem musikalischen Angebot sowie der «Mischung aus aktueller Information und spannender Unterhaltung» den Anforderungen eines jugendlichen und jung gebliebenen Publikums entsprechen möchte. Das Leitungsteam setzt sich neu zusammen aus Silvana Imperiali (CEO), Dani von Wattenwyl (Geschäftsführer) und Alex Klee (Chefredaktor). Innerhalb der Basler Mediengruppe trägt Tanja Schmidt die Verantwortung.

**25. August:** Radio Basel 1 soll gemäss den Aussagen der Verantwortlichen zu einem durchgestylten Formatradio werden, das auf das vornehmlich junge Zielpublikum zugeschnitten sein soll: «Jung, dynamisch und nah an den Hörern», beschreibt die neue CEO Silvana Imperiali das neue Konzept.

## 2007

**25. August:** Aufschaltung des Füllsenders Liestal auf 93,0 MHz. Die Reichweite von St. Chrischona war nicht befriedigend und in Liestal gab es ausgerechnet am Standort der Sendestudios Empfangsprobleme. Durch die Erweiterung der Konzession des nicht werbefinanzierten Radio X hat das Bakom die Sendeanlage Liestal finanziert.

## 2008

**Oktober:** Christian Heebs MFE («Medien für Erwachsene») geht bei der Neuvergabe der Konzessionen leer aus.

## 2009

**30. September:** Exakt um 18 Uhr stellte Radio Basel 1 seinen Betrieb ein. Das Nachfolgeradio Radio Basel sendete nicht mehr aus Liestal, sondern aus Basel. Geschäftssitz der Radio Basel AG ist Liestal. Verwaltungsratspräsident ist Sven Hoffmann, Delegierter des Verwaltungsrates Christian Heeb. Weiter gehören Franz C. Widmer und Hansjörg Deutsch dem obersten Gremium an.

**24. Oktober:** Nach einer kurzen Pause – Radio Basel 1 sendete noch bis Ende September – nimmt Radio Basel den Sendebetrieb auf, traditionell mit dem Einläuten der Basler Herbstmesse.

## 2010

**15. Dezember:** Die Generalversammlung des Basler Lokalsenders beschliesst, das Aktienkapital von 850 000 Franken auf Null abzuschreiben und gleichzeitig wieder auf 5,95 Mio. Franken zu erhöhen. Damit geht für rund 150 Kleinaktionäre eine vor allem ideell geprägte, aber nicht finanziell lukrative Ära zu Ende.

## 2011

**7. September:** Christian Heeb will seine gesamten Anteile an Radio Basel an seinen Partner Karlheinz Kögel verkaufen. Für den Medienanwalt Jascha Schneider, der die unzufriedenen Kleinaktionäre vertritt, kommt dies zum richtigen Zeitpunkt: «Radio Basel steht einmal mehr vor einem Neustart. Wir möchten erreichen, dass Radio Basel wieder ein Baselbieter Radio wird und breite Unterstützung aus der Region erhält.»

## 2012

**10. Januar:** Radio Basel stellt an diesem Montag um Mitternacht seinen Sendebetrieb ein. Aus Radio Basel soll Radio Energy Basel werden. Hintergrund der neuerlichen Strategieänderung: Der bisherige Alleineigentümer der Radio Basel Gruppe, Karlheinz Kögel, hat Ringier und die NRJ Group Paris an Bord geholt. Ringier ist mit 9,8 Prozent beteiligt, die NRJ Group Paris (als grösstes privates Radiounternehmen Europas) mit 5,2 Prozent. Kögel behält die restlichen 85 Prozent und amtet als Verwaltungsratspräsident.

**13. Januar:** Radio Energy Basel nimmt seinen Sendebtrieb auf.

**27. Juni:** Aus dem Handelsregister wird «Radio Basel AG, c/o Lüdin AG» gelöscht.

**18. Dezember:** Radio Energy Basel verstösst trotz Richtungswechsel nicht gegen seine Konzession. Zu diesem Schluss kommt das Bundesamt für Kommunikation (Bakom). Ausgelöst hatte das Aufsichtsverfahren der Basler Lokalsender Radio X.

## 2013

**14. Mai:** Privatradios und Regionalfernsehen stehen seit 2007 finanziell deutlich besser da, da sie seither mehr Gebührengelder erhalten. Dies zeigt eine neue Studie von Publicom. Untersucht wurde die Situation von 31 Privatradios mit und ohne Gebührenanteil sowie von 13 Regionalfernsehsendern. Gemäss der Studie steht die Mehrheit der Privatradios finanziell auf gesunden Beinen.

**22. August:** Das Bakom zeigt sich vier Jahre nach der Vergabe der Konzessionen nicht zufrieden mit den Lokalradios. Die Privatradios hätten sich damals dazu verpflichtet, der Information genügend Platz einzuräumen. Vor allem bei den regionalen Informationen bestehe noch Potenzial. Aktuell betrage in der deutschen Schweiz der Anteil an Information nur 16 Prozent. Deshalb ruft das Bakom die Privatradios dazu auf, statt Kurzmeldungen vermehrt Hintergrundthemen aufzugreifen und der Hörerschaft Zusammenhänge aufzuzeigen.

**1. November:** Jene Lokalradiostationen, die am 1. November 1983 – zusammen mit DRS 3 – als erste auf Sendung gegangen sind, feiern das 30-jährige Bestehen. Noch immer mit gleichem Namen senden Radio Zürisee (in Stäfa), Radio 24 (in Zürich), Radio Basilisk (in Basel) und Radio Sunshine (in Rotkreuz). Aus Radio Z wurde im Jahr 2003 Radio Energy (in Zürich). Aus Radio Extra BE (in Bern) wurde im Jahr 2006 Radio Capital FM und ab Frühjahr 2013 Radio Bern 1. Die Mehrheit der Radios hat im Verlaufe der Zeit den Besitzer gewechselt – teilweise mehrfach. Die wechselvollste Geschichte kann Radio Raurach für sich beanspruchen: Aus Radio Raurach wurde Radio Edelweiss, Radio Basel 1, Radio Basel und zuletzt Radio Energy Basel.

> Ich war genau für einen Beitrag bei Radio Raurach auf Sendung, meinen ersten Radiobeitrag überhaupt! Zwei Tage später hat das DRS-Regionaljournal mich euch weggeschnappt.
> *Rainer Borer*

Meine Faszination für Radio, die ich vorher schon hatte, wurde massiv gestärkt und regelrecht eingeprägt.
*Matthias Völlm*

Danke, dass ihr die Mission Impossible gegen die Herren am Fischmarkt und an der Wiese riskiert habt.
*Willi Surbeck*

So rezitierte ich eines Abends voller Pathos ein Gedicht von Johann Peter Hebel ins Mikrofon, bis der Telefonanruf eines Raurach-Hörers mich darüber aufklärte, dass Radio Raurach seine Sendeleistung eingestellt habe. Er selber und seine Frau hätten das zwar gar nicht bemerkt, aber ihr Buschi habe protestiert, indem es mit dem Zeigefingerchen immer wieder auf das stumme Radio zeigte und dabei energische Laute von sich gab. Erst dann sei ihnen, den daneben sitzenden Eltern, aufgefallen, dass ihr Radioapparat sich in Schweigen hüllte. Der Grund: Ich hatte vergessen, das Mikrofon einzuschalten, und musste mich bei der Hörerschaft in aller Form für den Fehltritt entschuldigen.
*Lislott Pfaff*

Es war sehr bitter, aus der Ferne zu beobachten, wie rund eine Million Franken Genossenschaftskapital von einigen wenigen Abgehobenen vernichtet wurde!
*Remo Antonini*

Am besten kann ich mich an ein Mitarbeitertreffen erinnern, das im Rahmen eines Fondue-Kochkurses stattfand – das damals erlernte Tomatenfondue koche ich heute noch.
*Paolo Dettwiler*

Es war eine Zeit, die extrem zusammengeschweisst hat und nachhaltig war.
*Peter Keller*

Raurach war sozusagen die Lizenz zum Kennenlernen und Nachfragen. Von Ronald Reagan (tatsächlich durfte ich 1985 für Raurach beim Genfer Gipfeltreffen mit Gorbatschow dabei sein, bedauerlicherweise war Reagans Terminkalender zu eng belegt für ein Exklusivinterview) über den 1986 vom Jagdaufseher erlegten Waschbären bis hin zu Spitzenkräften der lokalen Wirtschaft («Wir wollen Sie hier nie wieder sehen» – ging genau ein halbes Jahr) und Regierungsrat Clemens Stöckli («Journalisten sind wie der Ombudsman; sie dürfen bellen, aber nicht beissen»).
*Marc Gusewski*

Da mein Leutnant meine Berichte hörte, wurde ich wegen meinen kritischen Reportagen vom Schulkommandanten gemassregelt und musste dann jeweils am Freitagabend meine Texte zwecks Zensurierung vorlegen.
*Philipp Probst*

Ich identifizierte mich extrem mit diesem Sender und versuchte, Freunde und Bekannte zu überzeugen, dass Radio Raurach das beste Radio sei.
*Simon Tschopp*

Zum Glück erhielt Radio Raurach die Sendebewilligung. Wir vom Radio Ergolz hatten zwar gute Ideen, aber weder Zeit, Geld noch das Know-how, unser Radio zu starten.
*Peter Basler*

**Marco Pittori**

## Marco Pittori

«Ich bin mit Radio Raurach aufgewachsen. Zuhause habe ich in einer Schachtel noch Abziehbilder, die ich früher gesammelt und bis heute aufbewahrt habe.» Marco Pittori ist 1978 geboren und in Muttenz aufgewachsen. Als Teenager hörte er ausgiebig Radio auf Frequenz 101,7 MHz.

Der Baselbieter Sender bot interessante Nischen, wie etwa das wöchentliche «Country Special» mit Peter Gisin (1934–2010). Er bewunderte den Raurach-Moderator, der zugleich auch sein Zeichenlehrer war. Immer montags, wenn es so weit war, liess Marco Pittori alles stehen und liegen, um dieser Stimme und den virtuosen Klängen aus den Lautsprecherboxen zu lauschen. Gisin prägte seine Kindheit und Jugend mit. Beide waren leidenschaftliche Zeichner und teilten die Begeisterung für Saiteninstrumente.

Selbst aktiver Country- und Bluegrassgitarrist, erkannte Gisin das grosse musikalische Talent des jungen Marco früh und förderte es. Als Kind malte Pittori tausende von elektrischen Gitarren in allen Formen und Farben, später spielte er das Instrument virtuos. Eine Musikerkarriere schied jedoch aus, und so lag für den Schulabgänger eine Lehre im grafischen Bereich als Offsetdrucker nahe – und damit die Entdeckung der «schwarzen Kunst». Er lernte an der Grafischen Fachschule Aarau (Fachklasse Drucktechnologie) und an der Grafischen Fachhochschule GIB (Druckfachmann), später lithografierte er in der Grafischen Anstalt Wolfensberger in Zürich.

Pittori sagt: «Papier und Farbe wurden meins, das erkannte ich immer mehr und fand so zu meiner Ausdrucksform der Kunst. Der Kontakt mit den kreativen Köpfen in meinem Umfeld bereicherte mein Wissen und Empfinden über Kunst und Design.» Für seine Arbeiten greift er zum Pinsel, fotografiert, kopiert und druckt. Das Ergebnis sind Kombinationen aus Drucktechniken und Malerei. Farben spielen in den Bildern und im Leben des Künstlers eine zentrale Rolle. Seit 1999 stellt er seine Werke in aller Welt aus: in der Schweiz (u. a. Winterthur, Basel, Zürich, Bern, Zug, Liestal), in Deutschland (u. a. Berlin, München, Düsseldorf, Frankfurt, Hamburg), in Schweden, Australien und in den USA (Miami, Los Angeles). Heute ist Marco Pittori ein national und international beachteter Künstler mit zahlreichen Publikationen.

Das Projekt «Radio Raurach – das Buch» überzeugte ihn sofort, und so entstanden eigens dafür vier spannende Werke als Collagen und Malerei. Sie gliedern als Doppelseiten jeweils die Buchteile und setzen visuelle Höhepunkte. Es sind Beiträge eines zeitgenössischen Künstlers, der Radio Raurach als Kind und Jugendlicher fast hautnah mitgehört, mitgefühlt und miterlebt hat und der möchte, dass es nicht in Vergessenheit gerät.

*Angelika Van der Wolk*

Angelika Van der Wolk

## Christian Roth

Christian Roth, geboren 1965, arbeitete nach der Schule für Gestaltung in Basel und seiner Ausbildung zum Fotografen als Bildredaktor und Fotograf bei der Basellandschaftlichen Zeitung (1985–1997). Seit dem Jahr 1997 ist Roth selbstständig, zuerst mit seiner Firma «IDEENFABRIK roth & vuille», danach ab 2007 mit der «bildfabrik Christian Roth» in Basel. Er hat schon einige Bildbände publiziert sowie Ausstellungen bestritten. Zwischen 2000 und 2009 war Christian Roth Fachausschussmitglied Audiovision und Multimedia der Kantone Basel-Stadt und Basel-Landschaft.

**Christian Roth**

## Petra Geissmann

Petra Geissmann, geboren 1967, arbeitet als Layouterin/Grafikerin bei bachmann medien ag und bei der TagesWoche in Basel. Früher war sie bei der Fricktaler Zeitung (Rheinfelden) und bei der Volksstimme (Sissach) als Layouterin/Polygrafin tätig. Sie ist gelernte Schriftsetzerin/Typografin.

**Petra Geissmann**

## Fritz Wunderlin

Fritz Wunderlin, geboren 1949, ist visueller Gestalter und seit 2005 Inhaber der Firma «createit» in Sissach. Nach seiner Ausbildung zum Buchdrucker (1970) und zum Offsetdrucker (1980) liess er sich 1992 zusätzlich zum Sachbearbeiter ausbilden.

**Fritz Wunderlin**

# AUTOREN- UND PERSONEN-GLOSSAR

**Rudolf Andreatta**, Dr. Ing. chem. ETH, geboren 1937, Arlesheim, in der Pharma-Forschung bei Ciba-Geigy/Novartis in verschiedenen Leitungsfunktionen tätig, zuletzt als Direktor der International Research Laboratories IRL in Takarazuka (J) und GL-Mitglied von Novartis Japan 1971–1998. FDP-Landrat 1975–1987, Fraktionspräsident 1977–1983, Mitglied der Parteileitung FDP Baselland 1979–1983, Redaktion Baselbieter Post 1977–1986, Vorstand Förderverein Pro Radio Baselland 1982–1989, ab 1983 als Präsident, VR-Mitglied der Betriebsgesellschaft Radio Rauruach 1985–1991, Präsident der Radio Raurach Betriebs AG 1991–1994, Moderator der Klassik-Sendungen bei Radio Raurach 1984–1994.

**Felix Auer**, Dr. rer. pol., 1925, Bottmingen, freier Journalist, unter anderem für die Basler Nachrichten sowie die Agentur Farner, 1953/54 Presseoffizier der Heimschaffungskommission in Korea, 1967 IKRK-Delegierter in Israel, Sekretär des TCS, Sekretär der Evangelisch-Reformierten Landeskirche Baselland, volkswirtschaftlicher Mitarbeiter der Ciba und Ciba-Geigy, führendes Mitglied der Volksbewegung Selbständiges Baselbiet, Landrat 1971–1975, Nationalrat der FDP 1971–1991, Parteipräsident der FDP 1977–1980, 1986–1989 Präsident der Parlamentsdelegation bei der EFTA, 1993–1995 Präsident der Unabhängigen Beschwerdeinstanz für Radio und Fernsehen (UBI), um 1977 bis mind. 1984 Mitglied der Aktion Freiheit und Verantwortung (AFV).

**Adrian Ballmer**, lic. iur., geboren 1947, Liestal, Rechtsanwalt. Gerichtsschreiber 1975–1978, Mitglied der Geschäftsleitung der Elektra Birseck EBM 1978–2000, FDP-Landrat 1991–2000, Regierungsrat, Vorsteher Finanz- und Kirchendirektion 2000–2013.

**Peter Basler**, geboren 1960, Basel, freier Journalist für diverse Medien 1984/85, Redaktor Doppelstab 1986–1990, freier Journalist und Projekt Neue Zeitung Basel und Stadtkanal Basel 1991/92, Redaktor und Produzent K-Tipp 1993–1998, Produktionsleitung Saldo 1999, Produzent Annabelle 1999, Produzent und Redaktor Kassensturz SRF und DOK-Filme SRF seit 2000.

**Guido Baumann**, 1926–1992, Studium der Germanistik, Anglistik und Theaterwissenschaften, Journalist beim WDR 1957–1962 und beim BR 1962–1964, Leiter Unterhaltungsabteilung bei Radio Zürich innerhalb der SRG 1969, Unterhaltungschef des deutschsprachigen Schweizer Fernsehens ab 1973, grösste Popularität als «Ratefuchs» im Ratespiel «Was bin ich?», Autor und Mitproduzent der Samstagabend-Unterhaltungssendung «Wünsch dir was» ab Anfang 1970er-Jahre.

**Frank Baumann**, geboren 1957, Radiomoderator bei Radio 24 und Radio DRS, Werber, TV-Sendungen.

**Urs Baumann**, dipl. Betriebsökonom HWV, geboren 1949, Reinach, Unternehmensberater PWC 1974–1978, Finanzchef Bragtank Van Ommeren 1978–1981, GL-Mitglied Thürlemann Discount AG 1981–1984, Unternehmensberater Ernst & Young 1984/85, Geschäftsleiter BTG-Treuhand 1985–2000, Inhaber Urs Baumann + Partner AG, Reinach seit 2000, div. VR-Mandate, Bankrat BLKB seit 2003, CVP-Landrat 1995–2003; Sachwalter bei der Nachlassstundung Radio Raurach 1994.

**Eduard Belser**, geboren 1942, Lausen, Mittellehrer phil. I, 1980–1987 Rektor der kantonalen Schule für Spitalberufe. 1971–1987 Präsident des Gewerkschaftsbundes Basselland, Gemeinderat von Lausen, 1975–1979 Landrat (SP), 1979–1987 Ständerat (dort Präsident der Finanzdelegation beider Räte), 1987–1999 Regierungsrat (Bau- und Umweltschutzdirektion) ; 1986–2002 Mitglied und Präsident des Bankrates der Schweizerischen Nationalbank. Mitglied oder Präsident mehrerer Verwaltungsräte und Leitungsgremien öffentlicher Unternehmungen und Vereinigungen, Verwaltungsratspräsident Blutspendedienst SRK AG 2005–2012.

**Fridolin Bieger**, geboren 1934, Engelberg/Basel, Typograf, Werbeleiter Modehaus Spengler 1960–1963, Leiter Marketing und Planung GGK Basel 1963–1978, Marketingleiter ofa Orell Füssli Werbe AG Zürich 1978–1999, div. Verwaltungsratsmandate, u. a. Radio Raurach.

**Roger Blum**, geboren 1945, Liestal/Köln, Doktor der Geschichte und des Staatsrechts, Landrat FDP 1971–1978. Ab 1961 journalistisch tätig: Mitarbeiter der Basellandschaftlichen Zeitung und der Basler Nachrichten, Leiter des freisinnigen Pressedienstes Baselland, Redaktor der Baselbieter Post, Chef Inlandressort Luzerner Neueste Nachrichten 1978–1980, Inlandredaktor und Mitglied der Chefredaktion Tages-Anzeiger 1981–1990, Medienprofessor an der Universität Bern 1989–2010.

**Heinz Bonfadelli**, Prof., geboren 1949, Studium der Sozialpsychologie, Soziologie und Publizistikwissenschaft an der Universität Zürich, ab 1975 Assistent und Promotion 1980, Forschungsaufenthalt an der Stanford University (Kalifornien) 1981/82, wissenschaftlicher Mitarbeiter am Seminar für Publizistikwissenschaft der Universität Zürich und Leiter des Bereichs Hörerforschung in der RVO-Begleitforschung. Habilitation in Publizistikwissenschaft mit einer Studie zur Wissenskluft-Forschung 1992.

**Judith Bösiger-Isenschmid**, geboren 1958, Sissach, Kauffrau, erste Sekretärin von Radio Raurach 1983–1985, Mitarbeit in der Administration von verschiedenen Unternehmen 1986–2001, Leiterin Administration Kunsthalle Basel 2001–2008, Korrektorin bei der Volksstimme 2009–2010, Leiterin Dienste bei der Kantonalen Denkmalpflege Basel-Stadt seit 2010.

**Robert Bösiger**, lic. rer. pol., geboren 1957, Sissach, Studium der Nationalökonomie an der Universität Basel, Mitbegründer, erster Geschäftsführer und Programmleiter von Radio Raurach 1983–1986, Redaktor Basellandschaftlichen Zeitung 1986–1990, Wirtschaftsredaktor Basler Zeitung 1990–1993, Chefredaktor und Verlagsleiter Volksstimme 1993–2002, Ressortleiter Region Basel und Mitglied der Redaktionsleitung Basler Zeitung 2002–2007, Wirtschaftsredaktor Basler Zeitung 2007/08, Medienberater bei bachmann medien ag (Basel) sowie Verlagsmitarbeiter bei der Volksstimme seit 2008.

**Marcel W. Buess**, geboren 1957, Itingen, Industriekaufmann, heute als selbständiger Politikberater und freier Wirtschaftsjournalist tätig. Mitglied des Projektteams und Mitbegründer Radio Raurach, Vizepräsident des Verwaltungsrates 1983–1994, VR-Delegierter und Geschäftsleiter 1985–1994, Vorstandsmitglied und langjähriger Vizepräsident des Fördervereins «Pro Radio Baselland» 1982–1994. Gründungspräsident der Jungfreisinnigen Bewegung Baselland 1979–1984, Präsident der FDP Kreispartei Gelterkinden 1982–1992, Mitglied der Parteileitung der FDP Baselland und Chefredaktor der Baselbieter Post 1984–1987. Verantwortlicher Redaktor des Stadt Tambour 1997–2002, Präsident der IVB Behindertenselbsthilfe beider Basel seit 2006, nebenamtlicher Geschäftsführer des Verbandes Basellandschaftlicher Bürgergemeinden seit 2013.

**Bernhard Burgener**, geboren 1957, Kaufmann, Unternehmer ab 1983, Gründung Rainbow Video AG (heute Rainbow Home Entertainment AG), Präsident (1999–2008) und Delegierter des Verwaltungsrat (ab 2008) der Highlight Communications AG, Beteiligung an Team Holding AG und an Constantin Film AG, seit 2008 Vorstandsvorsitzender der Constantin Medien AG und als Vorstandsvorsitzender der Constantin Film AG sowie Verwaltungsratspräsident Team Holding AG, Verwaltungsratspräsident Radio Edelweiss 1997–2002.

**Paul Burkhalter**, geboren 1949, Basel/Winterthur, gelernter Laborant, Assistent im Klingentaltheater (heutiges Häbsetheater) und Tournee mit Alfred Rasser, Radio Studio Basel 1972–1986, Moderator und Redaktor bei 3sat 1986–1995, Aufbau elektronische Medien und Entwicklung der Formate «Café Bâle», «Magnet», FCB TV-Magazin, BaZ-Standpunkte für die Basler Zeitung 1995–2004; künstlerischer Leiter beim Casinotheater in Winterthur 2005–2012.

**Rolf Eberenz**, 1922–2010, Reinach, Kaufmann, Gründer Handelsgesellschaften Resima AG und Petrofer AG 1947, später Inhaber van Baerle AG in Münchenstein. Langjähriger Einwohnerrat in Reinach, FDP-Landrat 1979–1994, Landratspräsident 1987/88, Aktionär, VR-Mitglied und Mitglied des VR-Ausschusses der Radio Raurach Betriebs AG 1991–1994.

**Angeline Fankhauser**, geboren 1936 in La Rippe (VD), heute in Oberwil, ausgebildet als Sozialpädagogin, seit 1962 im Baselbiet wohnhaft. 1972–1983 Mitglied des Einwohnerrates Binningen (SP), 1976–1983 Landrätin, 1983–1999 Nationalrätin, 1974–1986 Mitarbeiterin der Stiftung Pro Juventute, zuständig für Familienfragen, von 1986 bis zur Pensionierung 1998 Leiterin des Schweizerischen Arbeiterhilfswerkes (SAH). In dieser Funktion zwei Jahre Präsidentin der Schweizerischen Flüchtlingshilfe. 1999–2012 Co-Präsidentin der Grauen Panther Nordwestschweiz.

**Cathy Flaviano**, geboren 1967, Zürich, Universität Basel (Psychologie). Moderatorin bei Radio Basilisk ab 1985, Moderatorin Radio Rauarch (Hitparade), erst Moderatorin und Redaktorin, dann Redaktionsleiterin Weekend bei DRS 3 ab 1995, Projektleiterin Expo.02 2001/02, Gründungsmitglied Info3 2003 sowie Gründungsmitglied und stellvertretende Leiterin von DRS 4 News (heute SRF 4 News) ab 2007.

**Karl Flubacher**, 1921–1992, Läufelfingen, gelernter Polier, ab 1944 Bauunternehmer, Gemeinderat von Läufelfingen 1956–1962, Gemeindepräsident 1962–1979, Landrat FDP 1963–1971, Nationalrat 1967–1987, Austritt aus der FDP 1986. Mitglied des Zentralvorstands des Schweizerischen Baumeisterverbands, Präsident des Hauseigentümerverbands Baselland sowie Inhaber weiteres Verwaltungsratsmandate, u. a. Basellandschaftliche Hypothekenbank, Präsident Förderverein «Pro Radio Baselland» 1982–1983, Präsident Verwaltungsrat Betriebsgesellschaft Radio Rauarch 1983–1991.

**Niggi Freundlieb**, geboren 1952, Basel, Moderator/Redaktor Radio DRS (DRS 1, DRS 2, DRS 3) 1981–1987, Moderator/Redaktor Radio Basilisk 1987–1998, Programmleiter Radio X 1999–2001, Redaktionsleiter 20 Minuten Basel 2001/02, freier Journalist, Texter, Medientrainer 2002–2004, Redaktionsleiter/Moderator TV nw1 2004–2006, selbstständiger Medienschaffender ab 2006.

**Oscar Fritschi**, Dr. phil., geboren 1939, Winterthur, Zürcher FDP-Nationalrat 1991–1999, langjähriger Chefredaktor Der Zürcher Oberländer.

**Hans Fünfschilling**, geboren 1940, Binningen, Doktor der Astrophysik, Landrat FDP 1976–1987, Regierungsrat 1987–2000, Baselbieter Ständerat 1999–2007, Präsident der SRG Deutschschweiz 2001–2007.

**Fritz Graf**, geboren 1929, Sissach, Landwirt, 1983–1997 Landrat (SVP), 1987–1995 Präsident der landrätlichen Erziehungs- und Kulturkommission. Vater von Maya Graf.

**Maya Graf**, Sissach, geboren 1962, dipl. Sozialarbeiterin HFS, Sozialdienst Universitätsspital Basel 1990/91, Aufbau und stv. Leitung Durchgangszentrum für Asylsuchende in Pratteln 1991–1993, Sozialarbeiterin der Beratungsstelle für Menschen mit Behinderungen (Stiftung Mosaik) in Liestal 1994–2001, Mitbewirschafterin des familieneigenen Bio-Bauernbetriebs in Sissach ab 2000. Landrätin Grüne 1995–2001, Nationalrätin Grüne seit 2001, Fraktionspräsidentin Grüne Fraktion im Nationalrat 2009/10, Nationalratspräsidentin 2012/13.

**Eduard Greif**, Sissach, geboren 1935, Kaufmann, Verleger und Publizist, in den 1950er-, 1960er- und 1970er-Jahren Mitbegründer, Verleger und Eigentümer von mehreren Publikationen (u. a. Doppelstab, Nordwestschweizer Rundschau, Badische Rundschau sowie Hamburger Morgenpost) und Privatradios (Radio Antenne 3 zu Beginn der 1990er-Jahre), Verlags- und Unternehmensberatung.

**Hans Grieder**, 1930–2002, Dipl. Elektro-Ingenieur HTL, Moser-Glaser 1955–1961, Rauscher & Stöcklin 1962–1968, Aufbau und Inhaber der Grieder Bauteile AG 1966–2002, Inhaber Ingenieurbüro Grieder & Co. 1968–2002, VR-Präsident Elektra Sissach 1967–1996. Präsident der Betriebskommission Regionale Grossgemeinschaftsanlage Sissach (RGGA).

**Jacques Gunzenhauser**, geboren 1946, Sissach, Betriebsökonom, Direktor und Verwaltungsratspräsident 1994–2008 der J. R. Gunzenhauser AG Sissach, Vorstandsmitglied Swissmem, CEIR Europäischer Armaturenfabrikantenverband, Präsident der Eingliederungsstätte und Arbeitszentrum für Behinderte Baselland, Präsident des Ausländerdienstes Baselland, diverse Verwaltungsratsmandate, u. a. bei Radio Rauarch 1983–1994.

**Theodor Gut**, drei Generationen mit gleichem Vornamen sowie Besitzer und Chefredaktoren der Zürichsee-Zeitung, Theodor I. und Theodor II. waren Zürcher FDP-Nationalräte.

**Hans Rudolf Gysin**, lic. rer. pol., geboren 1940, Pratteln, Handelslehrer, Direktor der Wirtschaftskammer Baselland (vormals Sekretär Kantonaler Gewerbeverband) 1969–2012, FDP-Landrat 1979–1988, Nationalrat 1987–2011, verschiedene Mandate, Präsident Förderverein «Pro Radio Baselland» 1989–1994, VR-Mitglied Radio Rauarch Betriebs AG 1991–1994, VR-Mitglied der BaZ-Tochter GBC Birkhäuser AG 1999/2010, VR-Mitglied Radio Basel One AG 2003–2009, VR-Mitglied BaZ Holding AG 2012/13.

**Matthias Hagemann**, Dr. iur., geboren 1962, Basel, Verwaltungsratspräsident National-Zeitung und Basler Nachrichten AG 1997–2010, Eigentümer Radio Basilisk ab 2010, Verwaltungsrat bei der SDA ab 2003, Stiftungsrat MAZ ab 2001.

**Hans-Rudolf Hagemann**, Prof., geboren 1927, Basel, ordentlicher Professor für Rechtsgeschichte an den Universitäten Erlangen-Nürnberg 1962–1964 und Basel 1965–1991, Herausgeber National-Zeitung und später Basler Zeitung.

**Roland Hausin**, chem. Ing. HTL, geboren 1954, Obfelden, Chemiker/Informatiker, R&D Engineer bei Dow Chemical 1977–1983 und Alveo AG 1983–1987, Organisations- und Informatikbeauftragter des Gesundheits- und Umweltdepartementes der Stadt Zürich 1989–1998, Leiter Informatik ERZ Hagenholz 1998–2000, seit 2005 Partner in eigener IT-Firma, FDP-Mitglied seit 1980, Präsident des Vereins Free Radio Switzerland (FRCH) 1979–1983, Einreichung des 1. Konzessionsgesuchs für Radio Rauarch 1982.

**René Häfliger**, geboren 1969, Basel, Journalist BR, Redaktor, Moderator und Sportchef bei Radio Rauarch 1988–1995 und Radio Basilisk 1995–1999, Redaktor und Moderator bei Sat.1 (Schweiz) 1999–2001, selbstständig im Bereich TV- und Videoproduktionen/Moderationen und Medientrainer seit 2001.

**Martin Herzberg**, geboren 1961, Anwil, Erwachsenenbildner mit eigenem Unternehmen, freier Mitarbeiter Radio Rauarch 1983.

**Helmut Hubacher**, geboren 1926, Basel, Basler SP-Nationalrat 1963–1997, Präsident der SP Schweiz 1975–1990, Chefredaktor Basler AZ 1963–1970.

**Hans-Peter Hügli**, geboren 1959, Kienberg, Werkzeugmaschinist und RTV-Elektriker, Systemspezialist DEC-Digital Equipment Corp 1985–1998, Inhaber der Firma COCON IT-Consulting 1998–2009, Inhaber der COCON HighEnd HiFi 2004–2009, BITmedical GmbH, Servicetechniker Medizintechnik ab 2009, Gründungsmitglied Radio Rauarch 1982, Techniker für Sende- und Aufnahmestudio 1983–1987, Vorstandsmitglied des Fördervereins «Pro Radio Baselland» 1982/83.

**Caroline Inhelder**, geboren 1962, Rünenberg, kaufmännische Angestellte, freie Mitarbeiterin Radio Rauarch.

**Peter Itin**, lic. rer. pol., geboren 1949, Basel, Mitinhaber der IBFG (Interdisziplinäre Berater- und Forschungsgruppe) und Projektleiter von diversen Mandaten im Bereich Medien, Telekommunikation und Kultur 1981–1992, seither verschiedene Einzelmandate als Consultant, seit 1997 Shiatsu-Therapeut, Buchautor und Leiter von Ausbildungskursen und berufspolitischen Projekten in der Komplementärtherapie.

**Andi Jacomet**, geboren 1972, Bern, schon als Siebenjähriger Pizzo-Groppera-Fan, später Maturarbeit «Lokalradios in der Schweiz – die genormten Unterhalter?». Freier Mitarbeiter von Radio Rauarch 1986–1995, Studium Medienwissenschaft, Geschichte und Staatsrecht an der Universität Bern (ohne Abschluss), Hilfsassistent von Prof. Roger Blum 1996–2001, Webpublisher bei der Kommunikationsstelle des Kantons Bern 2001–2008, seit 2008 eigene Firma «ah,ja!» in den Bereichen Webdesign, Hosting und Kommunikation.

**Claude Janiak**, Dr. iur., geboren 1948, Binningen, Rechtsanwalt, Gemeinderat Bubendorf 1974–1979, SP-Landrat 1981–1987 und 1994–1999 (und Präsident 1998/99), Nationalrat 1999–2007 (Präsident 2006), Baselbieter Ständerat ab 2007.

**Werner Jauslin**, geboren 1924, dipl. Bauingenieur ETH, Muttenz, Aufbau der Ingenieurfirma Jauslin + Stebler, Landrat (FDP) 1959–1968, Fraktionspräsident, Ständerat 1967–1979, Präsident verschiedener Fachverbände.

**Kurt Jenny**, Dr. iur., 1931–2004, Basel, Anwalt, Tätigkeit in der Verwaltung des Kantons Basel-Stadt 1956–1961, in der Rechtsabteilung der Schweizerischen Treuhandgesellschaft 1961–1972, ab 1969 Direktor, Mitglied des Verfassungsrates beider Basel 1960–1969, Bürgerrat 1960–1972, Basler Regierungsrat 1972–1992, bis 1980 Justizdepartement, dann Finanzdepartement, a. o. Professor für öffentliches Recht 1994–2001.

**Ueli Kaufmann**, geboren 1948 in Basel, Studium der Germanistik und Philosophie, Lehrerseminar, Primarlehrer in Birsfelden. Maler und Schriftsteller, zahlreiche Veröffentlichungen und Ausstellungen. 1983–1994 Landrat (SP), Mitglied des Fachausschusses Theater und Tanz beider Basel, 1992 Gründer des Vereins Kulturraum Roxy Birsfelden und langjähriger Präsident.

**Peter Keller**, geboren 1949, Basel, Technischer Zeichner, Sozialpädagoge, Heimleiter, Journalist BR ab 1984 bei Radio Rauracн, DRS Regionaljournal, Nordschweiz/Basler Volksblatt, IV Basel-Stadt Leiter Personalwesen 1993/94, Kuppel Basel 1995–1997, TV 3 1998, Leiter Theater Arlecchino seit 1995.

**Rainer Keller**, lic. phil. hist., geboren 1953, Bern, Übersetzer und Nachrichtensprecher Schweizer Radio International 1974–1982, Radio- und Fernsehdienst EVED 1983–1992 (davon Leiter 1988–1992), stv. Direktor Bakom 1992–1994, stv. Generalsekretär SRG 1994–1997, Stabschef und Leiter Unternehmensentwicklung SRG 1997–2004, Stabschef und Leiter Strategie und Planung bei der GD SRG seit 2004.

**Jasmin Kienast**, geboren 1961, Zürich, Redaktorin am Mikrofon bei Radio DRS/DRS 3 von 1981–1987, Inhaberin der «VOICE KIENAST» seit 2009.

**Hans W. Kopp**, Dr. iur., 1931–2009, Zürich, Wirtschaftsanwalt und Medienexperte, Moderator der medienpolitischen Sendung «Fernsehstrasse 1-4» 1974–1980, Präsident Eidg. Expertenkommission für eine Gesamtmedienkommission, Gatte der ersten Schweizer Bundesrätin Elisabeth Kopp.

**Karlheinz Kögel**, geboren 1946, Baden-Baden, deutscher Medien- und Touristikunternehmer, Schreinerlehre 1966, Volontariat beim Süddeutschen Rundfunk, ab 1970 Redaktor und Moderator beim damals neu gegründeten Jugendmagazin Pop Shop im dritten Hörfunkprogramm des Südwestfunks (später SWF3 und SWR3), Gründer Media Control GmbH, unter anderem Inhaber von Radio Energy Basel, Gründer 1979 und Minderheitsaktionär von L'Tur Tourismus AG, seit 2007 Aufsichtsratsmitglied bei Thomas Cook AG.

**Roger Köppel**, lic. phil. I, geboren 1965, Küsnacht, Journalist und Medienunternehmer, Studium der Volkswirtschaften und Sozialgeschichte, Redaktor Neue Zürcher Zeitung ab 1988, bei Tages-Anzeiger ab 1994, Chefredaktor Magazin 1997–2001, Chefredaktor Weltwoche 2001–2004, Chefredaktor Die Welt 2004–2006, Chefredaktor und Verleger Weltwoche ab 2006.

**Markus Kündig**, 1931–2011, Zug, Druckerei-Unternehmer, Zuger CVP-Ständerat 1974–1994, Präsident des Verbandes Graphischer Unternehmen 1978–1987, Präsident des Schweizerischen Gewerbeverbandes 1982–1991.

**Peter Küng**, geboren 1947, Füllinsdorf, Kommunikationsfachmann, journalistische Laufbahn: Radio DRS 1979, Regionalfernsehen Solothurn 1980, Radio 24 1981, Blick 1982, Moderator bei Radio Basilisk 1983–1987, Programmleiter Radio Rauracн 1988–1990, Unternehmenskommunikation der Migros Basel 1990–2008, seit 2008 Inhaber der KMU Küng Medien-Unternehmung.

**Matthias Lauterburg**, geboren 1948, Bern, Reporter beim Berner Tagblatt und Mitarbeiter bei weiteren Zeitungen 1971–1974. Redaktor und Moderator bei Schweizer Radio (SR) DRS 1974–1983, Initiant und erster Programmleiter Radio ExtraBE in Bern 1983–1986, Berater und erster Programmleiter Radio Grischa in Chur 1986–1990, Berater und Mitarbeiter von Radio DRS und einem Dutzend Privatradios, darunter auch Studio B in Dornach 1990–1994. Programmleiter von Radio Förderband in Bern 1994–1996, Moderator des täglichen Talks von TeleBärn 1996–1998, Leiter Ressort Stadt Bern bei der Berner Zeitung BZ 1998–2000, Redaktionsleiter News TeleBärn 2000–2013, seit 1998 auch Mitinhaber und Mitarbeiter der LaCoSA AG Bern für Beratung, Software, Ausbildung, Medien und Events.

**Walter Leber**, 1921–2001, Sissach, Primarlehrer 1964–1986, dipl. Heilpädagoge, SP-Landrat 1975–1987, VR Radio Rauracн 1985–1990.

**Hans-Ruedi Ledermann**, 1944–2004, Basel, Lehre als Schriftsetzer, kaufmännische Weiterbildung und Kaderposition bei der Fracht AG, freier Sportjournalist, ab 1982 Medienunternehmer, Mitbegründer und kaufmännischer Direktor von Radio Basilisk, Mitglied des Stiftungsrates Basler Kabelfernsehen, Verwaltungsratsmitglied diverser Medien-Unternehmen.

**Moritz Leuenberger**, lic. iur., geboren 1946, Zürich, Anwalt bis 1991, SP-Nationalrat 1979–1995, Bundesrat, Zürcher Regierungsrat 1991–1995, Bundesrat 1995–2010. Als Medienminister befürwortete Leuenberger eine starke staatliche SRG SSR idée suisse.

**Bernadette Leus**, geboren 1973, Wintersingen, diplomierte Grafikerin HS, Erfahrungen in mehreren Agenturen als Grafikerin, Art-Directorin und Projektleiterin, Gründerin der eigenen Firma Leus Visuelle Kommunikation seit 2003.

**Susanne Leutenegger Oberholzer**, geboren 1948 in Chur, lic. rer. pol. et iur., Anwältin. Einwohnerrätin der POCH in Allschwil, 1979–1984 Verfassungsrätin Baselland, 1983–1989 Landrätin der POCH, 1987–1991 Nationalrätin der POCH/Grünen und seit 1999 der SP. Erste Präsidentin des Frauenrats BL und Präsidentin des Impulsprogramms Familie und Beruf der Volkswirtschafts- und Sanitätsdirektion VSD BL. Richterin der Steuerrekurskommission und der Sozialrechtlichen Abteilung des Kantonsgerichts bis 2009.

**Rolf Lierau**, Dr. Ing., 1944–2003, Liestal, während mehr als 25 Jahren bei der F. Hoffmann-La Roche AG in verschiedenen Positionen in der Ingenieurabteilung und in Corporate Finance, Leiter des Corporate Materials Management und der Business Unit Liquid Crystals, zuletzt Geschäftsführer und VR-Mitglied der Roche-Tochterfirma Tegimenta AG, selbstständiger Unternehmensberater ab 1996, Verwaltungsrat Radio Rauracн Betriebs AG 1991–1994, ab Mai 1994 für kurze Zeit VR-Beauftragter.

**Philipp Loser**, lic. phil., geboren 1980, Buckten/Basel, Diplomlehrgang am Medienausbildungszentrum MAZ in Luzern, Redaktor Volksstimme 2001–2004, Redaktor Region Basler Zeitung 2004–2009, Bundeshausredaktor Basler Zeitung 2009–2011, seit 2011 Bundeshausredaktor der TagesWoche.

**Ruth Ludwig-Hagemann**, Dr. med., Basel, Medizinstudium an der Universität Basel, Assistenz- und Oberärztin am Unispital Basel und an der Frauenklinik Basel, Verlegerin im Hause Basler Zeitung Medien, Mitglied verschiedener Verwaltungsräte (u. a. Radio Basilisk, Rehab AG Basel).

**Rainer Luginbühl**, geboren 1957, Basel, Moderatorenausbildung Radio Studio Basel SRG 1981 im Rahmen der «Aktion Neue Stimmen» für das noch zu gründende DRS 3 (Sendungen Hitparade, Nachtclub, Vorwiegend heiter), Moderator Radio Basilisk, Opus Radio, Leiter Musik und Moderation Radio Rauracн, Radio Basilisk, Leiter Kommunikation Basel United, Chef vom Dienst Betty-TV Swisscom, Radio Basel.

**Mathis Lüdin**, lic. rer. pol., geboren 1945, Liestal, Verwaltungsratspräsident der Lüdin AG, Verleger und Mitinhaber der Basellandschaftlichen Zeitung 1985–2010, Verwaltungsrat Radio Rauracн 1991–1994.

**Esther Maag**, lic. phil. I, geboren 1963, Liestal, Studium der Psychologie, Germanistik und Publizistik an der Universität Zürich, Deutsche Journalistenschule München, selbstständig tätig als Kursleiterin, Geschäftsführerin und Autorin seit 1983, Mitarbeiterin DRS 1, 2 und 3 1983–1993, seit 1993 Mitbegründerin, Vorstand, Kursleiterin und Coach Verein Job Club, Landrätin Grüne 1996–2008 (Landratspräsidentin 2007/08), Aufbau und Moderation 061live Telebasel 2008–2010.

**Paul Manz**, 1924–1995, aufgewachsen im zürcherischen Wila, Theologiestudium an den Universitäten Zürich und Basel, 1951–1967 Pfarrer in Rothenfluh, 1953–1961 Landrat zuerst der FPV, dann der BGB, 1958–1967 Gemeindeschreiber von Rothenfluh, 1960–1969 Verfassungsrat beider Basel, dort 1965 Präsident, Präsident der Volksbewegung Selbständiges Baselbiet, 1967–1982 Regierungsrat (bis 1975 Bau- und Landwirtschaftsdirektion, dann Sanitäts- und Volkswirtschaftsdirektion), 1982–1990 Direktor der Krankenfürsorge Winterthur.

**Sabine Manz**, lic. iur., geboren 1956, Liestal, Journalistin/Moderatorin bei Radio Rauracн 1983/84, Radio Basilisk 1984–1986, Radio und TV DRS 1986–2009.

**Heinz Margot**, geboren 1962, Basel, Schauspieler und Gastronom, Redaktor und Moderator bei Radio Basilisk 1983–1985, Redaktor, Moderator und Hörspielregisseur bei Schweizer Radio DRS 1 und 3 (heute SRF) 1986–1998, stellvertretender Produzent beim Schweizer Fernsehen SF1 (heute SRF) 1996–2002, Redaktor und Moderator beim Schweizer Fernsehen (heute SRF) seit 1994.

**Beat Meier**, geboren 1951, Aesch BL, Buchdrucker, leitende Funktionen u. a. bei Buri Druck in Bern 1975–1990, bei Regia-Holding in Kehrsatz 1991, bei Huber + Anacker in Aarau 1992/93, bei Buri Druck in Bern 1994–1996, bei Birkhäuser+GBC in Reinach BL 1997–1999 und CEO Basler Zeitung Medien 1999–2010.

**Theophil Meier**, Dr. rer. pol., 1919–2010, Lausen, Studium der Nationalökonomie, Parteisekretär der FDP 1946–1948, Basellandschaftlichen Kantonalbank 1954–1967, dort Personalchef und Vizedirektor, FDP-Landrat 1947–1967, Regierungsrat (Finanz- und Kirchendirektion) 1967–1983.

**Christian Mensch**, lic. phil. I, geboren 1964, Basel, Studium Germanistik und Geschichte, Medienjournalist Werbewoche 1991–1994, Medienjournalist Tages-Anzeiger 1994–1996, Politjournalist Weltwoche 1996–2003, Politjournalist Facts 2003/04, Leiter Recherche Basler Zeitung 2004–2011, Leiter Redaktion Basel der Schweiz am Sonntag seit 2011; Autor des Buches «Enteignete Zeitung? Die Geschichte der Basler Zeitung».

**Christian Miesch**, geboren 1948, Titterten, Unternehmer, Inhaber der Miesch Elektromotoren, Liestal, Gemeinderat in Titterten 1979–1983, FDP-Landrat 1983–1991, FDP-Nationalrat 1991–1995, wird 1995 von der FDP nicht mehr nominiert und kandidiert erfolglos mit der «Freien Bürgerlichen Liste», tritt später zur SVP über, SVP-Nationalrat 2003–2011, Vizepräsident der Aktion für eine neutrale und unabhängige Schweiz (AUNS) bis 2003, Mitglied der Parteileitung der SVP Baselland seit 2003.

**André Moesch**, geboren 1962, Waldstatt, Journalist beim Basler Volksblatt ab 1982, Redaktor bei Radio Basilisk 1986–1989, EDV-Berater 1990/91, Chefredaktor bei Radio Raurach 1991–1994, Redaktionsleiter Tagesprogramm bei Radio DRS 3 1995/96, Leiter Wort bei Radio Basilisk 1996–2001, Geschäftsführer Radio aktuell St. Gallen 2001–2005, seit 2006 Leiter Elektronische Medien und Mitglied der Geschäftsleitung der St. Galler Tagblatt AG, verantwortlich für Radio FM1 und das Ostschweizer Regionalfernsehen TVO, Präsident des Verbandes der Schweizer Regionalfernsehen Telesuisse.

**Fritz Mühlemann**, Dr. rer. pol., geboren 1939, Rubigen, Generalsekretär des Eidg. Verkehrs- und Energiewirtschaftsdepartementes (EVED) von 1980–1994, Direktionspräsident der BKW FMB Energie AG von 1993–2001.

**Hans-Rudolf Nebiker**, dipl. agr., 1929–2008, Diegten, Unternehmer im Bereich Futtermittel, Gemeinderat Diegten 1962–1976, Nationalrat SVP 1975–1998, Fraktionspräsident SVP 1982–1989, Nationalratspräsident 1991/92, Verwaltungsrat SBB, Präsident der Schweizer Vereinigung des privaten Agrarhandels, Verwaltungsrat Radio Raurach 1983–1991.

**Paul Nyffeler**, lic. rer. pol., geboren 1939, Seltisberg, kaufmännische Lehre, Studium auf dem zweiten Bildungsweg, Leiter der Stabsstelle Planung in der Finanzdirektion Baselland, danach selbständiger Finanzberater 1967–1971, FDP-Regierungsrat 1975–1989 (zuerst Bau- und Landwirtschaftsdirektion, ab 1983 Finanzdirektion), Präsident der Geschäftsleitung der Basellandschaftlichen Kantonalbank 1990–2004, Präsident des Verbandes Schweizerischer Kantonalbanken (VSKB) 2004–2009.

**Alfred Oberer**, geboren 1927, Liestal, Kaufmann, verschiedene Arbeitsstellen in den Kantonen Neuenburg, Baselland und Aargau bis 1961, Generalagent Winterthur Leben für die Nordwestschweiz ab 1961, Bankrat Basellandschaftliche Kantonalbank 1971–1995, Präsident Programmkommission Radio Raurach 1983–1987.

**Edgar Oehler**, Dr. rer. publ., geboren 1942, Balgach, Unternehmer, St. Galler CVP-Nationalrat 1971–1995, Chefredaktor Die Ostschweiz 1973–1985.

**Bruno Oetterli**, lic. iur., geboren 1946, Zürich, Gründer der Radiotele AG 1976, Geschäftsleiter und Mitinhaber Radiotele AG 1976–2006 (Radiotele vermarktete den Südwestfunk 1 und 3 in der Schweiz 1976–1983, vermittelte nationale Radiowerbung in der Schweiz 1983–2006, vermarktete Eurosport in Europa 1987–1992, vermarktete VIVA in der Schweiz 2001–2004, vermarktete Regional-TV in der Schweiz 2001–2006), Dozent am SAWI 1984–2006, Mitglied verschiedener Fachorganisationen 1984–2006.

**Heinrich Ott**, 1929–2013, Prof. Dr. theol., aufgewachsen in Riehen, später in Münchenstein ansässig, dann wieder in Riehen, Theologiestudium und Promotion in Basel und Marburg, 1952–1957 Pfarrer in Castiel (GR), ab 1957 Pfarrer der Kirchgemeinde Arisdorf-Giebenach-Hersberg, 1962–1999 Ordinarius für Systematische Theologie an der Universität Basel, 1966–1975 Landrat (SP), Fraktionspräsident der SP, 1979–1990 Nationalrat.

**Lukas Ott**, lic. phil., geboren 1966, Liestal, Studium der Soziologie, Kunstgeschichte und Botanik an der Universität Basel, Inhaber eines Büros für Politikforschung und Kommunikation seit 1997, Landrat (Grüne) 1987–1996, Einwohnerrat Liestal 1992–2000 (1995/96 als Präsident), Stadtrat Liestal seit 2000, seit 2012 Stadtpräsident; Präsident des Verbands des Personals öffentlicher Dienste Baselland (vpod bl) 1997–2004, Richter am Verfahrensgericht für Strafsachen des Kantons Basel-Landschaft 2006–2011, Stiftungsrat der Schweizerischen Stiftung SPO Patientenschutz seit 2006.

**Alfred Peter**, Dr. rer. pol., 1934–2010, Münchenstein, Redaktion National-Zeitung 1961–1977, ab 1975 als Chefredaktor, erster Chefredaktor der Basler Zeitung 1977/78, Informations-Chef Aare-Tessin AG (Atel) 1979–1999, CVP-Landrat 1983–1995, Mitglied Bankrat der Basellandschaftlichen Kantonalbank 1990–2002, Verwaltungsrat Radio Raurach 1986–1994.

**Robert Piller**, lic. rer. pol., geboren 1935, Arlesheim, Redaktor Schweizerische Politische Korrespondenz spk 1963, Redaktor Basler Nachrichten 1964–1977, zuletzt stv. Chefredaktor, Informations-Chef der Basler Handelskammer 1977–1997, FDP-Landrat 1983–1999, Präsident FDP-Landratsfraktion von 1987–1995, VR-Mitglied der Radio Raurach Betriebs AG 1991–1994. Verschiedene Mandate im Zusammenhang mit dem Jura und dem ehemaligen Fürstbistum Basel, z. B. Mitglied des «Conseil consultatif des Jurassiens de l'extérieur» 1987–1998.

**Serge Policky**, geboren 1966, Basel, selbständiger Kommunikationsberater und Dokumentarfilmer, Mitglied der Geschäftsleitung von «TV on the WEB, INTERNATIONAL INC» in Virginia (USA) und Malta 1997–2000, verantwortlich für die Spezialsendung «Weltenbummler», begeisterter Sportinstruktor im Nebenerwerb seit 2006.

**Max U. Rapold**, lic. iur., 1924–2006, Schaffhausen, Studium Rechtswissenschaften, Anwalt, Vorsitzender der Geschäftsleitung der Meier+Cie. Druckerei und Verlag, dem Verlag der Schaffhauser Nachrichten 1971–1999, Präsident des Schweizer Verbandes der Zeitungs- und Zeitschriftenverleger (SZV) 1980–1992.

**Erich Reber**, geboren 1919, Münchenstein, in der Geschäftsleitung der National-Zeitung ab 1948, anschliessend Basler Zeitung, bis 1986 VR-Delegierter, VR-Mitglied National Zeitung und Basler Nachrichten AG 1986–1994, VR-Präsident Radio Berner Oberland AG 1987–1990.

**Oskar Reck**, lic. rer. pol., Dr. h. c., 1920–1996, Basel, Studium der Nationalökonomie, Redaktor der Weltwoche 1944–1955, Chefredaktor Neues Winterthurer Tagblatt 1955–1960, Chefredaktor der Thurgauer Zeitung 1960–1969, Bundeshauskorrespondent beim Schweizer Fernsehen 1970, Chefredaktor Basler Nachrichten 1971–1977, Chefredaktor Basler Zeitung 1977/78, danach freier Publizist. Thurgauer Kantonsrat 1960–1970, Dozent für Publizistik an den Universitäten Basel, Freiburg und Bern, Präsident der unabhängigen Beschwerdekommission von Radio und Fernsehen (ab 1984 UBI) 1979–1988.

**René Rhinow**, Prof. Dr. iur., geboren 1942, Liestal, Rechtsberater der Baselbieter Regierung, Verwaltungsgerichtspräsident 1978–1981, Professor für Staats- und Verwaltungsrecht an der Universität Basel 1982–2006, Baselbieter Verfassungsrat (FDP) 1979–1984, dort Präsident, Ständerat 1987–1999, dort 1999 Präsident, Präsident des Schweizerischen Roten Kreuzes 2001–2011.

**Willi Ritschard**, 1918–1983, Luterbach SO, Heizungsmonteur, Gemeinderat 1943–1959, ab 1947 Gemeindeammann, Kantonsrat 1945–1963, Nationalrat SP 1955–1963, Regierungsrat 1964–1973, Bundesrat ab 1974, Vorsteher des Eidg. Departementes für Umwelt, Verkehr, Energie und Kommunikation (EVED) 1974–1979, Vorsteher des Eidg. Finanzdepartements 1980–1983.

**Michael Rockenbach**, lic. phil., geboren 1973, Basel, Redaktor Basler Zeitung 2000–2011 (ab 2008 Leiter Baselland), Redaktor der TagesWoche seit 2011.

**Peter Rusch**, geboren 1952, Basel, in diversen kaufmännischen Sparten sowie als freier Journalist tätig ab 1970–1984, Diplomlehrgang Journalismus am Medienausbildungszentrum MAZ in Luzern 1985/86, Redaktor Radio Raurach 1985–1987, Redaktor/Sportchef Radio Basilisk 1987–1995, Leiter Medag-Produktionsstudio für Radiowerbung bei Basilisk 1996–1999, Inhaber tonton-Studio Basel, Produktionen in der audiovisuellen Kommunikation seit 2000.

**Ulrich Saxer**, Prof. Dr. phil. I, 1931–2012, Extraordinarius und Ordinarius für Publizistik an der Universität Zürich 1977–1996, Gründungspräsident der Schweizerischen Gesellschaft für Kommunikations- und Medienwissenschaften.

**Michael Schanne**, geboren 1948, Studium der Sozialwissenschaften, Leiter Inhaltsanalysen der Arbeitsgruppe für RVO-Begleitforschung, empirisch-analytische Medienforschung in öffentlich und privat finanziertem Rahmen, Schwerpunktleiter Wissenschaftskommunikation an der Zürcher Hochschule für Angewandte Wissenschaften.

**Alec Schärrer**, lic. rer. pol., geboren 1964, Basel, Radio Basilisk (Moderation und Redaktion) 1989–1994, Stadtkanal Basel (Moderation und Redaktion) 1993/94, Radio Raurach und Edelweiss (Leiter Musik/Moderation und Geschäftsführer) 1994/95, Radio DRS (Kommunikation und Marketing) 1997/98, Coop Schweiz (Marketing Controller) 1999–2004, Feldschlösschen (Trade Marketing Retail) 2004–2009, Lekkerland AG (Key Account Manager) 2010–2012, migrolino (Key Account Manager) seit 2012.

**Roger Schawinski**, Dr. oek., geboren 1945, Zürich, Studium Wirtschaftswissenschaften, Journalist und Unternehmer, beim Schweizer Fernsehen 1972–1977, Chefredaktor bei Migros-Tageszeitung Die Tat 1977/78, Gründer Radio 24 ab 1979, Gründer u. a. Klassik-Radiosenders Opus Radio 1991, Privat-TV TeleZüri ab 1994, Radio 1 für Erwachsene ab 2008 und nationale Privat-TV Tele 24 ab 1998,

Geschäftsführer des deutschen Privatfernsehsenders Sat. 1 2003–2006, seit 2011 Talksendung «Schawinski» auf SRF 1, Autor diverser Bücher.

**Liselotte Schelble Hintermann**, geboren 1946, Reinach, Primarlehrerin und schulische Heilpädagogin 1968–2010, Einwohnerrätin Reinach 1972–1983, SP-Landrätin 1983–1997, Landratspräsidentin 1995/96, diverse Ämter in Organisationen und Stiftungen, Verwaltungsrätin Radio Raurach Betriebs AG 1991–1994.

**Sandra Schiess**, geboren 1970, Basel, kaufmännische Lehre, Volontariat Radio Raurach, Redaktion/Moderation Radio Basilisk, Redaktion/Moderation DRS 3 und Gastgeberin Persönlich DRS 1, Moderation SRF 1 seit 2011.

**Leon Schlumpf**, Dr. iur., 1925–2012, Felsberg GR, Anwalt in Chur, Grossrat 1955–1966, Landammann des Kreises Trin 1959–1963, Regierungsrat und zugleich Nationalrat der Demokratischen Partei 1966–1974, Ständerat (nun der SVP) 1974–1979, Preisüberwacher 1974–1978, Bundesrat 1979–1987, Vorsteher EVED.

**Jascha Schneider-Marfels**, Dr. iur., geboren 1974, Basel, Studium der Rechtswissenschaften in Basel und Bern, Doktorat im Medienrecht an der Universität Zürich, Ausbildung zum Radiojournalisten am MAZ, langjähriger Radio- und TV-Moderator (Radio Basilisk, Telebasel), Medien- und Wirtschaftsanwalt in Basel mit eigener Kanzlei.

**Jürg Schneider**, geboren 1959, Gelterkinden, dipl. Informatiker TS, Mitbegründer von Radio Raurach. Verwaltungsrat der Radio Raurach Betriebsgesellschaft/Betriebs AG von 1983–1994, Vizepräsident des Musikfestes Sissach 1994, Präsident des Musikvereins Sissach 1993 und 1998–2005, Präsident der Jugendmusik Regio Sissach 2007–2012, Vorstandsmitglied des Kant. Musikverbandes beider Basel seit 2011.

**Markus Schneider**, lic. rer. pol., geboren 1960, Zürich, Journalist tätig für Basler Zeitung, Bilanz, Weltwoche, Facts, Schweizer Familie, Autor («Weissbuch 2004»; «Idée Suisse», «Klassenwechsel» und «Grimassenherz»), Mitbegründer des Echtzeit Verlags mit Sitz in Basel, Gewinner des Zürcher Journalistenpreises und des Georg von Holtzbrinkpreises für Wirtschaftspublizistik, Wirtschaftsjournalist des Jahres 2005.

**Markus Schneiter**, geboren 1957, Basel, Elektromonteur und Sozialpädagoge, Geschäftsführer IVB Behindertenselbsthilfe beider Basel seit 1985, freier Mitarbeiter bei Radio Basilisk 1984–1987 (Chef Technik, Moderator div. Sendungen), freier Mitarbeiter Radio Raurach 1988–1994 (Chef Technik, Moderator div. Sendungen), Vorstand Förderverein Radio Raurach 1989–1994, freier Mitarbeiter Radio X 1999–2004 (Technik).

**Fritz Schuhmacher**, Prof. Dr. iur., geboren 1946, Hochwald, Associe eines Basler Advokatur- und Notariatsbüros, Verwaltungsrat ITAG ab 1983, Geschäftsführer ITAG 1983–2005, zusammen mit Dr. Annasohn baut er während beinahe eines Vierteljahrhunderts die Gesellschaft sowohl geografisch als auch bezüglich der Tätigkeitsfelder markant aus, diverse Verwaltungsratsmandate auch im Bereich von Medienunternehmen.

**Gaby Seliner-Müller**, geboren 1955, Zürich, Studium der Pädagogik, Soziologie und Publizistik. Lehrplanentwicklung und -forschung 1991–2001, Projektleitungen in Schulentwicklungsprojekten 2001–2006, seit 2006 Lehrtätigkeit in Lehrerbildung und Volksschule.

**Jean-Pierre Siegfried**, Dr. med. vet., geboren 1930, Arlesheim, Tierarzt, Landrat SVP 1967–1977, Parteipräsident SVP, Initiant von Radio Birstal.

**Peter Sigrist**, geboren 1935, Riehen, Buchdrucker, National-Zeitung (Disponent Druck) 1960–1963, gdz Zürich (Techn. Leiter und Geschäftsleitung) 1963–1977, Conzett & Huber (Delegierter des Verwaltungsrats) 1977–1984, Basler Zeitung Medien (CEO und Delegierter des Verwaltungsrats) 1986–1999, Vorstand economiesuisse, Vorstand Exportförderung und div. weitere VR-Mandate.

**Christian Stärkle**, lic. iur., geboren 1955, Venthône, Rechtsdienst Schweiz. Lebensversicherung und Rentenanstalt (heute Swiss Life) 1982–1984, Gewerbebank Baden (heute Neue Aargauer Bank) 1985–1988, Verlagsleiter Badener Tagblatt (heute Aargauer Zeitung) 1988–1990, Geschäftsführer Radio Argovia 1990–2001, Mitglied AZ-Unternehmensleitung (verantwortlich für elektronische Medien) 1998–2001, Geschäftsführer und CEO Belcom-Gruppe (Radio 24, Tele Züri, Tele 24) 2001/02, Allmediaconsulting AG (Gründer und Geschäftsführer) ab 2003. Verwaltungsratsmandate bei diversen Medien.

**Pietro Supino**, Dr. iur., geboren 1965, Zürich, Wirtschaftsanwalt und Verleger, Verwaltungsratspräsident der Tamedia AG.

**Willy Surbeck**, geboren 1955, Allschwil, Abschluss Maschinenmechaniker 1977, Radioprojekte in Italien, Frankreich und der Schweiz sowie Medienseminare für Jugendliche 1981, Redaktion und Produktion von Radiomagazinen (u. a. für Radio 24 und Radio Raurach) 1981–1984, freier Journalist für Radio, TV und Print 1984–1988, Reporter u. a. für Blick 1988–1993, Redaktor Doppelstab 1993–1996, Redaktor Stadtkanal Basel 1996–1999, Chefredaktor Telebasel ab 1999.

**Tito Tettamanti**, lic. iur., geboren 1930, London/Lugano, Rechtsanwalt und Treuhänder ab 1955, Financier und Unternehmer (u. a. Sulzer, Saurer, Rieter, Ascom, SIG Holding, Jean Frey AG, Basler Zeitung Medien), Regierungsrat Tessin 1959–1961.

**Roger Thiriet**, lic phil. I, geboren 1949, Basel, Moderator Radio DRS (Wunschkonzert, Nachtexpress, Hitparade, Agenda), Leiter Moderation und Musik sowie Chef vom Dienst 1984–1988, Leiter gemeinsames Videoproduktionsunternehmen btv von Radio Basilisk und Basler Zeitung 1988–1992, erster Leiter Elektronische Medien 1989–1992, und – von Amtes wegen – Verwaltungsrat bei Radio Raurach 1989–1992, Konzepter und erster Programmleiter des Volksmusikkabelradios EVIVA 1992–1998, selbstständig mit Firma Roger Thiriet Texte ab 1998, schrieb bis 2005 Drehbücher für die Presse-TV-Sitcom «Café Bâle», heute verschiedene Projekte in der Kommunikationsbranche, u. a. Beauftragter für Information und Medien der Evangelisch-Refomierten Kirche Basel-Stadt, Kolumnist der Schweiz am Sonntag Basel und Präsident der Stiftung Telebasel.

**Georges Thüring**, geboren 1946, Grellingen, Gastrounternehmer, mehrfacher Waffenlauf-Schweizer-Meister, SVP-Landrat seit 2003, Vorstandsmitglied der IVB Behindertenselbsthilfe beider Basel seit 2004, Präsident des Verbandes Basellandschaftlicher Bürgergemeinden seit 2013.

**Rudolf Trachsel**, geboren 1927, Bern, Abschluss als Elektro-Ingenieur an der EPF (Ecole Polytechnique Féderale Lausanne) 1951, Generaldirektor des Fernmeldedepartements PTT, Bern ab 1981, Präsident der Generaldirektion der PTT 1989–1992.

**Peter Tschudin**, geboren 1943, Sissach, Metallbauer, VR-Präsident der Peter Tschudin AG, Präsident Kantonaler Gewerbeverband Baselland 1988–1998, Präsident Radio Raurach Betriebs AG/Radio Edelweiss Betriebs AG 1995–1997.

**Barbara Umiker Krüger**, lic. iur., geboren 1954, Arlesheim, in den 1970er-Jahren Gründungsmitglied der Jungfreisinnigen Baselland und des freisinnigen Arbeitskreises Frau und Politik, Geschäftsleitungsmitglied KMU 1979–1993, Kommunikationschefin der Sicherheitsdirektion Baselland und des kantonalen Krisenstabs 1993–2008, führendes Mitglied des Laufentaler Komitees «JO zum Baselbiet», seit 2010 Richterin am Bezirksgericht Arlesheim.

**Markus van Baerle**, 1930–1987, gelernter Seifensieder, Chemiker HTL, Direktor und Verwaltungsratsmitglied des familieneigenen Chemiebetriebs, Präsident der Union Schweizerischer Seifen- und Waschmittelfabrikanten. Landrat (FDP) 1974–1983, Landratspräsident 1978/79, Regierungsrat 1983–1987 (Bau- und Umweltschutzdirektion), stirbt durch Herzschlag an einer Wahlkampfveranstaltung.

**Angelika Van der Wolk Straumann**, geboren 1961, Sissach, Mitarbeiterin im Hotel Bad Eptingen und bei Schaub Medien AG / Volksstimme; gelegentlich journalistisch tätig für die Volksstimme.

**Martin Wagner**, lic. rer. pol., geboren 1960, Rünenberg, Wirtschafts- und Medienanwalt seit 1988, zeitweise Mitbesitzer Basler Zeitung Medien, Radio Basel und Radio Basilisk, Delegierter des Verwaltungsrats der TEAM-Gruppe und der Highlight Event- und Entertainment (HLEE) in der Highlight/Constantin Medien Gruppe (TEAM vermarktet TV- und kommerzielle Rechte der UEFA Champions League und der Europa League; HLEE vermarktet Sommernachtskonzert und Neujahrskonzert der Wiener Philharmoniker sowie den Eurovision Song Contest), Hausanwalt der Weltwoche, der Basler Zeitung und von Axel Springer (Schweiz).

**Armin Walpen**, lic. iur., geboren 1948, Herrenschwanden BE, Studium der Rechtswissenschaften, Sekretär im EVED ab 1973, Chef Radio- und Fernsehdienst im Generalsekretariat EVED 1980–1988, Generaldirektor der SRG SSR idée suisse 1996–2010.

**Beat Walther**, Dr. iur., geboren 1946, Binningen, selbstständiger Advokat, Kantonsrichter (Abteilung Verfassungs- und Verwaltungsrecht), Mitglied der Beschwerdestelle von Radio Raurach 1983–1994.

**Hermann «Mäni» Viktor Weber**, 1935–2006, Basel/Weggis, Radio-Reporter, TV-Quizmaster («Dopplet oder nüt», «Wär gwünnt») und Moderator («Praktische Medizin»).

**Jean-Luc Wicki**, geb. 1970, Moderator und Redaktor Radio Raurach 1989-1994, Moderator und Redaktor DRS 1, DRS 3 (u. a. Hitparade) und Virus (Morgensendung) 1994-2004, Moderationsleiter und Programmleiter Radio Basilisk 2004–2012, Moderationsleiter SRF 2 Kultur seit 2012.

**Eveline Widmer-Schlumpf**, Dr. iur., geboren 1956, Rechtsanwältin, Bündner Finanzdirektorin (SVP) 1998–2007, seit 2007 Bundesrätin (SVP, dann BDP), Tochter von SVP-Bundesrat und Medienminister Leon Schlumpf (1925–2012).

**Franz C. Widmer**, lic. rer. pol., geboren 1942, Riehen, Wirtschaftskorrespondent für Die Zeit und National-Zeitung 1969–1972, Redaktor und Chef vom Dienst der National-Zeitung und Basler Zeitung 1973–1978, Leiter Ringier-Journalistenschule 1979–1986, Chefredaktor Basellandschaftliche Zeitung 1988–2007, Gesprächsleiter und Moderator bei Radio Basilisk und Radio Basel.

**Isabelle Wilhelm**, geboren 1966, Weil am Rhein, kaufm. Angestellte, Moderatorin/Redaktorin Radio Raurach 1989–1995, DRS-Nachrichtenredaktorin und -sprecherin 2002–2009, Reporterin Regionaljournal DRS 2002–2009, Migros Basel (Marketing) seit 2012.

**Rolf Wirz**, geboren 1963, Nusshof, Radio-TV-Verkäufer und Radio-TV Elektriker. Grundkurs Journalismus am Medienausbildungszentrum MAZ 1991/92, Moderator und Musikredaktor bei Radio Raurach 1984–1988 und 1992–1994, Moderator und Redaktor bei Radio Basilisk 1988–1992 und 1994–1996, Redaktor Volksstimme 1994–2005, von 2006–2011 als Chefredaktor, Mediensprecher und Co-Leiter beim Stabsdienst Kommunikation der Polizei Basel-Landschaft 2006–2011, Informationsbeauftragter bei der Volkswirtschafts- und Gesundheitsdirektion Basel-Landschaft ab 2012.

**Beat Wirz**, geboren 1961, Sissach, freier Mitarbeiter Radio Raurach 1983.

**Dieter F. Wullschleger**, geboren 1958, eidg. dipl. Kommunikationsleiter und Journalist BR, seit 2008 Leiter Unternehmenskommunikation & Kulturprozent bei der Genossenschaft Migros Basel. Er war Leiter Werbeabteilung Radio Raurach (Gong AG) 1987–1990, danach Inhaber einer Kommunikationsagentur 1990–2008 und ad personam tätig für div. Medienunternehmen: Geschäftsleiter LH Holding AG (u. a. Radio Basilisk 1992–1995), Basler Zeitung Medien (Geschäftsleiter Sa-Na Verlag AG/Vogel Gryff 2004–2008; Direktor Inseratenunion AG/Baslerstab 2007/08).

**Dominik Wunderlin**, lic. phil. I, geboren 1953, Basel, Studium der Volkskunde/Europäische Ethnologie, Geschichte und Humangeografie, Journalist und Redaktor bei der Volksstimme und bei verschiedenen Radio- und Fernsehstationen 1981–1986, Kurator der Abteilung Europa/Volkskunde am Museum für Völkerkunde und Schweizerisches Museum für Volkskunde (seit 1996: Museum der Kulturen Basel) seit 1986, Vizedirektor des Museums der Direktor seit 2009, Redaktor der Baselbieter Heimatblätter seit 1986, Kuratoriumsmitglied der Kulturstiftung der Schwäbisch-Alemannischen Fastnacht seit 2006, Mitglied des Alemannischen Instituts in Freiburg i. Br. seit 2010.

**Edmund Wyss**, Dr. rer. pol., 1916–2002, Basel, Sekretär des Schweizerischen Gewerkschaftsbundes, SP-Nationalrat 1959–1971, Präsident der SP-Fraktion der Bundesversammlung 1968–1971, Basler Regierungsrat 1960–1984 (zuerst Vorsteher Departements des Innern, später Wirtschafts- und Sozialdepartement). Präsident des Bankrates der Schweizerischen Nationalbank, Präsident der Schweizer Mustermesse, Vizepräsident des Flughafens Basel-Mulhouse.

**Peter Wyss**, lic. rer. pol., 1947–2010, Gelterkinden, akademischer Mitarbeiter der Finanzdirektion Basel-land (Stabstelle Planung) 1971/72, selbstständiger Unternehmensberater 1973–1983, Finanzverwalter des Kantons Basel-Landschaft 1984–1994, Finanzdirektor der Unternehmensgruppe Basler Zeitung Medien 1994–2003, Verwaltungsrat des Theaters Basel als Vertreter des Kantons Basel-Landschaft 1994–2006 (bis 2004 als Vizepräsident, bis 2006 als Präsident), Mitherausgeber des Leitbilds BL und des Buches «Partnerschaft zwischen Basel-Stadt und Basel-Landschaft», Verwaltungsrat Radio Raurach 1994/95, Verwaltungsrat Radio Edelweiss 1995–1997.

**Reinhard Zeindler**, Egg, Direktionsmitglied Helvesat AG, VR-Mitglied Radio Raurach Betriebs AG 1991–1994, VR-Mitglied Radio Argovia AG 1993–1997, VR-Mitglied Radio 32 AG 1993–2000, VR-Mitglied Radio Sunshine AG und Radio Sunshine Werbe AG 2008–2011.

**Christian Zeugin**, geboren 1970, Muttenz, ausgebildeter Counseling M.A., Leitung Moderation Radio SRF 1, Moderator und Redaktor Radio Basilisk 1997–2000, bei Radio SRF 1 als Moderator, Redaktor, Redaktionsleiter seit 2000 und seit 2009 auch als Gastgeber der wöchentlichen Talksendung «Persönlich».

**Franz A. Zölch**, lic. iur., geboren 1949, Bern, Dozent für Medienrecht, Stabschef der Kommission Kopp für eine Gesamtmedienkonzeption.

**Hans-Ueli Zürcher**, geboren 1945, Basel, Werbekaufmann, freier Mitarbeiter von Radio Raurach 1985–1989, Geschäftsführer der deutschen Radiostation Antenne 3 1989/90, Verkaufsleiter Radio Basilisk 1991/92, Verkaufsleiter Radio Raurach 1992–1995, Gründung von The Cover Media AG, Unternehmen für Radio- und TV-Werbung 1996.

## Nicht vergessen

**Fest steht:** Im Personenglossar fehlen die Namen zahlreicher Personen, die Radio Raurach ff. ein Stück weit begleitet und unterstützt haben und/oder in den diversen Gremien (Förderverein, Programmkommission etc.) ihren Beitrag leisteten. Leider ist es den Autoren auch nicht gelungen, zu allen diesen Personen Kontakt zu knüpfen. Auch wenn an dieser Stelle einige dieser Namen erwähnt werden, sind es mit Sicherheit weitere, die noch fehlen.

**Teammitglieder der ersten Jahren von Radio Raurach sind zum Beispiel:** Remo Antonini, Marcel Born, Nöemi Borter, Heinrich Dreher, Jürg Elber, Barbara Koch-Ebnöther, Jürg Gohl, Regula Nebiker, Thomas Rüegg, Willy Schaub und Bernadette Züger.

**Es sind auch zahllose fest und freie Mitarbeitende, die fehlen und hier aufgeführt werden sollen:** Nicolas Albrecht, Peter Balscheit, Hans-Rudolf Bass, Verena Blaser, Werner Blatter, Rolf Blust, Lisbeth Borer, Hans-Peter Börlin, André Bösiger, Liliane Bourcart, Christoph Brutsche, Roger Bürgin, Hans Bürki, Markus Christ, Udo Degen, Paolo Dettwiler, Ursula Ehrsam, Christoph Erhardt, Daniel Fornaro, Kathrin Gartmann, Hanspeter Gautschin, Yves Gianella, Beatrice Geier, Ursula Geiger, Peter Gisin, Regula Gisin, Markus Graf, Urs Granacher, Werner Grieder, Theo Gschwend, Katarina Gunzenhauser, Beatrix Haller, Dieter Hartmann, Franca Hänzi, Markus Hemmig, René Hemmig, Patrick Herr, Harry Heusser, Rolf Hofer, Christoph Hohler, Hans Hunziker, Heinz Jäggi, Chris Jenni, Marie Jubin, Rudolf Kaiser, Peter Keller, Alex Klee, Kurt Mauch, Matthys Klemm, Michael Köhn, Lorenz Kunkler, Pascal Lambelet, Elisabeth Langel, Werner Leisinger, Ulisse Lepori, Nicolas Manzi, Dominik Marbet, Kurt Mauch, Monique Mertz, Jörg Obrist, Carmen Oriet, Lislott Pfaff, Tino Porricello, Anton Pianta, Philipp Probst, Mike Rella, Urs Rudin, Rolf Salathé, Erika Schärer, Susanna Schindler, Stephan Schöttli, Toni Schürmann, Heinz Spinnler, Walter Spitteler, Harald Sohns, Edwin Stamm, Christoph Steinmann, Juri Stork, Manuel Staub, Sathoshi Sugimoto, Peter Stieger, Susanne Stöcklin, Meinrad Stöcklin, Peter Strasser, Markus Stücklin, René Tobler, Barbara Toggweiler, Rolf Triulzi, Simon Tschopp, Ronald Thompson, Sabine Wachsmann, Vreni Weber-Thommen, Christian Wehrli, Esther Weitnauer, Robert Wenger, Amos Winteler, Dani von Wattenwyl, Roland Wegner, Heinrich Wiesner, Corinna Zigerli und viele andere mehr.

# BUCH, CD, ONLINE

Ein Buch bietet Lesestoff und Illustrationen. So auch dieses über die wechselvolle Geschichte von Radio Raurach und den Nachfolgestationen.
Die Geschichte eines elektronischen Mediums bietet aber eine Fülle an Ton-, Bild- und Textdokumenten. Im Verlaufe der Recherchen zu diesem Buch haben sich zahllose Dokumente angesammelt – auch Beiträge von Medien. Diese werden nach Erscheinen dieses Buchs gesichtet und – strukturiert – auf einen Datenträger gebannt. Die CD wird in der ersten Hälfte 2014 fertiggestellt; sie kann von der Besitzerin oder vom Besitzer dieses Buchs nachbezogen werden (vgl. Bestellschein ganz vorne im Buch).
Parallel zur Herstellung der CD wird die Website www.radio-raurach.ch mit wesentlichen Bestandteilen dieses Buches sowie weiteren Zusatzinformationen angereichert. Auf einem rollenden Kalenderblatt sollen Fakten, Hintergründe, Fotos, Medienberichte, Zitate, O-Ton und Filmdokumente publiziert werden.

*Die Herausgeber*

# BILDNACHWEIS*

| | |
|---|---|
| 7 | Christine Haas |
| 17 | Zeitschrift TELE |
| 18 | Jürg Schneider/Hanspeter Hügli |
| 19 | Fernand Rausser, Museum der Kommunikation, Bern |
| 21 | Peter Dettwiler |
| 25 | Buchcover «Absage und Warnung», Lenos 1983 |
| 30 | Heinz Jäggi |
| 40 | Zeitschrift TELE |
| 44 | Günter Schiller |
| 58 | Christoph Hohler |
| 59 | Keystone |
| 61 | TagesWoche |
| 73 | Konferenz der Stühle, 2013, Siebdruck, Acryl auf Papier, 72 x 102 cm, © Marco Pittori |
| 75 | Christian Roth |
| 80 | Christian Roth |
| 87 | Keystone |
| 92 | Keystone |
| 106 | Peter Armbruster; aus Basler Zeitung |
| 115 | Andreas Spiessl |
| 118 | David Thommen |
| 148 | Dominik Labhardt |
| 158 | Keystone |
| 169 | Andi Jacomet |
| 171 | Andi Jacomet |
| 174 | Jürg Schneider |
| 177 | Jürg Schneider |
| 178 | Hanspeter Hügli |
| 179 | Christoph Hohler |
| 182 | Christoph Hohler |
| 206 | Hanspeter Hügli; zVg |
| 210 | Heinz Jäggi |
| 213 | Peter Dettwiler |
| 214 | zVg; Thomas Aerni |
| 218 | Christian Roth; Christoph Hohler |
| 219 | zVg; Christian Roth; Günter Schiller |
| 221 | Christian Roth; Robert Bösiger |
| 222 | Christoph Hohler; Heinz Dürrenberger |
| 223 | Christoph Hohler |
| 228 | Christian Roth |

*Wo nichts anderes vermerkt ist, sind die Bilder und Illustrationen zur Verfügung gestellt, stammen aus Publikationen (Zeitungen, Zeitschriften) oder können nicht mehr zugeordnet werden.

# DANKE

Dieses Buch hätte ohne Mithilfe von Vielen nicht entstehen können. Die Herausgeber danken namentlich: Allen Autorinnen und Autoren, dass sie sich mit Radio Raurach und/oder einer der Nachfolgestationen auseinandergesetzt haben. Dieses Sicheinlassen auf ein vergangenes «Kapitel» ist umso mehr zu würdigen, als dass man sich damit zwangsläufig auch mit zum Teil schmerzlichen Erinnerungen und Erlebnissen (wieder) hat befassen müssen.

Allen ehemaligen Mitarbeiterinnen und Mitarbeitern, die sich an der Umfrage auf der Projekt-Website beteiligt haben und uns damit teilweise wertvolle Hinweise und Inputs geliefert haben.

Petra Geissmann für ihre zeit- und nervenaufreibende Arbeit rund um die Gestaltung und das Layout des Buchs.

Fritz Wunderlin für die Gestaltung des Buchumschlags.

Christian Roth für die Bebilderung tragender Bestandteile des Buchs.

Marco Pittori für seine Bereitschaft, die Buchteile mit seiner Kunst, die er speziell für dieses Buch gemacht hat, zu veredeln.

Lukas Ott fürs Lektorieren.

Der Kantonalen Kommission Quellen & Forschungen unter Präsident Stephan Schneider für das Vertrauen in das risikobehaftete Buchprojekt.

Dem Kantonsverlag, v. a. Mathias Nägelin, für die technische Abwicklung des Buchs.

Dem Swisslos-Fonds für die Finanzierung der Buchproduktion.

Den neun Sponsoren (vgl. nächste Seite), deren Beiträge es möglich gemacht haben, dass die Beiträge der Autorinnen und Autoren honoriert werden konnten.

Hanspeter Hügli, Markus Schneiter und Christoph Hohler, die tief ins Foto- und Dokumentenarchiv gestiegen sind und spezifische Bildillustrationen überhaupt ermöglichten.

Ein besonderer Dank gebührt den Lebenspartnern und unseren Familien. Sie haben uns nicht nur moralisch unterstützt und Verständnis aufgebracht. Mit wohlwollender Kritik, Anregungen und Ideen haben sie eine wertvolle und inspirierende Atmosphäre ermöglicht, ohne die dieses Buch nicht hätte entstehen können. Danke!

Und last but not least bedanken wir uns bei allen, die uns in irgendeiner Art und Weise unterstützt haben – mit Informationen, Dokumenten, Illustrationen und Ratschlägen.

*Robert Bösiger und Jürg Schneider*
*Herausgeber*

# SPONSOREN

Einwohnergemeinde Sissach

Bürgergemeinde Sissach

**WIRTSCHAFTSKAMMER BASELLAND**

Die Wirtschaftskammer Baselland ist der Dachverband der Klein- und Mittelunternehmen aus Gewerbe, Handel, Dienstleistung und Industrie sowie der Selbstständigerwerbenden im Kanton Baselland.

Die BLT Baselland Transport AG ist ein öffentliches Verkehrsunternehmen mit Tram- und Buslinien, das jährlich über 50 Millionen Fahrgäste in der Region Nordwestschweiz transportiert.

Die Genossenschaft Elektra Sissach versorgt alle im Gemeindebann von Sissach liegenden Gebäude mit elektrischer Energie und unterhält eine Gross-Gemeinschaftsantennen-Anlage.

Maurer Radio Television AG ist ein Lösungsanbieter im Bereich der anspruchsvollen Unterhaltungselektronik mit Standorten in Liestal und Sissach.

**SCHAUBMEDIEN** Gut zum Druck.

Schaub Medien AG ist die unabhängige Druckerei mit Standorten in Sissach und Liestal.

**bachmannmedien**

bachmann medien ag in Basel ist in den Bereichen Medienberatung, Medienproduktion und Kommunikation tätig.

Die Basellandschaftliche Kantonalbank (BLKB) mit Hauptsitz in Liestal ist die grösste Bank im Kanton Basel-Landschaft.